重要事項 & 用語 **図解**

◆民法改正で変わる！◆

最新 契約実務 基本法律用語辞典

重要解説 + **用語辞典** の2つの機能を1冊に集約

弁護士 **森 公任** 監修
弁護士 **森元みのり**

「債務不履行」「解除」
などの基本事項から
「売買」「賃貸借」まで。
ビジネスや日常生活などで関わる
各種契約と関連法律を網羅。
取引の全体像と実務上重要な
法律用語が短時間でわかる。

本書の特徴
【第1部】：
見開き構成で契約実務の
基本事項46項目を平易に解説。
【第2部】：
これだけは知っておきたい！
実務上重要な570用語を厳選収録。

●本書で取り扱うおもな内容●
契約の種類／商取引／定型約款／電子契約／消費者契約法／特定商取引法／割賦販売法／クーリング・オフ／債務不履行／解除／損害賠償／危険負担／契約不適合責任／印鑑／担保／保証／公正証書 など

三修社

本書に関するお問い合わせについて
　本書の記述の正誤、内容に関するお問い合わせは、お手数ですが、小社あてに郵便・ファックス・メールでお願いします。お電話でのお問い合わせはお受けしておりません。内容によっては、ご質問をお受けしてから回答をご送付するまでに１週間から２週間程度を要する場合があります。
　なお、本書でとりあげていない事項や個別の案件についてのご相談、監修者紹介の可否については回答をさせていただくことができません。あらかじめご了承ください。

はじめに

　契約は、当事者の自由な意思で決定される一種の約束ごとです。口頭でも成立しますが、「当初の説明と実際の商品が違う」「重要な事実を伝えられていなかった」「断ったのに帰ってくれないからしかたなく契約した」などのトラブルが発生することもあります。

　このようなトラブルが発生するのは、①法律や契約の知識がなかったために、相手に利用された、②相手の説明をよく聞かずに内容を正確に理解せずに契約した、③相手が正しいことをきちんと伝えなかったためにだまされた、といった事情が背景にあるようです。とくに高い買い物をする場合、口約束だけではお互いの記憶も曖昧となり、トラブルの元となります。そこで、重要な契約については、契約があったことを証明するために契約書を作成するのが一般的です。一定内容の条項を契約書中に明記しておけば、無用な争いを避けることができるからです。問題になりそうなところは、法律に規定がある場合でも、あらかじめ契約書に明記しておくほうがよいでしょう。

　本書は、ビジネスや日常生活で必要になる「契約」の基本を理解していただけるように、2部構成になっています。第1部では、一般的なルールや契約書の書き方、公正証書などの制度のしくみを解説しました。第2部では、契約書面を読む上での必要な契約用語、基本法令用語をはじめ売買、賃貸、請負などの契約締結の際に必要な法律用語、独占禁止法、消費者契約法、特定商取引法、割賦販売法などの様々な関連法律の用語まで、約570用語をとりあげています。

　なお、契約の基本ルールを定めている民法については、平成29年の改正事項を踏まえて実務上重要な事項をとりあげ、解説しています。

　本書を縦横無尽にご活用いただき、皆様のお役に立てていただければ幸いです。

　　　　　　　　　　監修者　弁護士　森公任　　弁護士　森元みのり

Contents

はじめに

第1部 図解でわかる 契約の法律常識

1 契約とは ... 14
2 13種類の典型契約と契約の分類 ... 16
3 申込みと承諾 ... 18
4 契約の有効・無効 ... 22
5 無効・取消 ... 26
6 権利能力・意思能力・行為能力と制限行為能力者制度 ... 30
7 意思表示 ... 32
8 心裡留保・虚偽表示 ... 34
9 錯誤による意思表示 ... 36
10 詐欺・強迫による意思表示 ... 40
11 代理 ... 44
12 無権代理と表見代理 ... 48
13 担保 ... 52
14 定型約款 ... 56
15 商取引 ... 60
16 商取引に適用されるルール ... 62
17 消費者契約法の全体像 ... 64
18 消費者取消権と無効とされる条項 ... 66
19 特定商取引法の全体像 ... 68
20 割賦販売法の全体像 ... 72
21 割賦販売法が規制する行為 ... 76
22 クーリング・オフ ... 78
23 電子商取引 ... 80

24	電子契約をめぐる問題	82
25	取引基本契約書	84
26	契約書の書き方	86
27	契印・割印・訂正印・捨印・消印	90
28	債務履行の期日・条件	92
29	債務履行の方法等	94
30	期限の利益喪失条項	96
31	契約を守らなかったときにとる手段	98
32	債権・債務	100
33	債権の消滅時効	102
34	同時履行の抗弁権	106
35	債務不履行の種類	108
36	債務不履行に基づく損害賠償	110
37	損害賠償上のルール	114
38	違約金と損害賠償の予約	116
39	解除	118
40	解除と手付の取扱い条項	122
41	危険負担	126
42	契約の内容に適合しないもの	130
43	公正証書	134
44	定期借地・定期借家契約と公正証書	138
45	保証契約と公正証書	140
46	契約外の責任	142
Column	強制執行で契約書の内容を実行する	144

第2部 用語解説編

あ

項目	頁
アウトソーシング	146
悪意	146
与える債務	146
安全配慮義務	146

い

項目	頁
以下	146
異議をとどめない承諾	146
以後	147
以降	147
意思能力	147
意思の欠缺	147
意思の通知	147
意思表示	147
以上	147
委託	148
一時金	148
一般条項	148
一般定期借地権	148
一般媒介契約	148
委任	148
違約金	149
違約手付	149
印鑑	149
印鑑証明書	149
印紙税	149

う

項目	頁
請負	149
受取証書	150
内金	150
売主の担保責任	150
売渡承諾書	150
売渡担保	151

え

項目	頁
M&A	151

お

項目	頁
OEM契約	151
押し買い	151
及び	151

か

項目	頁
外観法理	152
解雇	152
解雇予告	152
解除	152
解除契約	153
解除権の留保	153
解除事由	153
解除条件	153
買戻し	153
解約	153
解約手付	154
隔地者間の契約	154
確定期限	154
確定期売買	154
確定日付ある証書	154
隠れた瑕疵	155
瑕疵	155
瑕疵ある意思表示	155
貸金業法	155
瑕疵担保責任	155
果実	156
過失相殺	156
科す	156
課す	156
且つ	156
割賦販売	156
割賦販売法	157
合併	157
株式の譲渡	157
仮契約	243
過量販売	157
完全条項	157
観念の通知	157
元本	158

き

項目	頁
期間付死亡時終了建物賃貸借	158
期間満了後の更新	158
期限付き建物賃貸借	158
期限の利益	159
期限の利益喪失条項	159
危険負担	159
期限前の弁済	159
帰責事由	160
寄託	160
基本契約	160
境界合意書	160
競業避止義務	161
強行法規	161
強制執行	161
供託	161

業務委託	161	
極度額	162	
極度方式基本契約	162	
極度方式保証契約	162	
金銭債権	162	
金銭消費貸借契約	162	
金銭賠償の原則	162	

········ く ········

クーリング・オフ	162
クーリング・オフの適用除外	163
下る	146
組合	163

········ け ········

契印	163
継続的保証	163
競売	163
契約	164
契約社員	164
契約自由の原則	164
契約書面の交付義務	164
契約締結上の過失	164
契約の延長	164
契約不適合責任	165
消印	165
検索の抗弁権	165
現実の引渡し	165
原始的不能	165
検収	166
原状回復義務	166
原状回復をめぐるトラブルとガイドライン	166

現状有姿売買	166
限定列挙	253
原本	167
顕名	167
権利金	167
権利失効の原則	167
権利能力	167
権利の不適合	167

········ こ ········

項	168
号	168
合意解除	168
合意管轄	168
行為能力	168
更改	168
効果意思	168
交換	169
黄犬契約	169
公示の原則	169
公証人	169
公序良俗	169
更新	169
公信の原則	170
更新料	170
公正証書	170
公租公課	170
後発的不能	165
合弁契約	170
超える	147
国土利用計画法	170
個人保証	171
個別契約	171

個別信用購入あっせん	171
雇用	171
婚姻	172
婚姻予約	172

········ さ ········

債権	172
債権者	172
債権者代位権	173
債権証書	173
債権譲渡	173
債権侵害	173
債権の準占有者	173
債権の目的	174
催告	174
催告解除	174
催告の抗弁権	174
再雇用制度	174
財産目録	174
再売買の予約	175
債務	175
債務者	175
債務引受	175
債務不履行	175
債務名義	175
詐害行為取消権	176
詐欺	176
先取特権	176
錯誤	176
サブリース	177
更地	177

········ し ········

始期	177

敷金	177	支払保証委託契約	182	証拠契約	189
敷引	177	私文書	183	商事消滅時効	189
事業譲渡	178	借地権	183	商事売買	189
事業用定期借地権	178	借地借家法	183	商事法定利率	189
事業用定期借地権の登記	178	借地法	183	使用貸借	189
時効	178	借家権	183	承諾料	190
時効期間	178	借家法	183	譲渡担保	190
時効の援用	179	重過失	184	譲渡担保における受戻し	190
時効の完成猶予	179	終期	177	商人	190
時効の更新	179	終身建物賃貸借	184	消費寄託	190
時効の遡及効	179	終身定期金	184	消費者契約法	190
時効の中断	179	修繕義務	184	消費者取消権	191
時効の停止	179	修繕特約	184	消費税	191
時効の放棄	179	収入印紙	185	消費貸借契約	191
自己契約	179	重要事項説明書	185	消費貸借の予約	192
自己借地権	180	重要事項の不告知の禁止	185	抄本	220
持参債務	180	重利	185	消滅時効	192
事情変更の原則	180	受益者	185	証約手付	192
私署証書	180	授権表示による表見代理	186	除斥期間	192
システム開発委託契約	180	主たる債務	186	所有権	192
自然人	180	受働債権	186	所有権留保	193
地代家賃増減請求権	181	受働代理	186	信義誠実条項	193
下請	247	取得時効	186	信義則	193
下請負人	248	守秘義務	187	人的担保	193
下請法	181	受領遅滞	187	信頼関係破壊の法理	193
下回る	146	受領能力	187	信頼利益	194
質権	181	種類債権	187	心理的欠陥	194
実印	181	種類債権の特定	187	心裡留保	194
失権約款	181	準委任	188		
執行証書	182	準消費貸借	188	……… **す** ………
自働債権	182	承継取得	188	随意契約	194
私道負担	182	条件	188	推定する	194
自白契約	182	条件付権利	188	随伴性	194

数量指示売買		195
捨印		195
速やかに		195

.... せ ....

制限種類債権		195
製造委託契約		195
製造物責任		195
静的安全		196
正当事由		196
正本		196
誓約条項		196
善意		196
専属専任媒介契約		197
専任媒介契約		197
先買権条項		197

.... そ ....

相殺		197
相殺契約		197
相殺適状		197
相殺予約		198
造作買取請求権		198
双方代理		198
双務契約		198
贈与		199
損害金		199
損害賠償		199
損害賠償額の予定		199
損害賠償者の代位		199
損害保険契約		200
存続条項		200
存続上の牽連関係		200

.... た ....

代位弁済		200
代金減額請求権		201
対抗要件		201
対抗力		201
第三債務者		201
第三者		201
第三者による弁済		202
第三者のためにする契約		202
第三取得者		202
代償請求権		202
代替物		202
代担保		203
代物請求		203
代物弁済		203
代物弁済の予約		203
代理		204
代理権授与の表示による表見代理		204
代理権消滅後の表見代理		204
代理権ゆ越による表見代理		204
代理受領		205
代理店契約		205
代理における三面関係		205
代理人		205
代理の禁止		206
抱き合わせ販売		206
諾成契約		206
諾成的消費貸借		206
宅地建物取引		207
宅地建物取引業者		207
宅地建物取引士		207
但書		207
直ちに		208
立退料		208
建物買取請求権		208
建物譲渡特約付借地権		208
他人のためにする保険契約		208
他人物贈与		209
他人物売買		209
短期消滅時効		209
短期賃貸借		209
短期派遣の禁止		245
担保		209
担保権の実行		210
担保責任		210
担保物権		210

.... ち ....

地役権		210
遅延損害金		210
遅延賠償		210
地上権		211
遅滞なく		211
知的財産権		211
中間利息控除		211
注文者の責任		211
超過する		147
直接取引		212
著作物利用許諾契約		212
賃借権		212
賃借権の更新		212
賃借権の対抗力		212
賃借権の物権化		213
賃借権の無断譲渡		213

賃貸借	213
賃貸住宅標準契約書	213
賃貸住宅紛争防止条例	213
賃貸建物の明渡猶予期間	214
賃料	214

つ

追完請求権	214
追奪担保責任	214
追認	215
通信販売	215
通謀虚偽表示	215

て

定期行為	215
定期借地権	216
定期贈与	216
定期建物賃貸借	216
定期賃貸住宅標準契約書	216
定型約款	216
停止条件	217
抵当権	217
抵当権消滅請求	217
撤回	217
手付	217
手付流し	217
手付倍返し	217
典型契約	218
電子消費者契約法	218
転貸借	218
転得者	218
電話勧誘販売	218

と

登記	219
登記記録	219
動機の錯誤	219
同時履行の抗弁権	219
到達主義	220
動的安全	220
謄本	220
登録免許税	220
とき	226
独占禁止法	220
特定公正証書	220
特定債権	220
特定住宅瑕疵担保責任履行確保法	221
特定商取引法	221
特定物	221
特定物債権	221
特定物の引渡義務	222
特約上限利率	222
特約条項	222
特許権譲渡契約	222
ドラフト	222
取消し	222
取消権者	223
取壊し予定の建物の賃貸借	223
取締規定	223
取立債務	223
取引上の地位の不当利用	223

な

内容証明郵便	223
仲立契約	224

なす債務	224
並びに	224

に

二重売買	224
日常家事代理権	224
任意解除条項	225
任意後見契約	225
任意代理	225

ね

ネガティブ・オプション	225
根抵当権	225
根保証	226

の

能働代理	226
ノウハウ	226

は

場合	226
媒介契約	226
賠償	227
賠償額の予定	227
背信的悪意者	227
売買	227
売買の一方の予約	227
売買予約完結権	228
発信主義	228
販売受託	228
販売店契約	228

ひ

引渡し	228
必要費	229

非典型契約	229	物権	234		ほ			
非典型担保	229	物権変動	234	法定解除	240			
被保全債権	229	物上保証人	235	法定果実	240			
秘密保持義務	229	物的担保	235	法定更新	240			
秘密保持契約	229	物品運送契約	235	法定充当	240			
表見代理	230	物理的欠陥	235	法定上限利率	240			
表見法理	230	不動産	235	法定代理人	241			
表示行為	230	不動産質	235	法定担保物権	241			
表示主義	230	不動産執行	235	法定追認	241			
表示に関する登記	230	不動産登記	236	法定利率	241			
標準媒介契約約款	231	不動産売買の先取特権	236	訪問販売	241			
費用償還請求権	231	不当な取引制限	236	法律関係文書	241			
表題	231	不当利得	236	法律行為	242			
表明保証	231	不特定物	236	法律行為自由の原則	242			
	ふ	不返還条項	237	法律効果	242			
ファイナンス・リース	231	不法行為	237	法律的欠陥	242			
不安の抗弁権	232	不要式契約	237	法律要件	242			
夫婦財産契約	232	フランチャイズ契約	237	補充性	242			
不確定期限	232	不利益事実の不告知	237	保証金	242			
不確定期限のある債務	232	分別の利益	238	保証契約	242			
不可抗力	232		へ	保証契約締結時の情報提供義務	243			
不可分債権・不可分債務	233	返還請求権	238	保証債務	243			
不可分性	233	弁済	238	保証人	243			
不完全履行	233	弁済期	238	保証料	243			
復代理	233	弁済充当	238	保証連帯	243			
副本	233	弁済による代位	239	本契約	243			
付合契約	233	弁済の時期	239	本旨外要件	244			
不公正な取引方法	234	弁済の提供	239		ま			
付従性	234	弁済の場所	239	前払式通信販売	244			
不争義務条項	234	弁済費用	239	又は	244			
不代替物	202	片務契約	240	マルチ商法	244			
負担付贈与	234							

み

満たない	146
認印	244
みなし合意	244
みなし雇用制度	245
看做す	194
未満	146
身元保証	245
民間建設工事標準請負約款	245
民法	245

む

無権代理	245
無権代理行為の追認	246
無効	246
無催告解除	246
無償契約	246

も

申込み	246
申込証拠金	247
申込みの拘束力	247
若しくは	247
元請	247
元請負人	248

や

約定解除	248
約定担保物権	248
約定利息	248
雇止め	248

ゆ

有益費	248
有償契約	249

よ

用益物権	249
傭船契約	249
要素の錯誤	249
要物契約	249
予約金	249

ら

ライセンサー	250
ライセンシー	250
ライセンス契約	250

り

履行拒絶権	250
履行上の牽連関係	250
履行遅滞	251
履行の強制	251
履行引受	251
履行不能	251
履行利益	251
利息	252
利息債権	252
利息制限法	252
利息の天引き	252
リボルビング契約	252
流質契約	252
留置権	252

れ

礼金	253
例示列挙	253
連鎖販売取引	253
連帯債権	253
連帯債務	253
連帯保証	254

ろ

ロイヤリティ	254
労働供給契約	254
労働契約	254
労働契約の無期雇用への転換義務づけ	254
労働契約法	255
ローン提携販売	255

わ

和解	255
割印	255

第1部

図解でわかる契約の法律常識

平成29年6月に民法の改正法が成立しました（「第三編　債権」に関する規定を中心に改正が行われたため、債権法改正と呼ばれています）。改正法は、原則として2020年4月1日から施行されます。改正法の施行までは旧法の規定が適用されますので、本書では、改正の前後で取扱いが異なる制度について、「改正前」「改正後」として必要な制度の説明を行っています。

第1部 1

契約とは

契約書がなくても契約は成立する

◆ 契約と約束はどう違うのか

　私たちは日々生活する上で、様々な約束を取り交わします。たとえば、「品物を購入したら、店に代金を支払う」などの約束をしますが、このような約束を契約といいます。

　契約も約束をすることですが、これを結ぼうとする当事者の合意によって成立し、当事者には法律上の権利や義務が発生するという特徴があります。契約が守られなかった場合には、契約の相手を裁判所に訴えるなどして、約束した内容を国家の力を借りて強制的に実現させることが可能です。

　一方、「これから遊びに行こう」も約束ですが、この約束は相手が守らなかったとしても、国家の力を借りて強制的に実現させることはできませんので、契約にはあたりません。

　このように、契約と約束（契約に約束）の間には、法律上の強制手段によって実現できるかどうか、という点に違いがあります。

◆ なぜ契約書を作るのか

　契約とは、契約書を交わすものと考えている人もいるかもしれませんが、契約書を交わすことが、契約の成立要件ではありません。契約を結ぶことを口頭（言葉）によって合意さえすれば、ほとんどの契約類型については、それだけで契約の成立となります。

　しかし、とくに高い買い物をする場合、口約束だけではお互いの記憶も曖昧となり、トラブルの元となります。これらを避けるためにも

契約書が存在するのです。

　契約書の目的は、ある物事についての取り決めが、「法的」な約束事であることを明確にすることです。さらに、契約後のお互いの行動を定め、その結果しだいでは双方に法的に強制力を負わせる証明にもなります。

　まず、契約書に必要なのは契約成立日（日付）を明確にすることです。これがはっきりとしていなければ、契約の意味はありません。

　次に、契約内容の詳細を間違いなく記載しておくことも必要です。とくに、契約の目的物（売買する商品名など）や対価（売買代金など）は重要なので、間違いのないように確認することが大切です。

　その他、契約する際に、収入印紙などの経費が必要になる場合がありますが、これらの経費の負担をどちらが負うのかについて定めておく必要があります。また、契約が履行されなかった場合の責任の所在、損害が発生した場合の賠償額（違約金）、契約を解除する条件を定めておくことも重要です。

　このように、契約書によって双方の義務や権利、責任をはっきりとさせておくことで契約はトラブルなく機能することができるのです。

■ 契約書を作成する理由

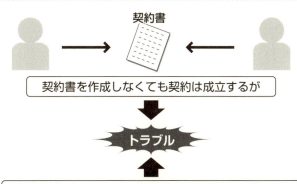

第1部 2 13種類の典型契約と契約の分類

契約の種類を知っておく

◆ 典型契約と非典型契約がある

「契約」といっても様々な種類の契約があり、大きく分けて典型契約（有名契約）と非典型契約（無名契約）に分かれます。民法という法律は、売買や賃貸借、雇用、請負など13種類の典型的な契約（典型契約と呼ばれる）について定めています。どのような内容の契約を結ぶかは当事者の自由ですが、契約内容の解釈の基準として、それぞれの契約の基本的な性質・内容を法律で定めているわけです。

典型契約とは、民法で定められた13種類の契約類型のことをいいます。典型契約以外の契約のことを非典型契約または無名契約といいます。また、たとえば売買と請負の双方の要素を含んでいる契約のように、いくつかの典型契約の要素が組み合わさったもの、あるいは典型契約の中に非典型契約の要素が含まれているものを混合契約といいます。

非典型契約の具体例としては、リース契約やフランチャイズ契約などがあります。また、混合契約としてよく利用されるものとしては製作物供給契約があります。この契約は、請負契約と売買契約が合わさったものです。

◆ どんな分類方法があるのか

契約には典型契約と非典型契約という分類方法がありますが、この他にも、契約のどのような部分に着目するかで、以下の4つの分類方法があります。

① 双務契約・片務契約

双務契約は、双方の当事者が互いに権利義務を持つ契約です。一方、片務契約は、当事者の一方だけが給付義務を負う契約です。

② **諾成契約・要物契約**

諾成契約は当事者の承諾（合意）があれば成立する契約です。売買契約が代表的です。一方、要物契約とは、契約が成立するためには当事者の合意があるだけでは足らず、物の引渡しが必要な契約です。

③ **有償契約・無償契約**

有償契約は売買契約のように、当事者の双方が対価を負担し合う（売主が財産を給付し、買主が金銭を給付する）ものです。無償契約は贈与契約（贈与する側がされる側に対し、一方的に給付をする契約）のように、当事者の双方が対価を負担し合うのではなく、片方の当事者だけが給付する契約です。

④ **要式契約・不要式契約**

要式契約とは、契約の方法は自由であるとの原則の例外として、書面（契約書）の作成など一定の形式を契約成立の要件とするものです。一方、不要式契約とは、とくに形式を必要とせず成立する契約（口約束だけで成立する契約）のことです。

■ **契約の種類**

契約の種類	契約内容	契約例
典型契約	民法に定められた13種類の契約	贈与、売買、交換、終身定期金、消費貸借、使用貸借、賃貸借、雇用、請負、委任、寄託、組合、和解
非典型契約	典型契約以外の契約	リース契約、フランチャイズ契約、出版契約、ライセンス契約など
混合契約	複数の契約が合わさったもの	製作物供給契約（請負契約と売買契約が合わさったもの）

第1部 3 申込みと承諾

申込みと承諾で契約は成立する

◆ 意思の合致とは

　普段はなかなか気がつかないことですが、私たちは日常生活において様々な「契約」を交わしています。デパートでスカートを買う、インターネット・ショップでデジタルカメラを買う、といったごく単純に見える行為も、実は「申込み」と「承諾」からなる立派な契約のひとつなのです。

　たとえば、デパートの女性服売り場に陳列されているスカートを見て、気に入った1枚を試着してみるとします。そして、試着したスカートを買うことを決心し、レジに持っていき、「このスカートをください」といいます。これが契約の申込みです。なお、スカートなどの商品を陳列している状態は、顧客（買主となる者）に対して「このスカートを買ってください」という申込みをしているようにも見えますが、これは「このスカートを売ってください」という顧客の申込みを誘う申込みの誘引にあたります。

　これに対して、店員が「かしこまりました」と言うのが契約の承諾です。これにより申込みと承諾が合致する、つまり「意思の合致」がなされて、契約が成立したことになるのです。

　あなたがスカートの代金を払った時点、または店員が代金を受け取った時点で契約が成立するわけではない、ということに注意しなければなりません。

　契約というと、何か契約書を正式に交わさなければならない難しいものと考えがちですが、このように口頭でも契約は立派に成立します。

しかし、ビジネスにおいては、後々トラブルが起こらないように、申込みと承諾を書面（申込みの場合は発注書や注文書、承諾の場合は受注書や注文請書など）に明記し、証拠として残すのが普通です。さらに、申込みの有効期限や承諾の回答期限も明確にしておくことも大切です。

◆ 申込みの意思表示の成立

前述したように、契約は申込みと承諾の合致、つまり「意思の合致」によって成立しますが、申込みと承諾がいつ成立するのかについて知っておくことも大変重要です。契約の申込みは、たとえば買主が「この商品を売ってください」と売主に申し込んだのに対し、売主が「かしこまりました」と買主に承諾したとき（意思の合致があったとき）に成立します。買主が商品の代金を支払った時点でも、売主が代金を受け取った時点でもないことに注意をしなければなりません。

では、値段を交渉するような場合はどうでしょうか。まず買主が「これを3500円で売ってください」と売主に申し込むことができます。この値段では不服の場合、売主は「3800円なら売ることができます」と買主に提案します。これは売主による新たな申込みにあたります。

■ 契約の成立

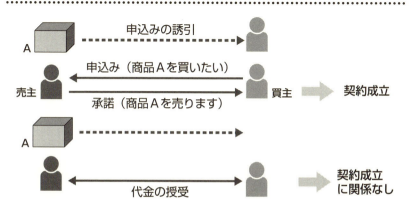

買主が値段に納得した場合は、「承知しました。3800円で買いましょう」と承諾した時点で、契約が成立します。

遠隔地の契約の申込みには到達主義が採用されています。到達主義とは、意思表示が相手に到達した時点で効力を持つことです。商店に直接行き、買い物をするような場合にはさほど問題がありませんが、他の都市の販売者に手紙を書いて商品を注文するような場合、この到達主義が活きてきます。交通事情などによって手紙が万が一相手に到着しなかった場合、本人は注文をしたつもりでいても、申込みの手紙が到達していないので、契約の申込みが行われていないことになるのです。

たとえば、隣の県で売っている銘菓を買いたいと思い、それを販売している和菓子屋に「○○を3箱売ってください」というハガキを送ったとします。このハガキが和菓子屋に到達しない限り、契約の申込みは行われていないと扱われます。ハガキが到着した時点で、ようやく契約の申込みが成立します。

◆ 承諾の意思表示はいつ成立するのか

次に承諾については、いつの時点で成立したといえるでしょうか。つまり、申込みと承諾という2つの意思表示が、いつの時点で合致したといえるのでしょうか。

改正後民法（平成29年の民法改正）では、契約の申込みと同様に、契約の承諾についても到達主義が採られ、承諾の意思表示が相手に到達した時に、承諾の申込みや承諾が合致して、契約として効力を生じることになります。まず、買主と売主が直接対面している場合（対話者間）には、相手の申込みに対して「この商品を売ります」と言った時点で承諾が成立します。代金を受け取った時に承諾が成立するわけではないことに注意しなければなりません。

なお、改正前民法の下では、遠隔地における契約の承諾は発信主義を採用していました。発信主義とは、意思表示を相手に発信した時点

で効力を持つことです。発信主義によると、承諾の意思表示が相手に到達していなくても、承諾を発信さえすれば契約は成立したことになります。そのため、申込みをした本人が知らないうちに相手の承諾が行われているというケースが発生します。発信主義が採用された理由は、とくに商取引が念頭に置かれ、効率的に大量の取引を処理するには、契約が早く成立することが好ましいと考えられためです。

しかし、電話、FAX、インターネットなど情報通信技術の発達した現在では、手紙などの時間がかかる手段のみの利用は少なくなっています。そこで、改正後民法の下では、遠隔地（隔地者間）における契約の承諾の意思表示が相手方に到達した時点で、契約の承諾が成立する結果、契約としての効力が生じます（到達主義）。

また、承諾のための期間を定めて行った契約の申込みについては、原則としてその期間内は撤回できません。そして、遅延して承諾の意思表示が届いた場合、原則として契約は成立しません。

一方、承諾のための期間をとくに定めずに行った契約の申込みについては、一定期間経過後でなければ、申込みの意思表示を撤回できません（撤回するまで申込は有効なまま存続します）。

■ 契約の効力発生時期

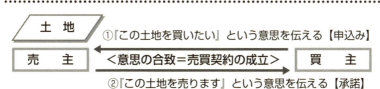

◎申込み・承諾共に「到達主義」が採られる
◎承諾のための期間を定めた場合
　承諾の意思表示が遅延して届いた場合、申込みを行った者は相手方に通知する義務はない ⇒ この場合、原則として契約は成立しない
◎承諾のための期間を定めなかった場合
　原則として一定期間経過後でなければ、申込みの意思表示を撤回できない

第1部 4

契約の有効・無効

契約自由の原則の例外は多く存在する

◆ 内容自体によっては無効になることもある

　契約は当事者が合意して締結したのですから、その内容を守らなければなりません。しかし、どんな契約でも守る必要があるということであれば、たとえば「夫が憎いので、100万円払うから殺してくれ」というような「殺人契約」も守らなければならないということになってしまいます。このような極端な例でなくても、①契約が実現不可能である場合、②契約の内容が不明確である場合、③そもそも契約が成立していない場合には、契約は無効になると考えられています。

① **実現不可能な契約**

　たとえば「自力で空を飛んだら100万円あげよう」というような契約です。人間が自力で空を飛ぶのは不可能だからです。

　ただし現在の民法では、実現可能な契約は必ずしも無効でないとの前提に立っているので、実現不可能な契約を結んだときは放置せず、相手に契約解除を伝えることが必要です。

② **契約の内容が不明確なとき**

　たとえば「就職が決まったら何かプレゼントしよう」というような「何か」の内容が特定できない契約です。契約の実現を求めて裁判を起こそうとしても、「何か」を特定できないことになるため、この場合の契約も無効となります。

③ **契約が成立していない場合**

　たとえば、誰かが自分の名前を勝手に使用して契約した場合や、誰かが勝手に自分の代理人として契約を結んだ場合などです。このよう

な「全く知らない」契約は無効となります。

◆ 公序良俗違反や強行規定違反の場合には無効である

公序良俗違反（明らかに反社会的であること）の契約は無効です。公序良俗は「公共の秩序及び善良な風俗」の略称であって、その内容は時代と共に変化し、個人間の常識の差もありますが、通常は一般常識で判断されます。公序良俗に反する契約例としては下図のものがあります。

また、強行規定（契約に優先する法律）に違反する契約も無効です。「契約自由の原則」からすれば、契約の内容は自由なはずですが、それでは立場の弱い片方の当事者が著しく不利な立場に追いこまれがちです。そこで弱い立場の当事者を保護するという意味で、強行規定違反の契約は無効とされるのです。強行規定の例として、借地借家法、利息制限法、消費者に関する特例、流質契約を見ていきましょう。

■ 公序良俗に反する契約例

殺人・暴行などを行う契約	明らかに不法な内容で誰が判断しても反社会的であり、無効
人身売買に関する契約・奴隷契約	人間の自由を不当に侵害しており、無効
愛人契約	一夫一婦制度、正当な婚姻制度を揺るがすもので、性道徳や倫理を否定するものであり、無効
ねずみ講、または、それに類する契約	明らかに破たんすることが予想され、人を不当に陥れる可能性が高いため、無効
男女差別がある契約	男性55歳、女性50歳などというように理由のない差をつけた契約（就業規則）は男女差別にあたるため、無効
暴利行為を定めた契約	高すぎる利子・違約金を定めた契約は、他人の弱みにつけこんだ不当な契約と判断され、無効
地位を利用した契約	雇用契約などで、常識を逸脱するほど長い試用期間などを定めたものは、使用者の地位を利用して労働者に著しく不利益を与えるため、無効

① 借地借家法

　当事者同士の借地契約や借家契約の内容が、借地借家法の規定よりも借主に不利な場合は、その内容は無効となり、借地借家法の規定が適用されます。たとえば、通常の借地契約の存続期間は最低30年と規定しているため（強行規定）、当事者が30年より短い期間を定めても、その定めは借主（借地人）に不利なものとして無効となり、存続期間は30年になります。一方、30年より長い期間を定めた場合は、その定めた期間が存続期間になります。

② 利息制限法

　利息制限法における強行規定は年利（1年当たりの利率）の上限に関するものです。一般に、お金を借りたい人は弱い立場にあり、高い金利でも借りてしまい、その後に返済ができずトラブルになることがあります。そのような経済的弱者を保護するために、年利の上限が強行規定として定められています。

　具体的には、元金によって年利の上限が定められています。利息制限法による年利の上限は以下の通りです。

・10万円未満を借りた場合 → 年利20％
・10万円以上〜100万円未満を借りた場合 → 年利18％
・100万円以上を借りた場合 → 年利15％

　もし、50万円を年利20％で借りた場合は、利息制限法の上限からすれば無効となり、年利18％という強行規定が適用されます。これにより、年利18％となるので、年利20％で支払った場合の超過分は元本の返済とされ（返済すべき元本が減ります）、元本の完済後であれば超過分を返還してもらうことができます。

③ 消費者保護に関する特例

　消費者保護のための法律の中にも強行規定があります。よく知られているのがクーリング・オフという制度ですが、これは一定の取引について、一定の期間内であれば、無条件で契約を解除することができ

るという制度です。クーリング・オフが適用される取引で、クーリング・オフを認めない内容、クーリング・オフの期間を短縮する内容などを取り決めていても、その取り決めは無効になります。

クーリング・オフが適用される取引とその根拠となる法律として、ⓐ訪問販売（特定商取引法）、ⓑ割賦販売（割賦販売法）、ⓒ電話勧誘販売（特定商取引法）、ⓓ連鎖販売（特定商取引法）などがあります。

④　流質契約（流質特約）

弁済期が到来する前に流質契約をすることは、債務者の弱みに付け込む契約として無効となるのが原則です（民法349条）。これは質物の処分は民事執行法に基づくべきという考えに基づきます。

◆ 契約成立過程などにより取消・無効になることもある

消費者契約法では、事業者が不実なこと（ウソ）を言ったり、事業者の不利になるようなことを意図的に隠したり、不確実なことを断定的に言ったりして、事業者が消費者をだますような形で契約を締結した場合には、消費者は契約を取り消すことができるとしています。また、契約成立の過程は適切であっても、契約の内容によっては、契約の一部または全部が無効になる場合があります。

■ 強行規定とされる主なもの

借地借家法	当事者同士の借地契約や借家契約の内容が借地借家法の規定より不利な場合には、借地借家法が適用される
利息制限法	利息の上限が決められている
流質契約	質や担保として提供された物（質物）を、借金の代わりに取得することは原則としてできない
消費者保護に関する特例	クーリング・オフを認めない契約をすることはできない

第1部 5

無効・取消

法律行為の効力が否定されると原状回復義務が発生する

◆ 無効と取消とは

「未成年者の行為は取り消すことができる」「公序良俗違反による行為は無効」などというように、法律行為の効力に関しては、無効や取消という言葉がでてきました。ここでは、この2つの言葉について見ていきましょう。

無効とは、意思表示が当然のこととして効力をもたない場合をいいます。取消とは、一応有効とされるが、取り消されれば、さかのぼって無効とされる場合をいいます。したがって、取り消すことのできる行為は取り消されるまでは有効なのです。取り消すことのできる事情があっても、それが自分に有利なものだと考えれば、取り消さないこともできます。

もっとも無効や取消が問題になるのは、意思表示自体は存在しているということです。法律行為の大前提ともいえる、意思表示自体がそもそも存在しない場合には、法律行為は「不成立」であり、無効や取消とは異なることに注意が必要です。

◆ 無効と取消はどう違う？

その他どのような違いがあるのでしょうか。

まず、追認の意味合いが異なります。追認とは、欠陥のある法律行為を事後的に認める事です。無効行為は当然に効力をもたないので、追認しても有効になるわけではありません。無効行為の追認は新しい意思表示をしたとみなされます（119条）。

これに対して、取り消すことのできる行為の追認は、一応有効に成立している行為を、確定的に有効にする行為ということになります。これによって、法律行為の相手方にとって、取り消されるか否かという不安定な状態から解放され、法律関係が確定するという意味合いがあります。

　なお、取り消すことのできる法律行為の相手方は、取り消されるか否かが不明確な間は、法律的に不安定な位置に置かれざるを得ません。そこで、法律行為の相手方は、一方当事者である制限行為能力者や無権代理行為の本人に対して、追認するか否かを確認することが認められています。これを催告といいます。催告を行った後に、一定の期間内に何ら確答（追認するかしないかの返事）が得られない場合には、追認が拒否されたものとして扱います（20条1項、114条）。

　追認が行われると、それ以降は、当該法律行為は完全に有効な法律行為であると扱われるため、いったん追認した法律行為について、後になって取り消すことはできません。

　また、取消権者が追認の意思表示を示していなくても、法律が規定する事実が存在する場合に追認したものと扱われる場合があります。これを法定追認といいます。民法は法定追認にあたる事実として、次の6つを規定しています（125条）。

　つまり、①取消権者が債務の全部または一部を履行した場合、②取消権者が相手方が負う債務の履行を請求した場合、③取消ができる法

■ **無効と取消についてのまとめ**

	主張できる者	主張できる期間	追認	効力
無効	誰でもできる	いつでも主張できる	できない	当然無効
取消	取消権がある者（120条）	期間が限られている（126条）	できる	はじめにさかのぼって無効

律行為に関して更改契約を結んだ場合、④取消権者の負う債務について抵当権等の担保を提供した場合、⑤取消ができる法律行為により取得した権利の全部または一部を取消権者が譲渡した場合、⑥取消権者が取消ができる法律行為に基づいて強制執行を行った場合です。

次に、無効は誰であっても主張できます。一方、取消は詐欺・強迫を受けた者やその代理人など、または制限行為能力者やその代理人など、一定の人しか主張ができません（120条）。

第3に、無効はいつまでも主張できます。一方、取消は追認ができる時から5年間、あるいは法律行為をした時から20年間を経過すると主張できなくなります（126条）。

このように両者に違いがありますが、これは取引の安全などいろいろな事情を考慮した上で、「その行為がなかったことにする」と主張したい人をより強く保護すべき場合なのか、それほどでもないのかによって、「無効」を主張できる場合と「取消」を主張できる場合が区別されたためです。

◆ 原状回復義務について

たとえば、土地の売買契約において、売主が、実際には存在しない地価が高騰する理由を、まるで存在するかのように説明し、その説明を信じた買主が土地の売買契約を締結して、代金は売主に支払われており、土地も買主に引き渡されていたとしましょう。この場合、買主が売主の詐欺を理由に契約を取り消すと、この契約は遡ってはじめから無効であった（無効な行為であった）として取り扱われます。

そして、契約が取り消された際に、上記ケースのように、買主が土地の引渡しを受けており、売主も代金の支払いを受けている場合があります。この場合、契約が遡って無効になった以上、当事者のもとに給付されている物や金銭もまた、元の持主のもとに戻して、いわば契約締結以前の状態に巻き戻す必要があります。

改正後民法では、無効な行為によって給付を受けた場合について、その給付を行った相手方に対して、原状に復帰させる義務（原状回復義務）を負うことを明記しています（122条の2第1項）。原状回復とは、そっくりそのまま、契約などが行われた以前の状態に完全に戻すことを指します。売買契約など当事者双方が給付をする上記のようなケースでは、お互いに原状回復することが当事者の公平に資するといえます。

　しかし、贈与など一方当事者のみが給付する無償行為のケースでは、給付を受けた側のみに原状回復義務が課され、不当に重い義務となりかねません。そこで、無効な無償行為に基づいて給付を受けた者は、給付を受けた当時、その行為が無効である（またはその行為の取消ができる）ことを知らなかった（善意）ときは、その行為により現に利益を受けている限度で（現存利益）返還の義務を負うとの例外があります（121条の2第2項）。つまり、無償行為の給付を受けた者が、その行為に無効事由や取消事由があるのを知らない（善意）ときは、手元に残っている範囲での返還でよいことになります。

■ 原状回復義務

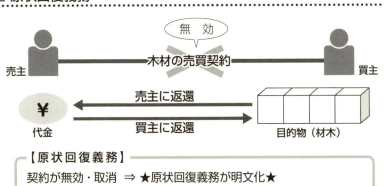

第1部 6 権利能力・意思能力・行為能力と制限行為能力者制度

一人前に取引活動をするためには一定の能力が必要

◆ 権利能力、意思能力、行為能力とは

　民法などの法律上の権利の取得や義務の負担が可能になる能力のことを権利能力といいます。権利能力をもつということは、独立して契約上の土地の引渡請求権を取得したり、代金支払義務を負担することを意味します。権利能力をもつことができるのは「人」、つまり自然人（人間・個人）と法人（法律によって認められた人）です。

　もっとも、権利能力があるとは、権利の取得や義務の負担をする上で最低限の能力があるということを意味するにすぎません。いわば契約などの権利義務の世界への入場資格のようなものです。実際に取引などをするには、自分の行為の結果を理解することのできる能力が必要です。この能力を意思能力といいます。すべての個人は、原則として自己の意思に基づいてだけ、権利を取得し義務を負うことになります。意思能力のない個人（意思無能力者）の行為は、その個人の意思に基づくとはいえませんから、何の効力もありません（無効です）。

　このように、権利能力をもつことで権利の取得や義務の負担が許されて、意思能力をもつことで取引などが一応認められても、それだけで十分とはいえません。自分だけで取引などを適切に行えない者がいるからです。その者を保護するために必要なのが行為能力です。

　行為能力とは、単独で有効な法律行為を行うことのできる判断能力のことです。民法では、行為能力が不十分な者を未成年者、成年被後見人、被保佐人、被補助人というパターンに整理し、それぞれの者に保護者をつける制度（制限行為能力者制度）を定めています。

◆ 制限行為能力者制度

　民法は、類型的に行為能力が十分とはいえない者を定め、その者が単独で行うことのできる法律行為の範囲を制限する反面、保護者をつけることによって利益を保護することにしています。これを制限行為能力者制度といいます。

　民法では、「通常の判断能力をもつとはいえない人」をその判断能力の程度によって分類しています。具体的には、成年被後見人、被保佐人、被補助人という3つの類型です。それぞれの判断能力の程度が異なることから、単独で行うことが制限される法律行為の範囲も異なりますので、保護者（後見人、保佐人、補助人など）の権限（同意権、代理権、取消権、追認権の有無や範囲）も異なります。

　行為能力を制限されるもう1つの類型は「大人でない人」つまり、未成年者です。未成年者が法律行為をするには、原則として、保護者である法定代理人（通常は両親）の同意を得ることが必要です（民法5条1項本文）。法定代理人の同意がない場合には、未成年者の行為を取り消すことができます（民法5条2項）。ただ、未成年者の行為能力を制限し、保護者をつけるのは、未成年者を保護するためですから、その必要がない場合には、未成年者の行為能力は制限されず、単独で法律行為をすることができます。

■ 制限行為能力者制度

制限行為能力者の類型	
① 成年被後見人 ② 被保佐人 ③ 被補助人 ④ 未成年者	ⓐ これらの者の行為能力を制限する ⓑ これらの者に保護者をつけ、権限（同意権、代理権、取消権、追認権）を与える

第1部 7

意思表示

内心を相手方に伝えるまでのプロセスのことである

◆ 意思表示とは

　意思表示は、法律行為（契約など）の中核となるものです。ある法律効果（法律行為によって生じる権利義務）の発生を望み、そのことを相手に伝える行為が意思表示です。一見難しそうですが、私たちは日常的に意思表示を行っています。たとえば、お客がコンビニで「あれください」といえば、それは「売買契約の申込み」の意思表示ということになります。これに対して、店員が「はい、どうぞ」といえば、それは「売買契約の承諾」の意思表示ということになります。

◆ 内心の意思が外部に表示されていくしくみ

　私たちが日常的に行う意思表示のメカニズムを、液晶テレビを買う場合を例に考えてみましょう。

　液晶テレビを買うからには、その動機があるはずです。たとえば、「今のテレビが古くなったから、新しい機能のあるものが欲しい」というようなことです。そして、動機に従い「じゃあ、液晶テレビでも買おうか」と内心で考えることになるでしょう（効果意思）。そこで、量販店に行き、お目当ての品が見つかった場合、「このテレビをくださいと言おう」と考え（表示意思）、実際に店員に「このテレビをください」と意思を表示することになります（表示行為）。これらの過程を経て液晶テレビの売買契約が成立します（法律行為）。

　このように、意思表示は通常、①動機、②効果意思、③表示意思、④表示行為というプロセスをたどります（次ページ図）。

◆ 意思表示の受領能力

　判断能力が不十分な者については、制限行為能力者制度で保護者が置かれていますが、意思表示を受け取るのに必要な能力は、行為能力と同じレベルを求められるわけではありません。意思表示を受け取るのに必要な程度の能力を意思表示の受領能力といいます。民法は、被保佐人・被補助人には意思表示の受領能力を認め、意思無能力者・未成年者・成年被後見人には意思表示の受領能力を否定しています。つまり、表意者が意思無能力者・未成年者・成年被後見人に対して意思表示をし、それが到達したとしても、そのことを主張（対抗）することはできないのです（民法98条の2本文）。

　ただ、未成年者や成年被後見人の法定代理人（原則として親権者や成年後見人）がその意思表示を知った場合などは、その時点から表意者は意思表示の到達を主張することができます（同条但書）。

　また、表意者が意思表示の相手方あるいは相手方の所在を知らない場合には、公示の方法によって意思表示の到達があったことにすることができます（公示送達、民法98条）。公示送達による手続きは、簡易裁判所に対して行います。公示から2週間がたった時点で、意思表示の到達の効果が発生します。

■ 意思表示のメカニズム

① 動機　　・・・「今のテレビが古くなったから新しい機能のあるものが欲しい」
② 効果意思・・・「じゃあ液晶テレビでも買おうか」
③ 表示意思・・・「このテレビをくださいと言おう」
④ 表示行為・・・「このテレビをください」と意思を表示する

第1部 8
心裡留保・虚偽表示

ついたウソの責任は本人が負う

◆ 胸の内に秘めていても相手には伝わらない

　他人には、人の心の中はわかりません。ですから、意思を表示する人（表意者）が、心にもないことを言ってしまったとしても、相手方の信頼を保護するためには、表示した通りの効果の発生を認めるのが妥当だといえます。

　このように、表意者自身が、真意でないことを知りながら意思を表示することを心裡留保といいます。「心裡」は「心の裏」という意味であり、「留保」は表に出さずに内に留めていることを意味します。

　心裡留保は、原則として表示した通りの効果を認めるものですから（民法93条本文）、表示主義に基づく規定ということができます。ただし、心裡留保があったとしても、相手方が真意でないことを知っていた場合（悪意）、または注意すれば真意でないことがわかりそうな場合（有過失）まで、相手方を保護する必要はありませんから、その場合は意思主義に基づいて、表意者の意思表示が無効になります（同条但書）。

◆ 2人で示し合わせてウソをついた場合

　意思を表示する当事者同士が示し合わせてウソをついた場合、当事者以外の第三者には、それがウソであるとはわからないことが多いといえます。そのため、ウソを真実であると信頼した第三者を保護するのが妥当だといえます。

　このように、相手方と示し合わせて真意でない意思を表示すること

を虚偽表示（通謀虚偽表示）といいます。

そもそも表示通りの意思がないわけですから、当事者の間では無効です（民法94条1項）。これは意思主義に基づくものです。ただし、示し合わせた当事者の一方が、後々に裏切った場合には、少々やっかいなことになります。

たとえば、財産を隠す目的で、売主Aと買主Bが、A所有の甲土地を虚偽表示により売買して登記もBに移したとします。この取引はAB間では無効です。しかし、BがAを裏切り、事情を知らない第三者Cに甲土地を転売した場合、AはCに対して「甲土地を返せ」と主張することはできません。つまり、事情を知らない（善意）第三者であるCとの関係では、AB間の売買契約は有効なものとして扱われ、CはBから有効に土地を取得することになるのです（民法94条2項）。

このように、虚偽表示は、善意の第三者との関係では表示主義に基づいた規定となっています。民法94条2項は、虚偽の外観を作り出したことに責任のある者は、虚偽の外観を信頼して取引をした第三者に対して、外観通りの責任を負わせるという規定です。

■ 虚偽表示

売主A →「売る気もないのに、示し合わせて甲土地を売却」→ 買主B

甲土地の返還請求 ×

AB間の事情を知らない（善意）第三者Cに甲土地を売却

第三者C

第1部 ⑨ 錯誤による意思表示

「勘違い」により行った意思表示を取り消すことができる場合がある

◆ 錯誤が問題となる場合

　たとえば、B所有の甲土地の購入を検討しているAがいるとしましょう。Aが甲土地を購入する際に、「数年後に甲土地の近所に駅が設置されるとのうわさ話を聞いたので、交通の便が良くなり地価が高騰すると予想し、甲土地を転売して儲けよう」としていたとします。しかし、甲土地の近所に駅が設置される話は一切なく、Aの勘違いでした。この場合、「駅ができる話がなければ、甲土地を購入しなかった」という理由で、AはBに対して甲土地の売買契約をなかったことにできるでしょうか。Aは甲土地の購入を希望し、まさに甲土地を購入しているので、「甲土地を買いたい」という意思通りの契約が成立しています。しかし、「甲土地の近くに駅が設置される」という動機の部分に勘違いがあるため、契約をなかったことにしたいと考えているのです。

◆ 錯誤とはどのようなものか

　表示と真意との食い違いに表意者が気づいていない場合を錯誤といいます。民法は改正前も改正後も、錯誤について表意者の意思を尊重する立場をとっています。改正前民法は、表示に対応する効果意思が欠けている場合や、表示に誤りがある場合は、表意者の意思表示が無効になるとしていました。ただ、どんなささいな食い違いも無効とするのは行きすぎなので、法律行為の重要な部分（法律行為の要素）に錯誤があった場合にだけ、表意者の意思表示を無効としていました。

また、不注意により勘違いをした人にも非がありますから、表意者に重大な過失（不注意の度合いが大きいこと）がある場合は、意思表示の無効を主張できないとしていました。

◆ 動機の錯誤に関する改正前民法の取扱い

改正前民法は錯誤の具体的意味を明確にしておらず、前述のように表示と真意との食い違い、つまり意思表示の過程に勘違いがあることと解しています（意思表示の錯誤）。意思表示は「効果意思→表示意思→表示行為」（下図）の過程をたどりますが、動機は効果意思を形成する原因であり、意思表示に含まれないため、動機の錯誤を理由とする契約の無効は主張できないのが原則であると解されていました。前述のケースでは、動機（甲土地の近くに駅が設置される）に勘違いがあるだけで、効果意思（甲土地を購入したい）、表示意思（甲土地を購入するとBに言いたい）、表示行為（甲土地を購入したいとBに言う）という意思表示の過程には勘違いがないため、Aは契約の無効を主張できませんでした。

しかし、動機を相手方に表示していた場合は、その動機が意思表示に取り込まれ、動機の錯誤による無効を主張できるとも解していました。前述のケースでは、Aが「甲土地の近くに駅が設置されるので甲

■ 意思表示と錯誤

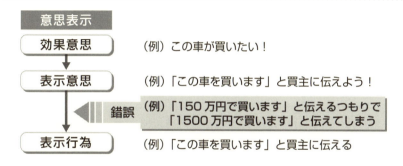

土地を購入したい」とＢに表示していれば、動機が意思表示に取り込まれ（効果意思に取り込まれると考えることができます）、Ａは契約の無効を主張できます。

　もっとも、錯誤無効を主張するには、前述したように食い違いが「要素の錯誤」であることが必要でした。改正前民法では「要素の錯誤」の具体的意味も明確でなく、前述のように法律行為の重要な部分に錯誤がある場合、つまり錯誤がなければ本人も一般人もその意思表示をしなかったであろうほどに重要なものが「要素の錯誤」であると解されていました。

　このように、改正前民法の錯誤に関する規定は、「錯誤」「要素の錯誤」の具体的な意味が明確でないという問題点がありました。また、条文では明らかではない「動機の錯誤」が解釈によって「要素の錯誤」と認められる場合があり、国民にとって不明確でした。そこで、改正前民法の下での考え方を条文にするなどして、より明確な規定へと改正することになりました。

◆ 民法改正で「錯誤」「要素の錯誤」の意味が明確に

　平成29年の民法改正では、まず、錯誤には、①意思表示に対応する意思を欠く錯誤と、②表意者が法律行為の基礎とした事情についてのその認識が真実に反する錯誤、の２つがあると規定しています。①が意思表示の錯誤、②が動機の錯誤にあてはまります。その上で、②については「その事情が法律行為の基礎とされていることが表示されていたとき」に限り錯誤による取消ができると規定しています（95条１項）。

　次に、錯誤が「法律行為の目的及び取引上の社会通念に照らして」重要なものであるときに、錯誤による取消ができると規定しています（95条２項）。これは改正前民法の「要素の錯誤」を具体化したと考えられています。なお、錯誤は「無効」から「取り消すことができ

る」(取消)に改められたので、取消権の行使期間の制約がかかるようになった点も重要です(28ページ、民法126条)。改正前民法の下でも、錯誤無効を主張できる者は原則として表意者に限定しており、取消に近い無効として扱われていたのが理由であると言われています。

また、改正前民法でも、表意者が重大な過失により勘違いをした場合は、表意者による無効の主張が認められないとし、著しい不注意に基づく無効を防ぎ、取引の安全性を保護していました。この点は改正後民法でも同じですが(95条4項)、2つの例外が規定されています。つまり、①表意者に錯誤があることを相手方が知り、または重大な過失によって知らなかった場合、または②相手方も表意者と同一の錯誤に陥っていた場合は、表意者が重大な過失により勘違いをしていたとしても、錯誤による取消を主張することを認めています(95条3項)。とくに②は共通錯誤と呼ばれ、例として、冒頭の事例で買主Aだけではなく、売主Bもまた「甲土地の近所に駅が設置される」と思い込んでいた場合が挙げられます。この場合、Bもまた誤った認識に基づき土地の取引に及んでいるので、Aに重大な過失があるにもかかわらず取引をなかったことにしても、取引の安全は害されません。

■「動機の錯誤」に関する取扱い

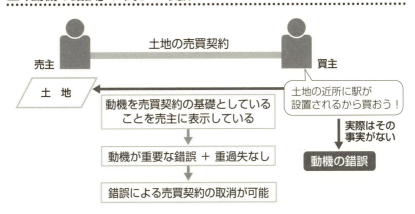

第1部 10

詐欺・強迫による意思表示

意思表示に不当な介入があった場合には取り消すことができる

◆ 詐欺・強迫とは

　人をだまして勘違いをさせることを詐欺といい、害悪を与えると告げて恐怖心を起こさせることを強迫といいます。良品であるとだまされて購入したり（詐欺）、言われたとおりにしないと傷つけられそうなので従った（強迫）場合です。「自分の言動には責任をもて」とよく言われますが、詐欺や強迫の場合にも言動どおりの義務を負わせるのは気の毒でしょう。そこで、民法は、詐欺または強迫を受けて行った意思表示は取り消すことができるとしています。

　なお、ナイフを突きつけて無理やり契約書にサインをさせた場合のように、相手の判断能力の一切を奪った形で行われた意思表示は、取り消すまでもなく、表意者の意思無能力を理由に無効となります（3条の2）。

◆ 詐欺・強迫による取消の違い

　取消とは、取消権のある者が「この意思表示は取り消すよ」と言って、初めて意思表示が無効となるものです。詐欺や強迫により意思表示をしても、常に損するわけではないことから、民法では取消権のある者の判断に委ねることにしました。

　詐欺による意思表示の取消は、後述のように（43ページ）詐欺の事実について落ち度がなく知らない（善意無過失）第三者には主張できませんが、強迫による意思表示の取消は、善意無過失の第三者にも主張できます（96条3項）。民法は、だまされた人よりおどされた人の

方を強く保護しています。詐欺と強迫では意思表示をした人にとって、その意思表示を行うにあたり、選択の自由という点で大きな差があるためです。詐欺に関しては、相手方等の詐欺行為により勘違いしたとはいえ、最終的に意思表示を行うか否かは、表意者が比較的自由に選択できる状況にあるのが通常です。しかし、強迫については、自分自身がそのような意思表示をしたくないと思っていても、相手方から特定の意思表示をするよう強いられています。そのため、強迫により意思表示を行った人をより保護する必要性が高いといえます。

◆ 詐欺と錯誤の違い

　民法は、錯誤の場合と、詐欺による場合とを区別していますが、この区別は適切なのでしょうか。だまされた人は、何らかの錯誤（勘違い）に陥ります。その意味では、詐欺による意思表示と錯誤による意思表示は、重なる場合があるといえます。ただ、詐欺の場合には「だます」という違法な行為が使われている点で錯誤とは異なるのです。

◆ 第三者詐欺とはどのようなものか

　民法は詐欺による意思表示は、取り消すことができると規定しています。したがって、売主が「近々この土地の地価は数倍にも跳ね上が

■ 詐欺と強迫

詐欺に基づく意思表示
売主 ←「この土地は近々高騰する（ウソ）から買った方がよい」 買主
➡ 詐 欺

強迫に基づく意思表示
売主 ←「スキャンダルをばらされたくなければこの土地を買え」 買主
➡ 強 迫

るので、現在買っておくと得ですよ」というように、実際には存在しない事実を買主に告げたため（詐欺）、買主がこれを信じて土地の購入を決意し、実際に土地の売買契約を締結した場合は、後からこの契約を取り消すことが可能です。

　もっとも、詐欺行為は当事者間のみにおいて起こるわけではありません。たとえば前述のケースで、詐欺行為を行ったのが売主ではなく、売買契約とは無関係の第三者が、買主に地価が高騰するというウソの事実を告げたために、地価が高騰すると誤った認識に基づいて、買主がこの土地の売買契約を結んでしまう場合もあります。これを第三者詐欺といいます。

　買主の視点から考えると、詐欺が原因で契約を結んでいるという点では、売主が詐欺行為を行った場合と何ら異なるところはありません。しかし、売主が詐欺行為をしているわけではありませんから、第三者詐欺の場合は、買主が契約の取消を売主に主張することができるのかどうかが問題になります。

◆第三者詐欺に遭った表意者は取消ができるか

　改正前民法では、第三者詐欺に基づく意思表示であるとの事実を相手方が知っていたときに限り、表意者が詐欺による意思表示の取消ができると規定していました。この規定によると、前述のケースでは、買主が第三者詐欺に遭った事実を売主（相手方）が過失によって知らないとしても、買主は売買契約の取消ができません。

　しかし、第三者詐欺のケースは、詐欺に基づく意思表示をした人（表意者）に落ち度は少なく、通常の詐欺（相手方が詐欺をしたケース）と同様の保護が必要であることから、第三者詐欺における表意者の保護が不十分であると批判されていました。

　そこで、平成29年の民法改正により、第三者詐欺に遭った表意者は、相手方が第三者詐欺の事実を知っている場合（悪意）だけでなく、過

失により知らない場合（有過失）にも、第三者詐欺による取消をすることが可能になっています（96条2項）。

◆ 第三者保護規定について

錯誤の場合と同様に、取消と第三者に関する規定が置かれていることも重要です。つまり、詐欺に基づく契約等の法律行為が行われた当事者間ではなく、その法律行為に起因して、取引関係に入った第三者の保護に関する規定が置かれています。

改正前民法では、詐欺の事実を第三者が知らない（善意）場合には、表意者は、その第三者に対して、詐欺による取消の事実を主張できませんでした。しかし、詐欺に遭った表意者を保護する必要性が高いため、平成29年の民法改正では、表意者は、善意かつ無過失（詐欺の事実を落ち度なく知らない）の第三者に対してのみ、詐欺による取消の主張ができないと規定しています（96条3項）。

■ 詐欺に関する法改正のポイント

● 第三者詐欺

● 第三者の保護

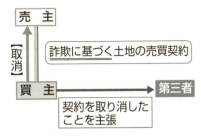

第1部 11

代理

代理人が行った法律行為の効果は本人に帰属する

◆ 代理とは何か

　今日のように、社会の取引関係が複雑になり、その規模や範囲も拡大してくると、自分1人でそのすべてを処理するのは困難な場合が多くなってきます。そこで自分（本人）の代わりに他人（代理人）に事務を処理させ、本人が代理人の行った法律行為の結果（効果）を受けるという制度が必要になってきます。これが代理です。

　代理は、取引行為など本人の活動範囲を拡張させるための制度です（私的自治の拡張）。本人と一定の関係にある代理人が、本人のために意思表示をすると、その法律効果が直接本人に帰属します。つまり、他人が行った法律行為の効果が全部自分に帰属し、自分が法律行為をしたのと同じこととして扱われるわけです。普通ならば、行為をする者（行為当事者）とその行為から生じる効果を受ける者（効果帰属者）は、同一人ですが、そこが分かれている点が代理の特長なのです。

　また、未成年者や成年被後見人などの制限行為能力者については、その保護者が制限行為能力者に代わって行為をする必要があります。その場合にも、代理という制度が必要になってきます。これを私的自治の補充といいます。

◆ 代理における三面関係

　代理では、①本人と代理人との関係（代理関係）、②代理人と相手方との関係（代理行為の当事者）、③本人と相手方との関係（法律効果の帰属者）、という三面関係が成立します。

① **本人と代理人との関係（代理関係）**

代理において最も中心となる関係です。代理人による法律行為（代理行為）の効果が本人に帰属するためには、代理人にはその行為について代理権がなければなりません。代理権とは、本人の代わりとなり得る地位（代理資格）のことで、代理人による法律行為の効果が本人に帰属するための要となるものです。代理権のない者がした行為の効果は、原則として本人には帰属しません。

また、ⓐ同一の法律行為について、相手方の代理人（自己契約）または当事者双方の代理人（双方代理）として代理行為を行うことや、ⓑ代理人と本人との利益が相反する行為（利益相反行為）について代理行為を行うことは、本人の許諾があるという例外的場合（ⓐは債務の履行も例外となる）を除き、代理権を有しない者の行為（無権代理行為）とみなされます（108条）。

なお、代理人が権限内の行為に関して、さらに代理人（復代理人）を選任することが認められる場合があります。

② **代理人と相手方との関係（代理行為の当事者）**

代理において法律行為をするのは代理人であって、本人はその法律効果を受けるにすぎません。

そこで、顕名（代理人が代理人として法律行為をしているのを相手

■ **代理の三面関係**

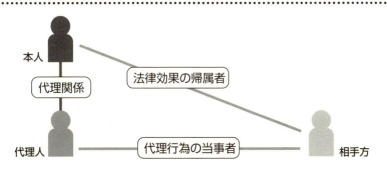

方に明らかにすること）が要求されています。また、代理人にはその法律効果が帰属しないので、原則として行為能力を要しません。

③　本人と相手方との関係（法律効果の帰属者）

　代理行為の効果はすべて本人に帰属します。たとえば、売買契約において目的物の所有権を得ることや、代金を支払う義務などです。さらに、その契約を解除したり、取り消すのも、法律にとくに定めがある場合を除いて本人が行います。

◆ 代理行為の瑕疵とは何か

　代理人が正当に行った法律行為について、その法律的な効果が、代理人に委任した本人に帰属することについては、何ら問題なく認められます。しかし、実際は代理形式で行われる法律行為には、トラブルが生じることが少なくありません。

　たとえば、ある人が甲土地の売買契約を代理人に依頼した場合に、この代理人が、実際にはそのような事実がないにもかかわらず、「甲土地は、数年の間に新幹線が開通するために、地価が高騰するので、現在買うのが得である」とウソをついて、買主を見つけて売買契約を結んだとしましょう。

　改正前民法の下では、意思表示の効力が詐欺や強迫などで影響を受ける場合（代理行為の瑕疵）には、その事実の有無に関する判断は代理人を基準にして決定するとの規定が置かれていました。しかし、代理人が詐欺や強迫などを行った場合の効果を規定しているのか、それとも代理人が詐欺や強迫などを受けた場合の効果を規定しているのか、という点が明確ではなく、最終的には法律の解釈によって結論を導く必要がありました。

◆ 代理行為の瑕疵についての取扱い

　平成29年の民法改正では、代理行為に何らかの欠陥があるという代

理行為の瑕疵の事例について、ⓐ代理人が欠陥の原因を作った行為者である場合と、ⓑ代理人が欠陥のある意思表示の受け手になる場合、を区別して規定を置いています。

そして、ⓐの場合は「代理人の相手方に対する意思表示の効力が意思の不存在、錯誤、詐欺、強迫、悪意、有過失」の事情により影響を及ぼすおそれがある場合、それらの事実の有無は代理人について決定すると規定しています。

ⓑの場合は「意思表示を受けた代理人の悪意、有過失」の事情により影響を及ぼすおそれがある場合、それらの事実の有無は代理人について決定すると規定しています。したがって、前述の事例は代理人が詐欺行為を行っているのでⓐの場合に該当します。そこで、代理人と土地の売買契約を結んだ買主が、詐欺に関するルールに従って、意思表示を取り消すか否かを判断することになります。

一方、第三者が買主に詐欺行為をしたとすると、売主の代理人は買主から欠陥のある意思表示を受ける側なので、ⓑの場合に該当します。そこで、代理人が悪意または有過失であれば、買主は第三者詐欺による取消を行うことができます。

■ 代理行為の欠陥に関する取扱い

代理行為に欠陥（瑕疵）がある場合

① 代理人が欠陥の原因を作った行為者である場合

「代理人の相手方に対する意思表示の効力が意思の不存在、錯誤、詐欺、強迫、悪意、有過失」の事情により影響を受ける
∴ 詐欺行為等の事実の有無は代理人について判断する

② 代理人が欠陥のある意思表示の受け手になる場合

「意思表示を受けた代理人の悪意、有過失」の事情により意思表示の効力が影響を受ける
∴ 悪意や有過失については代理人について判断する

第1部 **12**

無権代理と表見代理

例外的に無権代理行為について本人に効果が帰属することが認められる場合がある

◆ 無権代理とは

　代理には様々な問題があります。たとえば、本人から実際には代理権を与えられていないのに、代理人と称して他人と契約などの法律行為を行った場合の法律上の処理や、代理権自体は与えられていた代理人が、与えられた代理権の範囲を超えて、または代理権を濫用して行った法律行為の処理に関する問題が挙げられます。

　代理人として代理行為をした者に代理権がない場合（代理権の範囲を超える場合を含みます）を無権代理といいます。無権代理が行われた場合の法律効果は、本人に帰属しないのはもちろん、代理人にも帰属しません。ただし、本人が無権代理人の行為（無権代理行為）を追認（承認）すれば、本人に効果が帰属します（113条）。

　しかし、本人の追認が得られない場合は、無権代理行為の無効が確定し、無権代理人に特別の責任が負わされます（無権代理人の責任、117条）。つまり、無権代理人は、自分の代理権を証明したとき、または本人の追認を得たときを除き、相手方（無権代理の事実について善意かつ無過失であることが必要です）の選択に従い、相手方に対して履行責任または損害賠償責任を負います。

◆ 表見代理とは

　無権代理行為について、本人の追認が得られるとは限りません。本人の追認が得られない場合には、本人に効果が帰属せず、前述のように無権代理人の責任を追及するわけですが、それも容易なことではあ

りません。しかし、それでは代理権がないことを知らずに取引した相手方の保護としては不十分ですし、代理制度の社会的信用を損なうおそれがあります。そこで民法は、本人と自称代理人との間に、本人に責任を負わせるのが相手方保護の立場から相当であると認められる特別の事情がある場合には、本人が無権代理を理由として、自分に対する法律効果の帰属を拒否できないようにしました。

つまり、本人と自称代理人との間に、最初から代理権があったように扱うわけです。これが表見代理の制度です。民法は表見代理を次の３つの類型に分けて規定しています。

① **授権表示による表見代理（109条）**

本人が第三者（相手方）に対して、他人に代理権を与えた旨の表示（授権表示）をしましたが、実際には代理権を与えていなかった場合です。白紙委任状を渡した場合や、自分の名義を使って仕事をすることを許した場合（名板貸し）がそうです。

なお、授権表示による表見代理の規定が本来想定しているのは、実際には代理権を持たない者が、授権表示により示された代理権の範囲内の行為をした場合に、代理権があったものとして法律上扱う（表見代理を成立させる）という事例です。しかし、授権表示が行われた際に、実際には代理権を持たない者が、その授権表示によって示されている代理権の範囲を超えて法律行為に及ぶ場合があり得ます。

この事例について、改正前民法の下では解釈により「授権表示によ

■ **表見代理の構造**

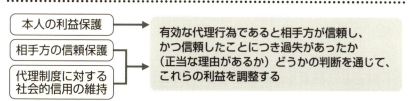

る表見代理」の規定と後述の「権限を越えた場合の表見代理」の規定の双方を適用して解決が図られてきました（重畳適用）。平成29年の民法改正により、この解釈が条文化されています（109条2項）。

② 権限を越えた場合の表見代理（110条）

　代理人が本人に対する何らかの代理権（基本代理権）をもっていましたが、その基本代理権の範囲を越えて代理行為をした場合です。たとえば、土地の管理を頼まれていた代理人が、その土地を売却した場合などがあてはまります。他の表見代理のケースとは異なり、代理行為を行った時点で、（無権）代理人がまったくの無権利者ではないということに注意が必要です。権限を越えた場合の表見代理が成立するためには、基本代理権から判断して、権限を越えた行為についても、代理人に正当な権利があると信じても仕方ないといえるような「正当な理由」が認められなければなりません。

③ 代理権消滅後の表見代理（112条）

　代理人が以前に本人に対する代理権をもっていましたが、その代理権が消滅した後も、以前と同じように代理人として行為した場合です。たとえば、勤め先から解雇された新聞の集金人が、解雇前と同じように集金業務を行って新聞代を徴収した場合があてはまります。

　なお、改正前民法の下では、代理権消滅後に、かつて持っていた代理権を越えた範囲の法律行為を行った場合には、前述した授権表示の表見代理に関する規定と同じように、解釈によって「代理権消滅後の表見代理」の規定と「権限を越えた場合の表見代理」の規定の双方を適用する（重畳適用）ことで、解決が図られてきました。平成29年の民法改正により、この解釈が条文化されています（112条2項）。

　①〜③のいずれの場合も表見代理が成立するには、相手方が有効な代理行為であったと信じ、かつ信じたことについて過失がなかったこと（善意かつ無過失）が必要です。これにより本人の利益（静的安全）と無権代理人の相手方の利益（動的安全）の調整を図るためです。

◆ 代理権の濫用について

　改正前民法では、代理人が代理行為を自分の利益のために行った場合等、代理権を濫用した場合について明文規定を置いていませんでした。判例は心裡留保（34ページ）に関する規定を類推適用（条文に記載がない事項について、一定の事項が類似していることを理由に、その条文の内容を当該事項に適用すること）する手法で処理してきました。これは、代理人が本当は「自己または第三者の利益のために法律行為に及んでいる」という真意と、客観的には「本人のために法律行為を行っている」という表示が食い違っていることが、心裡留保と類似の状況が発生していることに基づく法律構成でした。

　もっとも、代理権を濫用している代理人の行為は無権代理に準じる行為といえるため、これを心裡留保により説明する構成には批判も少なくありませんでした。そこで平成29年の民法改正では、代理人が自己や第三者の利益を図る目的で代理行為をした場合、相手方がその目的を知り、または知ることができた（悪意または有過失）ときは、無権代理行為とみなされることが明らかになりました（107条）。

■ 無権代理行為と表見代理

代理人

　正当な代理権を持たないで行った法律行為

原則　無権代理行為
∴ 本人に効果は帰属しない（代理人にも帰属しない）
⇒ ただし、本人の追認により本人に効果が帰属する

例外　代理行為として認められる場合がある
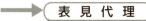
表見代理

表見代理
① 授権表示による表見代理
② 権限を越えた場合の表見代理
③ 代理権消滅後の表見代理

第1部 13

担保

債務の履行を確保するための手段である

◆ 民法で規定されている担保物権は4種類

　返済能力に不安のあるBに対してお金を貸すAが、返済に確実を期すには、どんな手段があるのでしょうか。

　まず考えられるのが、支払能力のある第三者Cに代わりに支払ってもらう方法があります。つまり、CにBの債務の保証人になってもらうのです。このように財産のある「人」をあてにして債務の履行を確保する方法を人的担保といいます。ただ、人的担保の場合、B・Cが債務超過に陥って破産するなど、債務の履行を請求しても無意味になるリスクがあります。

　そこで、次に考えられるのが、確実な財産を確保しておくという手段です。つまり、Bあるいは第三者（物上保証人）がもつ高価な財産を、債務の履行のために確保するのです。このように「財産」をあてにして債務の履行を確保する方法を物的担保といいます。

　民法は物的担保として、次の4種類の担保物権を定めています。

① 留置権

　被担保債権（目的物に関して生じた債権であることが必要です）の弁済があるまで、目的物を留置しておくことができる権利です。

② 先取特権

　法律に定めた一定の債権を担保するために認められた権利です。たとえば、会社が倒産するなどして未払いの従業員の給料は、先取特権として優先的に支払ってもらえることになります。

③ 質権

債務者に対する特定の債権を担保するために、債務者または第三者の所有物を預かる形式の担保物権です。

④ 抵当権

債務者に対する特定の債権の回収を確実にするために、債務者または第三者の不動産に設定する担保物権です。

これら4つの担保物権は、典型担保物権と呼ばれますが、それは大きく2つに分類できます。留置権と先取特権は、当事者の合意を必要とせず、法律の定める要件を満たすと当然に発生する法定担保物権であり、質権と抵当権は、当事者の合意により設定される約定担保物権です。

◆ 債権者平等の原則とは何か

物権では、優先する順位などが決まっているのが通常ですが、債権は、優先順位がないのが原則です。つまり、債権者は、その債権の成立時期を問わず、債権額に応じて債務者から平等に弁済を受けることができるのが原則です。これを債権者平等の原則といいます。

債権者平等の原則の下では、債権者は、債務者の一般財産から債権額に応じて平等に弁済を受けます。たとえば、債務者Eの財産が1000万円であり、債権者Fが1000万円、Gが600万円、Hが400万円の債権をもっているとき、Fは500万円、Gは300万円、Hは200万円を回収

■ 物的担保

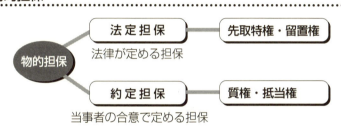

できるにすぎません。

しかし、担保物権をもつ債権者は、例外的に取り扱われます。つまり、担保物権をもつ債権者は、担保物権が設定された特定の財産から、他の一般債権者に優先して弁済を受けることができるのです。これこそが、担保物権をもつ者の1番の強みです。

◆ 仮登記担保の利用

建物や土地など不動産を担保にとった場合で、債務の弁済ができなくなった場合を想定して、あらかじめ担保物件であるその不動産を取得するという契約をするケースがあります。本来の債務の代わりに不動産という担保物件で弁済させる予約をしておくわけです。これを代物弁済予約といいます。

代物弁済予約においては、目的不動産（担保物件）に所有権移転の仮登記をしておくのが通常です。仮登記をしておけば、競売手続きさえも不要になりますので、手続きにかかる時間やコストも省くことができますし、本登記をした時に目的物自体を取得することができるのが特徴です。このように目的不動産に所有権移転の仮登記をしておくため、仮登記担保とも呼ばれています。

つまり、仮登記担保は、抵当権の競売手続きのような面倒な手続きをすることなく、債務が返済されないときには、仮登記を本登記にすることで、債権者は不動産の所有権を取得することができます。

ただし、代物弁済の場合、債務額（未払の残額）よりも不動産の価額のほうが高額ということがあります。このような場合、債権者は、超過分を債務者に返還しなければなりません。

◆ 根抵当権の利用

根抵当権とは、一定範囲で変動する不特定の債権を、一定の限度額（極度額）まで担保するものとして設定された抵当権のことです。継

続的商品取引契約をもとに発生する多数の債権など不特定多数の債権を担保するのであれば、根抵当権を設定するのがよいでしょう。根抵当権は、継続的な取引で生じ、常に変動するいくつもの債権を、極度額の範囲で担保するものですが、当事者間で生ずる一切の債権を担保するなどという包括的な定め方はできず、担保する債権の範囲をある程度特定しておかなければなりません。

　根抵当権設定契約を締結する場合には、①担保不動産の特定、②被担保債権の範囲（担保される債権）、③極度額（担保される債権の最高限度額）、④債務者について取り決めることが最低限必要です。なお、元本確定期日（被担保債権を特定させる日）を取り決めるかどうかは自由です。

　被担保債権の範囲は、「平成〇〇年〇月〇日付継続的〇〇契約」「商品売買取引」「金銭消費貸借取引」などと記載します。

　被担保債権の範囲、債務者、元本確定期日の変更にはとくに利害関係人の承諾を得る必要はないのに対し、極度額の変更だけは、利害関係人の承諾が必要です。将来の取引高を見越して極度額を定めておくようにしましょう。

　なお、抵当権と同様に根抵当権も、土地や建物に設定される担保権です。共に設定登記をしなければ、第三者に対抗（主張）できません。

■ 担保制度のしくみ

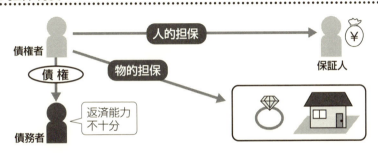

第1部 14 定型約款

不特定多数の者との取引のために画一的な内容をあらかじめ条項として用意しておくことができる

◆ 定型約款とは

　改正後民法は、定型約款を「定型取引において、契約の内容とすることを目的としてその特定の者により準備された条項の総体をいう」と定義しています。「定形取引」とは、ある特定の者が不特定多数の者を相手とする取引であって、その内容が「画一的」であることが双方にとって合理的なものをいいます（548条の2第1項）。保険約款、預金規定、通信サービス約款、運送約款、カード会員規約は、すべてのユーザーに共通する内容なので、定型約款にあたる可能性が高いといえます。たとえば、月額課金のオンラインストレージサービスを提供するA社の例を考えてみましょう。A社はユーザー登録画面に利用規約を表示して、当該利用規約が契約内容に含まれることに同意する旨のボタンがユーザーによって押されてから、月額課金サービスに移行する方法を採っています。このような場合、ユーザーが利用規約のすべての条項を把握して合意していることは通常期待できません。しかし、利用規約が契約の内容とはならないとされると、個別に契約交渉をするなどの煩雑な手続が必要となり、A社にとってもユーザーにとっても事務処理の負担が増えます。そこで改正後民法では、不特定多数の者との画一的な取引を迅速かつ効率的に行うため、利用規約を定型約款として契約の内容とすることができる旨を明確にしました。

◆ 定型約款の内容

　改正後民法では、定型取引をすることの合意（定型取引合意）が

あった際に、①定型約款を契約の内容とすることの合意もあった場合、または②定型約款を契約の内容にする旨をあらかじめ相手方に表示していた場合には、定型約款の個別の条項について合意があったものとみなすと規定しています（548条の2第1項）。これを「みなし合意」と呼んでいます。

　このように定型約款について特別な効力を与えることで、改正後民法は定型取引において画一的な契約関係の処理を可能にしています。とくに②の場合は、相手方が定型約款を全く見ていなくても合意があったとみなされる場合がある点は注目に値します。

　みなし合意の制度は、不特定多数の者との画一的な取引を迅速かつ効率的に行うために有用なものです。しかし、常に合意があるとみなされると不都合が生じる場合もあります。そのため、一定の場合には個別の条項がみなし合意の対象から除外される規定が置かれています。具体的には、相手方の権利を制限したり、義務を加重する条項であって、定型取引の態様・実情や取引上の社会通念に照らして、信義則（信義誠実の原則）に反して相手方の利益を一方的に害すると認められるときには、そのような個別の条項については合意をしなかったものとみなされます（548条の2第2項）。

■ 定型約款を利用した取引

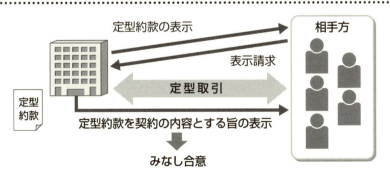

この除外規定に該当する条項の例として、不当条項や不意打ち条項が挙げられます。不当条項とは、契約違反をした相手方に過大な違約金を課す条項や、逆に、定型約款を準備する側（定型約款準備者）の責任を不当に免責したり、賠償額を不当に僅少にする条項などを指します。不意打ち条項とは、定型取引と関連性のない製品やサービスを、通常予期しない形でセット販売している条項などを指します。

◆ 定型約款の表示（開示）義務

　定型取引について合意した場合で、定型約款を契約の内容にする旨をあらかじめ相手方に表示していた場合には、定型約款の個別の条項についても合意があったとみなされます。その場合でも、相手方から請求があれば開示に応じなければなりません。

　また、定型取引合意の前または定型取引合意後相当の期間内に相手方から表示（開示）の請求があった場合には、定型約款準備者は、遅滞なく相当な方法で定型約款の内容を表示しなければなりません（548条の3第1項）。たとえば、相手方から請求されたときに定型約款を掲載したWEBページのURLを提示するなど相当な方法で表示することが想定されます。なお、定型取引合意後相当の期間内における相手方からの表示請求を拒否した場合でも、定型約款自体は契約の内容になります。ただし、この場合は定型約款を表示する義務が履行されておらず、定型約款準備者は債務不履行責任を負う可能性があります。

　これに対して、定型取引合意前に相手方から定型約款の表示請求があったのに、定型約款準備者が正当な理由なく拒否した場合は、みなし合意の規定が適用されず、定型約款自体が契約の内容にはなりません（548条の3第2項）。

◆ 定型約款の変更が可能な場合

　定型約款を利用して不特定多数の相手方と取引を開始している状態

であっても、事後的にその定型約款を変更する必要が生じる可能性もあります。その場合に、すでに取引関係にある者に個別に合意を求めるとすれば、円滑な取引ができなくなるおそれがあります。そこで改正後民法は、一定の要件を満たしている場合には、相手方の個別の合意がなくても定型約款を変更できるものとしています。具体的には、個別の合意なき定型約款の変更が認められるためには、次のいずれかの要件を満たす必要があります（548条の４第１項）。

１つは、定型約款の変更が相手方の一般の利益に適合するものであることです。もう１つは、定型約款の変更が契約の目的に反せず、かつ、変更の必要性、変更後の内容の正当性、約款上の変更に関する定めの有無・内容、その他の変更にかかる事情に照らして合理的なものであることです。

なお、いずれかの要件を満たしている場合において、実際に定型約款の変更が効力を生じるためには、①定型約款を変更する旨、②変更後の定型約款の内容、③変更後の定型約款の効力発生時期の３点について、インターネットその他適切な方法で周知することが必要です（548条の４第２項、第３項）。

■ 定型約款の変更が可能な場合

| 定　型　約　款 | | 不特定多数の者と取引を行うために定めている |

【事後的に変更が必要な場合】　いずれかの要件を満たす必要がある

① 定型約款の変更が相手方の一般の利益に適合するものであること
② 定型約款の変更が契約の目的に反せず、変更の必要性、変更後の内容の正当性、約款上の変更に関する定めの有無・内容などの事情に照らして合理的なものであること

　- → いずれかの要件を満たす場合、変更に関する事項をインターネット等で周知することが必要

第1部

商取引

商法が規律するのが「商人」であり、「商行為」である

◆ ビジネスでの取引は一般個人の取引とは異なる

　一般個人間の法律関係を規律する法律は民法ですが、企業の行う商取引は、常に営利が追求され、また迅速であることが求められるなど、一般個人の取引とは異なった特徴をもっています。

　商法は、その規律の対象とする企業主体を「商人」と名づけ、「自己の名をもって商行為をすることを業とする者」と定義づけています（4条1項）。これを固有の商人ともいいます。「自己の名をもって」というのは、代理人としてではなく自分が取引の主体となるということです。「商行為」というのは、商法の適用対象となる商取引のことをいいます。「業とする」というのは、「営業をする」こと、つまり営利目的をもって、計画的かつ継続的に、同種の行為を反覆して行うことをいいます。「者」には自然人も法人も含まれます。自然人は私たち人間（個人）のこと、法人は自然人以外で権利義務の主体となれる者のことですが、ここでは会社と考えてよいでしょう。

　ただし、例外的に、商行為をしなくても商人とみなされる場合があります。①店を出して物を売るのを業とする者、②鉱業を営む者の2つです。これらを擬制商人といいます。

　固有の商人も擬制商人も、商法の適用については全く差はありません。

◆ どんな取引が商法のルールが適用される商取引にあたるのか

　商法が適用されることになる商行為は、「絶対的商行為」と「営業的商行為」の大きく2つに分けることができます。

まず、誰がやっても、1回だけやっても商行為となる行為が絶対的商行為です（501条）。①品物を先に安く買っておいて、後で高く売ること（投機購買とその実行行為）、②品物を先に高く売っておいて、後で安く仕入れること（投機売却とその実行行為）、③証券取引所や商品取引所で行う取引、④手形その他の商業証券に関する行為、の4つがあります。

これに対し、営業として反復・継続して行うことによって商行為となる行為を営業的商行為といい、これは商法502条に13の行為が列挙されています。たとえば、①賃貸する目的で動産・不動産を取得する行為、②他人のための製造・加工に関する行為、③電気やガスの供給に関する行為、④運送に関する行為、⑤作業・労務の請負、⑥出版・印刷・撮影、などが挙げられています。

なお、商人が営業のためにする行為も商行為となり、「附属的商行為」と呼ばれています（503条）。また、株式会社などの会社が、その事業としてする行為や、事業のためにする行為は、すべて商行為となります（会社法5条）

■ **絶対的商行為**

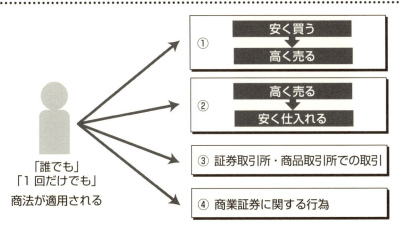

第1部 16
商取引に適用されるルール

プロである商人は厳しく律せられる

◆ 商行為や商人間の取引に適用される様々なルール

　商法では、商取引の迅速性ということを考えて、契約に関して、民法とは異なる取扱いがされています。

　まず、隔地者間（遠隔地）において、承諾期間の定めのない申込みを受けた者が、相当期間内に承諾の通知を発しなかった場合は、申込みの効力が失われます。また、商人が平常取引をする者からその営業に関する契約の申込みを受けた場合、遅滞なく諾否の通知を発信しなければならず、通知を怠ったときは承諾とみなされます。さらに、商人が契約の申込みを受けた際に物品を受け取ったときは、申込みを拒絶された後も、その物品を保管する義務を負います（保管費用は申込者負担）。

　改正前民法は、法定利率と債権の消滅時効期間について、商法が民法と異なる定めをしていました。つまり、民法上の法定利率は年5％、債権の消滅時効期間は10年であるのに対し、商法上の法定利率は年6％、債権の消滅時効期間は5年でした。しかし、平成29年の民法改正で、民事・商事を問わず、法定利率は施行時に年3％に、債権の消滅時効期間は原則5年に統一しています。

　また、暴利行為を防ぐため民法では禁じている流質契約を、商法では商人であれば自己の利害を計算できるとして認めています。さらに、民事留置権では債権と留置物との関連性が要求されるものが、商事留置権では債務者との商行為によって占有するに至った債務者の物であれば、その物と債権との関連性がなくても留置できるとしています。

　そして、民法では、代理人が代理行為として相手方に意思表示をす

るには、顕名が必要です。しかし、商法が定める商行為においては、いちいち顕名をするのでは煩雑で迅速性に欠けるとして、非顕名でも代理人の行為の効果は本人に帰属すると規定しています。

◆ 商事売買に適用されるルール

商法では商人間の売買について、民法上の売買の特則を設けています。まず、定期売買について、民法では履行期を過ぎれば、債権者はすぐに契約を解除できます。一方、商人間の定期売買では、さらに進んで履行期に履行がなされない場合、契約解除の意思表示をすることなく、債権者が契約を解除したものとみなします。

また、買主が目的物の受領を拒んだ場合、民法では目的物の供託が原則となっています。しかし、商人間の売買では、期間を定めて催告しても買主が目的物を受領しない場合、売主はそれを競売にかけることができます（自助売却権）。さらに、目的物を受領した買主は、受領後遅滞なく検査を行い、欠陥や数量不足があればすぐに売主に通知しないと、契約解除や損害賠償請求などができなくなります。

■ 民事売買と商事売買の違い

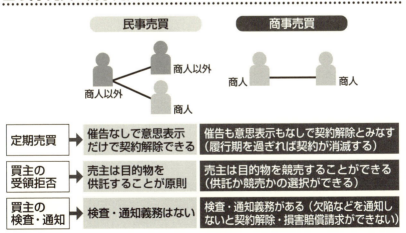

消費者契約法の全体像

消費者の立場と権利を守る法律である

◆ なぜ消費者契約法ができたのか

　一般的な契約について規定している代表的な法律として「民法」があります。民法では契約自由の原則が採用されているため、原則として誰と、どんな内容で契約しようと自由です（改正後民法は契約自由の原則を明文化しています、521条・522条2項）。

　そもそも、民法は売り手と買い手とが対等な関係であることを前提としています。しかし、事業者と消費者が結ぶ契約について見てみると、現代においては、豊富な知識や巧みな交渉術をもつ事業者と、それをもたない消費者との間に、商品知識や情報収集に対する能力に圧倒的な差ができています。そのため、民法だけでは消費者を十分に保護することができないというのが実情です。

　実際に、事業者の強引な勧誘や甘言によって知識の乏しい消費者が契約してしまい、後に大きな不利益を被るというトラブルが多発したため、たとえば、訪問販売（自宅への押売りや街頭で呼び止めて店舗に同行して行う販売方法）は特定商取引法、割賦販売（代金を即時決済するのではなく、一定の期間にわたって分割払いで支払う販売方法のこと）は割賦販売法、といった法律で個別に対処していました。

　ただ、その一方で、特定商取引法や割賦販売法で定める取引に該当しない取引によって被害を被った消費者も多く、被害者の救済という点で不十分といえました。

　このような問題を解消するために制定されたのが、消費者契約法です。消費者契約法は、消費者と事業者との間には情報の質や量、交渉

力などの面において絶対的な格差があることを認め、双方で交わす契約（消費者契約）において消費者の権利や立場を守ることを目的としています。

◆ どんな場合に必要なのか

消費者契約法による保護や救済が必要とされるのは、消費者と事業者との間に情報量や経験、交渉力などといった面で、圧倒的な格差が認められる場合です。

現代社会において経済や社会のしくみは複雑化し、事業者はこれまでの経験や知識、情報や交渉術といった強力な武器を豊富に持つようになりました。事業者は、これらの武器を駆使して消費者に契約を求めてきます。何の知識もなく、準備もできていない消費者側には、契約の内容をすべて理解し、自分の権利を守るための対抗策を講じることはまずできません。

そこで、消費者と事業者との間で結ぶ消費者契約に対し、消費者契約法の適用を及ぼして消費者を保護することで、事業者とある程度対等な立場にすることが求められるようになったのです。

■ 消費者契約法が必要とされる理由

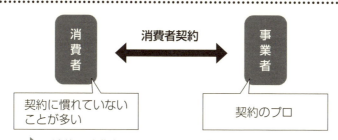

第1部 18 消費者取消権と無効とされる条項

消費者契約全体ではなく、不当な条項のみが無効となる

◆ 消費者取消権とは

　消費者取消権とは、事業者側の不当行為がある場合に、消費者側から消費者契約を取り消すことができる権利です。具体的には、事業者が消費者契約の勧誘をする際に、①重要事項について事実と異なる内容を告げた結果（不実告知）、その内容が事実であると消費者が誤認した場合、②将来まだどうなるかがわからない不確実な事柄を、あたかも確実であるかのように説明をした結果（断定的判断の提供）、その断定的判断が確定的なものと消費者が誤認して取引した場合などに、消費者は、当該消費者契約を取り消すことができます。

◆ 無効とされる条項とは

　消費者契約法は、次のような消費者が一方的に不利益となる条項を消費者契約で定めても、その条項が無効になることを定めています。

① 債務不履行責任の免責特約

　事業者の債務不履行について、損害賠償責任の「全部」を免除する条項は無効になります。一方、損害賠償責任の「一部」を免除する条項については、事業者に故意（どのような結果を招くかを理解していること）または重過失（不注意の程度が著しいこと）がある場合にまで、損害賠償責任の一部免除を認めている条項が無効となります。

② 不法行為責任の免責特約

　事業者の不法行為により消費者に生じた損害について、損害賠償責任の「全部」を免除する条項は無効になります。一方、不法行為によ

る損害賠償責任の「一部」を免除する条項については、事業者に故意または重過失がある場合にまで、損害賠償責任の一部免除を認める条項が無効になります。

③ 契約不適合責任の免責特約

平成29年の民法改正に伴う消費者契約法改正により、消費者契約が有償契約である場合、契約不適合により事業者が消費者に対して損害賠償責任を負うときは、契約不適合が債務不履行のひとつであることから、原則として「①債務不履行責任の免責特約」の規定が適用されることになります。ただし、事業者が契約不適合を理由に履行追完責任または代金減額責任を負う場合には、損害賠償責任の免除条項が無効とならない旨の規定が設けられます。

④ 高額の違約金を定める契約

消費者契約の解除に伴う損害賠償の額や違約金を定めた場合、事業者に生ずべき平均的な損害の額を超える賠償額を予定したとしても、その超える部分が無効となります。

⑤ 消費者の利益を一方的に害する規定

消費者が何もしないことをもって消費者契約の申込または承諾をしたとみなす条項や、民法や商法などにある任意規定（当事者の合意で変更できる規定）と比べて、消費者の権利を制限し、または消費者の義務を加重する消費者契約の条項で、消費者の利益を一方的に害するものは無効となります。

■ 消費者取消権を行使できない場合

事業者が伝えなかった事実が契約するにあたって重要な事項とはいえない場合	→	消費者の取消権の行使が認められない！
事業者が事実を告げようとしたのに、消費者がその告知を拒否した場合		

第1部 19

特定商取引法の全体像

特定の取引について消費者をトラブルから守っている

◆ 特定商取引法とは

　特定商取引法は、消費者と事業者との間でとくにトラブルになることが多い取引を特定商取引としてとりあげ、その取引をする際のルールを定めています。全体としては、特定商取引が行われる際に、消費者が不当な契約を結ばされないようにするため、事業者を規制することを目的としています。

　特定商取引法が定める特定商取引とは、①訪問販売、②通信販売、③電話勧誘販売、④連鎖販売取引、⑤特定継続的役務提供、⑥業務提供誘引販売取引、⑦訪問購入の7種類です。

　また、未購入の商品が突然送り付けられた場合（ネガティブオプション）の取扱いについてもルールを定めています。

① 　訪問販売

　訪問販売とは、事業者の営業所等（営業所、代理店、展示会場などの施設）以外の場所で行われる取引のことです。

　自宅への押売りが代表例ですが、路上で声をかけて事業者の営業所等に誘い込み、商品の販売などを行うキャッチセールスといった販売方法も、特定商取引法上は訪問販売として扱っています。

② 　通信販売

　通信販売とは、事業者が新聞や雑誌、インターネットなどで広告を出し、消費者から郵便・電話等の通信手段により申込みを受ける取引のことです。

③ 　電話勧誘販売

電話勧誘販売とは、事業者が電話で勧誘し、消費者からの申込みを受ける取引のことです。電話中に申し込む場合だけでなく、電話をいったん切った後で、消費者が郵便や電話などによって申込みをする場合も電話勧誘販売に含まれます。

④ **連鎖販売取引**

連鎖販売取引とは、事業者が消費者を組織の販売員（会員）として勧誘し、その販売員にさらに次の販売員を勧誘させるという方法により、販売組織を連鎖的に拡大して行う販売方法です。「マルチ商法」とも呼ばれています。「組織の一員として活動すれば一定の見返りが得られる」という形で販売員を勧誘し、これに応じて販売員となる者には、商品を購入させたり、入会金やリクルート料といった名目の金銭的負担を負わせることになります。

⑤ **特定継続的役務提供**

長期・継続的なサービスの提供の対価として、高額の金銭の支払いを求める取引のことです。語学教室・学習塾への通学に関する契約や、エステティックサロンに通う契約が代表的な例です。

■ **特定商取引法の規制対象**

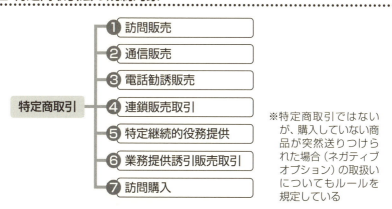

⑥　業務提供誘引販売取引

　事業者が「依頼した仕事をしてくれれば収入を得ることができる」といった口実で消費者を勧誘し、仕事に必要であるとして、商品などを販売する取引のことです。

⑦　訪問購入

　物品の購入業者が営業所等以外の場所において行う物品の購入取引のことです。自宅を訪れた業者による貴金属やアクセサリーなどの強引な買取りを防ぐために規制が置かれています。

◆ 特定商取引法の規制

　特定商取引法は、特定商取引として規制されている7種類の取引ごとに分けて、必要なルールを定めるという構造をとっています。多くの特定商取引に共通するルールは、①氏名等の明示の義務付け、②広告規制（虚偽・誇大広告の禁止など）、③契約締結時の書面交付義務、④不当な勧誘行為の禁止、⑤クーリング・オフ制度、⑥中途解約権の保障などです。とくに重要なルールが、通信販売を除く特定商取引に認められているクーリング・オフ制度です。事業者は消費者に対しクーリング・オフという権利があることを書面で伝え、消費者のクーリング・オフを不当に妨害することを避けなければなりません。

◆ 悪質商法が行われるのを防ぐ

　最初から顧客をだまして金を稼ごうとする悪質なビジネス（悪質商法）が問題になることがあります。キャッチセールス、催眠商法、送り付け商法（押付け販売）、内職商法といった商法が代表例です。

　キャッチセールスや催眠商法については「訪問販売」、送り付け商法については「売買契約に基づかないで送付された商品」（ネガティブオプション）、内職商法については「業務提供誘引販売取引」という形で、特定商取引法によって規制されています。

■ 特定商取引法で規制される内容

取引	規制されるおもな商法	クーリング・オフできる期間
訪問販売	・押売り（自宅に突然訪問してきて商品を販売する商法） ・キャッチセールス（駅前・街頭といった場所で目的を隠して営業所に勧誘する商法） ・アポイントメントセールス（販売目的を隠してメール・手紙などで誘い出す商法） ・催眠商法（会場に誘い出した客を話術や雰囲気で高揚させ、商品の販売を行う商法）	8日
電話勧誘販売	・資格商法（家庭や職場に電話をかけて資格取得の勧誘を行い、電話中に契約を結ばせたり、申込書を郵送させたりする販売方法）	
特定継続的役務提供	・無料体験商法（無料体験を誘い文句に客を誘い出し、エステや英会話教室、学習塾といったサービスの受講契約を結ばせる商法）	
訪問購入	・押し買い（自宅を訪れた業者に貴金属やアクセサリーなどを安値で強引に買い取られてしまう商法）	
連鎖販売取引	・マルチ商法・マルチまがい商法（商品等を購入して入会し、新たに入会者を紹介すると手数料が入るシステムで組織を拡大させる商法）	20日
業務提供誘引販売取引	・内職商法（新聞の広告やダイレクトメール、自宅への電話などで勧誘して高額な道具を購入させるが、仕事は全く紹介しないという商法） ・モニタ商法（収入が得られる仕事を提供するが、その仕事に使うことを理由に商品を販売する商法）	
通信販売	・電話やインターネットといった通信手段を利用して広告することで販売業者と対面せずに契約させる商法	クーリング・オフ制度がない
ネガティブオプション	・送り付け商法（注文していない商品を一方的に送り付け、後から代金を請求する商法）	

第1部 20

割賦販売法の全体像

代金を払い終えるまでは所有権は売主にある

◆ 割賦販売法の規制する取引

　訪問販売など、特定商取引法で規制されている取引で商品やサービスを購入する場合、支払方法についてクレジットカードなどを利用して決済することがあります。とくに、インターネットを利用した通信販売では、クレジットカード決済するのが通常かもしれません。

　このような、商品の代金を何回かに分割して支払う販売方式について規定しているのが割賦販売法です。割賦払いは支払方法や割賦金利といった点で複雑な契約であるため、当事者が不利益を被らないように、割賦販売法でルールが定められています。割賦販売法が適用される取引は、①割賦販売、②ローン提携販売、③包括信用購入あっせん、④個別信用購入あっせん、⑤前払式特定取引、の５つです。代金後払いのものが多いのですが、⑤の前払式特定取引は前払いです。また、①の割賦販売にも代金前払いの前払式割賦販売という態様の取引があります。

◆ 割賦販売法の規制する販売形態

　割賦販売法が規制する取引の概要は以下の通りです。

① **割賦販売**

　割賦販売とは、物品やサービス等の代金を、分割で支払うことを約束して売買を行う販売形態のことです。割賦販売は購入者と販売会社（またはサービスの提供業者）の二者間の取引です。ただし、割賦販売法の定める割賦販売というためには、一定の要件を満たす必要があ

ります（下図参照）。

売主と買主の間で、直接割賦販売が行われるため、「自社割賦」と呼ばれることもあります。代金が後払いのものと前払いのものがあります。

② ローン提携販売

自動車や宝石などの高価な物品を扱う店に行くと、店側から「当社が紹介する金融機関を利用すれば、有利な条件でローンを組んで購入できますよ」などと勧められることがあります。このような提携金融機関を介しての販売形態をローン提携販売といいます。売主は、金融機関で買主が借り受けた金銭から支払いを受けることができるので、「代金を受け取れないかもしれない」というリスクを回避することができます。ただ、買主のローンの返済が滞った場合、買主の保証人となっている売主が、金融機関に対し、保証債務を履行しなければなりません。

③ 包括信用購入あっせん

消費者が商品の購入やサービスの提供を受ける際に、売主と消費者

■ 割賦販売法の規制する取引

取引	対象	支払条件
①割賦販売	指定商品・指定権利・指定役務に限定	2か月以上にわたり、かつ3回以上に分割して支払うもの
②ローン提携販売	指定商品・指定権利・指定役務に限定	2か月以上にわたり、かつ3回以上に分割して支払うもの
③包括信用購入あっせん	商品・役務・権利のすべて	2か月超にわたるものであれば1回払い・2回払いも対象
④個別信用購入あっせん	商品と役務のすべてと指定権利	2か月超にわたるものであれば1回払い・2回払いも対象
⑤前払式特定取引	商品と政令で定める役務	2か月以上にわたり、かつ3回以上に分割して支払うもの

※ただし、法定の適用除外事由に該当する取引は割賦販売法の規制対象とならない

の間に介在して、代金支払の取扱いを代行することを信用購入あっせんと呼びます。

よく利用される例としては、消費者がクレジットカードを利用して商品などを購入し、代金を信販会社が立て替えるケースがあります。このようにクレジットカード等を利用して、限度額の中で包括的に与信（信用を与えて代金の支払時期を商品等の引渡時期よりも遅らせること）をするタイプを包括信用購入あっせんと呼びます。

買主ではない第三者が用意した金銭を売主に支払うという点では、前述したローン提携販売と同じですが、信用購入あっせんの場合、ローン提携販売のように売主が保証人になることはありません。信用購入あっせんでは、売主は与信をせず、売買契約だけを行い、信販会社が買主に対して与信（限度額の設定）を行います。

④ 個別信用購入あっせん

包括信用購入あっせんと異なり、クレジットカード等を使用せずに、車・宝石・呉服・携帯電話などの商品を買うたびに（個別に）契約し、信販会社が買主に対して与信を行うものを個別信用購入あっせんと呼びます。一般的には、クレジット契約・ショッピングローンなどと呼ばれています。

⑤ 前払式特定取引

経済産業大臣の許可を受けた特定の事業者に対し、会費などの名目で代金を支払うことにより、特定の物品やサービスの提供を受けることができる取引を前払式特定取引といいます。

たとえば、百貨店やスーパーの友の会などに入会して月々の会費を支払うと、一定期間後に商品券等が提供される取引が前払式特定取引の例です。また、冠婚葬祭互助会に入会して月々の会費を支払うとその一部が積み立てられ、結婚式や葬儀の必要が生じたときに積立金を利用して一般より割安で式を行うことができる、といった制度も前払式特定取引にあたります。

◆ 指定制度

　割賦払いで商品を購入すれば、常に割賦販売法が適用されるということにはなりません。割賦販売とローン提携販売は、取引の対象が指定商品・指定権利・指定役務（サービス）である場合にのみ割賦販売法の適用対象となります（下図参照）。

　一方、包括信用購入あっせんは、原則としてすべての商品・権利・サービスが適用対象になります。また、個別信用購入あっせんは、権利については指定権利のみが適用対象となりますが、商品とサービスについては原則としてすべての商品・サービスが適用対象となります。そして、前払式特定取引は、すべての商品と指定役務（下図の前払式特定取引の指定役務）に適用対象が限定されています。

■ 割賦販売法の規定する指定商品・指定権利・指定役務

種　類	指定されている対象物
指定商品 （抜粋）	真珠・貴石・半貴石、幅が13cm以上の織物、履物及び身の回りの品を除く衣服、ネクタイ・マフラー・ハンドバッグ等の装身具、履物、書籍、ビラ・パンフレット・カタログ等の印刷物、ミシン・手編み機械、はさみ・ナイフ・包丁等の利器、浄水器、レンジ、天火、こんろ等の料理用具、化粧品、化粧用ブラシ・化粧用セットなど54項目。
指定権利	①人の皮膚を清潔・美化し、体型を整え、または体重を減らすための施術を受ける権利、②保養のための施設またはスポーツ施設を利用する権利、③語学の教授を受ける権利、④学校や専修学校の入学試験のための備えや学校教育の補習のために学力の教授を受ける権利、⑤児童・生徒・学生を対象としている、サービスを提供する事業者の事業所で行われる、入学試験への備えや学校教育の補習のための学力の教授を受ける権利、⑥電子計算機・ワードプロセッサーの操作に関する知識・技術の教授を受ける権利、⑦結婚を希望する者を対象とした異性の紹介を受ける権利。
指定役務 （抜粋）	人の皮膚を清潔・美化し、体型を整え、または体重を減らすための手術を行うこと、入学試験の備えまたは学校教育の補習のための学力の教授、結婚を希望する者を対象とした異性の紹介、など10項目。
前払式特定取引の指定役務	婚礼・結婚披露のための施設の提供・衣服の貸与その他の便益の提供及びこれに附随する物品の給付、葬式のための祭壇の貸与その他の便益の提供及びこれに附随する物品の給付。

第1部

割賦販売法が規制する行為

トラブルが多いのはクレジット契約

◆ こんなことをすると規制対象になる

　割賦販売法で規制される悪質行為には、次ページ図に掲載されているようなものがあります。とくに消費者との間でトラブルが多発している取引が個別信用購入あっせん（個別クレジット）、いわゆるクレジット契約と呼ばれる取引です。

　消費者を勧誘し、契約するかどうかという段階にまで話が進んだとしても、消費者が現金やクレジットカードを所持していなければ、契約を結ぶことは難しいのが現実です。そこで、事業者が持ち出すのがクレジット契約を締結する話です。

　クレジット契約は、手元にお金がなくても、後払いで商品やサービスの購入ができる契約システムで、消費者・事業者双方に都合のよい取引です。しかし、その反面、クレジット業者が契約者の返済能力を超える金額の商品・サービスの購入を求めることがあり、悪質商法や多重債務問題を招く原因にもなっています。中でも深刻なトラブルが、消費者に必要以上の商品の購入を求める過量販売や、複数の機会にわたって少しずつ何度も購入を求め、次々販売の支払いをクレジット契約で行わせるトラブルです。悪質なことをするつもりはなくても、利益の向上を追求するあまりにいつの間にか悪質商法の加害者になっているということもあります。

　一方、割賦販売やローン提携販売は、悪質商法として取り上げられるようなトラブルが比較的少ないようです。

■ 割賦販売法によって規制される主な悪質行為

取引	規制される悪質行為
割賦販売	・消費者からの契約解除を不当に妨げる条項を定めている ・一度でも支払いが滞ると、直ちに全額請求できる条項を置いている
ローン提携販売	・消費者からの契約解除を不当に妨げる条項を定めている ・販売商品に問題があった場合の支払拒否請求に応じない
包括信用購入あっせん	・カードの入会審査にあたって信用調査をしない ・法律で定められた支払限度額を超える限度額を設定したカードを交付する ・個人情報やクレジットカード番号の管理をおろそかにする ・個人情報を漏えいさせる
個別信用購入あっせん （クレジット契約）	・次々販売（消費者のもとを何度も訪れて次々と販売すること） ・過量販売（消費者にその消費者が必要とする以上の商品を購入させること） ・クレジット契約の締結にあたって信用調査をしない ・消費者からの契約取消やクーリング・オフに応じない ・契約の取消やクーリング・オフした消費者からの返金請求に応じない ・個人情報の管理をおろそかにする ・個人情報を漏えいさせる
前払式特定取引	・解約できるにもかかわらず、消費者からの解約を不当に拒否すること ・予め「契約の解除ができない」旨の特約を置く

第1部 22

クーリング・オフ

一定の取引であればクーリング・オフが利用できることもある

◆ クーリング・オフ制度とは

　クーリング・オフを日本語に訳すと「頭を冷やす」という意味になります。事業者との契約後、2、3日後になって冷静に考えてみると「必要のない契約をした」と後悔し、契約を解除したいと思うことがよくあります。そのような場合のために、一定期間の間は、消費者から申込みを撤回し、または契約を解除（最初から契約をなかったことにする）できることを法律で認めています。この法律で認められた一定期間のことをクーリング・オフ期間と呼びます。この期間を過ぎるとクーリング・オフができなくなります。クーリング・オフできる取引は、様々な法律で決められています（次ページ図参照）。

　クーリング・オフは一度行った契約を消滅させる強力な効果があります。クーリング・オフを行ったことをはっきりさせておかなければ、後で「契約を解除した」「いや解除しなかった」という水かけ論になる危険もあります。そのため、どんな法律でもクーリング・オフの通知は「書面」で行うことが必要とされています。「書面」であれば、ハガキでも手紙でもかまいません。

　しかし、普通郵便だと郵便事故で相手に届かないこともあります。また、悪質業者の場合だと、クーリング・オフのハガキや手紙が来ても無視する危険性が高いといえます。そこで内容証明郵便を使うのが最も確実です。

　内容証明郵便は、誰が・いつ・どんな内容の郵便を・誰に送ったのかを郵便局が証明する特殊な郵便です。郵便は、正確かつ確実な通信

手段ですが、それでも、ごく稀に何らかの事故で配達されない場合もあります。一般の郵便物ですと、後々「そんな郵便は受け取っていない」「いや確かに送った」というような事態が生じないとも限らないわけです。内容証明郵便を利用すれば、そうした事態を避けることができます。

たしかに、一般の郵便物でも書留郵便にしておけば、郵便物を引き受けた時から配達されるまでの保管記録は郵便局に残されます。しかし、書留郵便では、郵便物の内容についての証明にはなりません。その点、内容証明郵便を配達証明付にしておけば間違いがありません。

◆ クーリング・オフの効果

クーリング・オフは、書面を発送した時（電子内容証明郵便の場合は受け付けた時）に効果が発生します。つまり、クーリング・オフできる期間の最終日に書面を出したが、業者に届いたのはその3日後だった場合であっても、申込みの撤回や契約の解除がなされたことになります。クーリング・オフにより、業者は消費者が支払った代金全額をすぐに返還する義務を負います。

■ クーリング・オフできる主な取引

クーリング・オフできる取引	クーリング・オフ期間
訪問販売	法定の契約書面を受け取った日から8日間
電話勧誘販売	法定の契約書面を受け取った日から8日間
マルチ商法（連鎖販売取引）	クーリング・オフ制度告知の日から20日間
現物まがい商法（預託取引）	法定の契約書面を受け取った日から14日間
海外先物取引	海外先物契約締結の翌日から14日間
宅地建物取引	クーリング・オフ制度告知の日から8日間
ゴルフ会員権取引	法定の契約書面を受け取った日から8日間
投資顧問契約	法定の契約書面を受け取った日から10日間
保険契約	法定の契約書面を受け取った日から8日間

※期間は契約日を含む。ただし、海外先物取引は契約日の翌日から起算。

第1部 23

電子商取引

電子的なネットワークを介して行われる商取引のこと

◆ 電子商取引とは何か

　商取引とは、具体的には、物を売る人やサービスを提供する人と物を買う人やサービスの提供を受ける人との間で、物の売買やサービスの提供についての契約を締結することです。

　消費者と事業者の間で締結される売買契約は、知識などの点で対等にあるとはいえないため、消費者契約法や特定商取引法といった法律が適用されます。また、事業者間での取引については、適正な取引が行われるようにするために、不正競争防止法や独占禁止法といった法律による規制があります。

　商取引の中でもインターネットをはじめとした、電子的なネットワークを介して行われる商取引を電子商取引といいます。通常、人が取引を行う場合には、相手の様子や企業の雰囲気などを実際に目で見て判断しますが、電子商取引ではそれができません。売買契約を締結しても、その契約がいつ成立したものであるか、わかりにくいという問題もあります。また、電子商取引の場合には、契約が成立していることを示すものは紙ではなく、電子データです。電子データは、性質上、改ざんされたりコピーされやすいため、非常に不安定で、契約の証拠には向かない性質のものです。さらに、電子メールなどを利用して情報の送受信を行うことから、情報が漏れる可能性も高く、実際に個人情報が漏れたケースは多数見られます。

　そのため、電子消費者契約及び電子承諾通知に関する民法の特例に関する法律（電子契約法）などの法令や、電子署名・認証制度により、

電子商取引の安全が図られています。

◆ 特定商取引法が適用される場合

インターネットを利用する取引であればすべてに特定商取引法が適用されるかといえば、そうではありません。まず、特定商取引法は商品・役務（サービス）と特定権利（政令で定める権利）の提供について契約を行う場合を規制対象にしています。

また、特定商取引法は、販売業者または役務提供事業者を規制の対象としています。つまり、販売業者または役務提供事業者が当事者とならない取引（インターネットオークションやネット上のフリーマーケットなどの一般の人同士の取引）の場合は、特定商取引法による規制の対象外です。また、ネット上の取引のために、事業者がホームページを開設し、取引の場を提供している、というような場合にも、この事業者は取引の当事者ではなく、他人間売買の媒介をしているにすぎないため、規制を受けません。ただし、媒介をするのではなく販売を委託されている場合には、この事業者は規制の対象となります。

なお、個人であっても、本格的にネット上で物を売っているような場合は、営利目的で反復継続して取引を行っていると判断されて、特定商取引法の規制を受ける場合もあります。

■ 電子契約法のしくみ

対象	効果
①電子商取引のうち、 ②事業者と消費者との間の、 ③パソコンなど（電子計算機）を使った申込みや承諾を、 ④事業者が設定した画面上の手続に従って行う契約	①操作ミスなどによる意思表示の無効を認める ②事業者側に意思確認のための措置をとらせる ③相手方へ承諾の意思表示が到達したときに契約が成立する

第1部 24

電子契約をめぐる問題

電子契約法で民法のルールが修正されている

◆ 電子契約はどの段階で成立しているのか

　ネット取引では、事業者側は、商品の情報をホームページなどに掲載します。これを申込みの誘引といいます。消費者がこの申込みの誘引に応じて商品を注文することを申込みといいます。消費者の申込みの意思表示を受け、事業者が応じることを「承諾」といいます。契約は売主と買主という契約の当事者間で、申込みと承諾というお互いの意思が合致して初めて成立するのが原則です。しかし、当事者同士が遠く離れた場所にいて契約をする場合には、申込みと承諾の時期にずれが生じます。このような隔地者間における契約について、改正前民法は承諾の通知の発信時に契約が成立すると定めていましたが（発信主義）、平成29年の民法改正では、承諾の通知が相手方に到達した時点で契約が成立する（到達主義）と規定しています（20ページ）。

　ネット取引もお互いに離れた場所での取引ですが、インターネットを用いることで、通常の遠隔地の契約と異なり、承諾の意思表示は直ちに相手に到達します。この特徴を踏まえて、従来から電子契約法は、ネット取引の場合には、承諾の通知が相手方に到達した時に契約が成立するという到達主義を採用しています。

　具体的には、ネットショップで商品を購入する場合、顧客は連絡先のメールアドレスを店側に伝え、注文を受けた店舗は、指定されたアドレス宛に承諾の通知を送ります。ここで指定アドレス宛に承諾のメールを送信する場合、メールの情報がメールサーバーに記録された時点で、承諾の通知が到達したと扱われます。サーバーに情報が記

録されればよく、顧客が実際に承諾メールを読む必要はありません。サーバーに記録された後に、システム障害などによってデータが消滅しても、到達の有無に影響はありません。一方、サーバーが故障して、承諾メールの情報が記録されていない場合は、到達なしと扱われます。

◆ 操作ミスをしても救済される

電子契約法では、消費者の操作ミスに対する救済が図られています。民法の原則によると、重大なミス（重過失）で勘違いして意思表示をしたときは、錯誤による意思表示の取消を主張できません（36ページ）。操作ミスは重大なミスと判断される可能性があるため、電子契約法は民法の原則に対して例外を定めています。

具体的には、事業者側には、消費者が申込みを確定させるより前に、自分の申込内容を確認できるようにする義務が課せられています。内容が確認できない場合で、消費者がコンピュータの操作を誤ったときは、誤って送信した契約申込の意思表示の取消ができます。他方、消費者が申込みの意思表示をする画面で、申込内容を確認できるように事業者側が作っていた場合は、消費者側で誤って送信した申込みの意思表示について、錯誤による取消を主張できません。また、申込内容の表示を見て訂正可能な状態である場合も、錯誤による取消の主張はできません。

■ 電子契約法の契約の成立時期

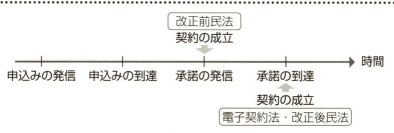

第1部 25

取引基本契約書

反復または継続する場合の土台となる契約条件を規定する

◆ 反復・継続する業務プロセスを規定する

　ビジネスでは、業務プロセスが反復したり継続する場合が多くあります。たとえば原材料を仕入れる場合や、継続的に業務を委託する場合などです。取引基本契約書は、反復または継続する取引のルールを規定する契約書です。「売買取引基本契約書」というように、契約の目的と合わせて呼ばれる場合もあります。

　取引基本契約書には、注文書と注文請書をやりとりする方法など、取引の反復や継続によって繰り返される業務プロセスを規定します。具体的な品物の種類、数量、単価、納期などに関する主要条件は、注文書および注文請書、または個別の契約書などにより、そのつど規定されることになります。取引基本契約書と個別の契約書、注文書・注文請書などがセットになって1つの契約条件を表すというイメージになります。

　また、所有権はどちらに属するか、リスクはどちらが負うかなど、あいまいな点をなくし、具体的かつ詳細に規定します。

　取引基本契約書と注文書および注文請書（または個別の契約書）に異なる規定が置かれている場合、どちらが優先されるのか、といった優劣も、取引基本契約書によって定めておくことができます。トラブル防止のため、盛り込むことを忘れてはならない重要な項目です。

◆ 契約期間においての注意点

　契約において、契約期間はとくに重視される項目です。契約しよう

とする内容に、いつからいつまでの期間、契約の効力を持たせるのかを明記しないと、契約自体成立しない場合があります。

契約には、①一取引の「単発契約」と、②継続的取引の「継続契約」の２種類があります。基本的に、単発契約の場合は、契約期間ではなく、契約終了日（契約履行日）が重視されます。一方、賃貸借契約や労働契約、フランチャイズ契約などの長期に渡る継続契約については、契約期間が重視されます。さらに、継続契約の場合は、自動更新とするのかどうかも確認しておく必要があります。自動更新は契約者の申し出がない限り契約は終了しませんが、そうでない場合は、契約期間が終われば契約が終了するため、契約期間の設定には十分に気をつけることが大切です。

その他、契約期間については、いつ契約に基づく債務（金銭の支払いなど）が履行されるのかも重要な事項です。とくに金銭消費貸借契約の場合は、「○月○日までに○万円を一括で支払う」と契約書に記すことで、契約の履行日が明確になります。

■ 取引基本契約書のしくみ

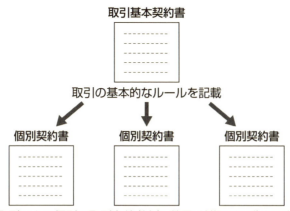

第1部 26

契約書の書き方

誰が読んでもわかるように、詳細に丁寧に書く

◆ 契約書の書き方は特殊なものではない

　契約書の書式については、決まった書式はありません。契約自由の原則の中の、「契約の形式の自由」により、自由に契約書を作成することができます。しかし、慣習的に使われている以下のような標準的な書式があり、取引の実務ではよく利用されています。

　まず表題を書きます。「○○売買契約書」「○○基本契約書」など、契約書の内容が一目見てわかるような表題をつけることが望ましいといえますが、単に「契約書」「念書」などだけでも、契約内容の効力に変わりはありません。しかし、いくら表題に法的拘束力がないとはいえ、全く契約内容に関係のない表題をつけるのは、ビジネス上のマナーとして望ましくはありません。契約内容を反映した、わかりやすい表題が望まれます。

　契約書にとって一番大事なのは、書かれている内容ですが、だからといって、全く内容と関係ない表題にすることは、ビジネス上望ましくありません。

　次に前文を書きます。後々に法的トラブルに発展した場合、裁判官など、第三者にもわかりやすいように、契約当事者、契約概要などを記載します。

　前文が記載されていない契約書も多いのですが、これは日本古来の手法でした。しかし、近年、国際契約様式にならい、前文が記載されることが多くなってきました。

　本文については、その契約書独自の契約条件である主要条件と、ど

んな種類の契約書でも記載される一般条件を、基本的な契約条件から順番に、詳細に記載します。契約書の最重要項目になるので、記載漏れのないよう、慎重に記載する必要があります。

後文には、作成した契約書数や、所持する当事者の情報などを記載します。

また、契約書を作成した際には、署名（サイン）をした日付を記載します。日付は、法律適用の基準日となると共に、契約の効力そのものに関わる重要な項目になります。

最後に署名と押印欄を書きます。署名は当事者直筆であることが望ましいでしょう。当事者本人の筆跡により、契約を当事者が結んだことの証明となります。住所についても、当事者本人が記入することによって、筆跡から、本人であることの証明につながります。

◆ 条文の表示の仕方について

条文を論理的に、そして客観的にわかりやすく伝えるために、「条＞項＞号」という階層表現で、契約内容を記載します。これは、条文が長くなってしまうことにより、解釈をめぐるトラブルに発展することを未然に防ぐため、契約内容をわかりやすく整理する手段になります。

まず条文の見出しである「第〇条（〇〇〇）」を書きます。（〇〇

■ 契約書のスタイル

表題	契約書のタイトル （商品売買契約書、継続的取引契約書、など）
前文	契約当事者、契約概要
本文	主要条件、一般条件
後文	作成した契約書数、所持する当事者の情報
日付	契約書作成日
署名押印	当事者の署名と押印

○）は、誰が読んでも、契約についての、何の事項なのかを理解できるように書きます。

次に「条」の中身をわかりやすく記載するための「項」を書きます。「項」は第1項、第2項と、各項に分けて書きます。そしてさらに「項」の中身をわかりやすく記載するために「項」ごとに、第一号、第二号と「号」を書きます。

「項」・「号」共に、誰が読んでもわかりやすく、「条」に関連した事項を簡潔にまとめ、すっきりさせる必要があります。

横書きの契約書の場合、「条」・「項」は算用数字を使い、「号」は漢数字を使います。縦書きの契約書の場合は、「条」・「項」は漢数字、「号」は○書き（①②など）を使います。金額の数字は、漢字を使い、改ざんを予防する場合もあります。「項」の第1項の「1」という数字は省略することができます。

契約の条項には、主語を必ず明記するようにします。「○○株式会社」のように、具体的な正式名称を用いるのはもちろんですが、「当事者」「相手方」「開示者」など、立場で表現する場合もあります。

また、「甲」「乙」のように、略語を使用して表現する場合もありますが、その場合、甲と乙が誰なのかを混同しないようにする必要があります。

契約は相手が存在して成り立つものです。対象となる相手方の表現も、「○○株式会社」のような正式名称や、「甲」「乙」のような略語を使用して表現します。

「○○は甲に」「○○は乙に」という表現を使う場合、「に」という助詞は幅広い意味を持っているため、「○○は甲に対し」「○○は乙に対し」のような表現を使うことが望ましいといえます。

契約における当事者が三者以上になる場合は、必ず相手が誰なのかをはっきり明記することが大切です。

条文では、誰が何をどうするのかということを、はっきりと具体的

に明記する必要があります。また、「～される」などの受身の文章ではなく、「～する」などの能動態の文章で書くことが重要です。

◆ 一般条件は多くの場合にいれる

契約書には、一般条件を記載します。一般条件（一般条項と呼ぶこともあります）とは、一般的なビジネスの契約において、必ず規定されている条項のことで、契約の種類にかかわらず、必ず取り決めておかなければなりません。

たとえば一般条件には、支払条件、契約期間、契約解除、期限の利益喪失、不可抗力、秘密保持義務、損害賠償、準拠法、個人情報取扱、管轄裁判所などがあります。

このように、一般条件は、ビジネス上の契約だけでなく、一般的な契約においてもほとんど規定されている条項です。しかし、条項の種類が一般的であるからといって、内容を検討しないまま規定することのないようにする必要があります。契約内容によっては、一般条件の内容も異なる場合が多いので、一般条件だからと軽く考えるのではなく、当事者間での交渉過程において、慎重に決定する必要があります。一般条件についても、それぞれリスクを背負う必要があるので、慎重に検討し、契約書を作成することが重要です。

■ 条文の表示

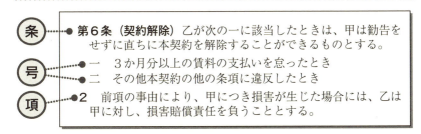

第1部 27
契印・割印・訂正印・捨印・消印

契約書の内容の矛盾はトラブルのもと

◆ 契印・割印の押し方を知っておく

　ビジネスにおける契約書は、たいてい複数枚にわたります。この場合、無断での差替えや改ざんを防ぐため、すべてのページで、隣のページとまたがるように押印します。これを契印といいます。

　契印の押し方としては、まず①各葉のつなぎ目に契印を施すやり方があります。複数枚をホッチキスで止め、各葉のつなぎ目にまたがるように、契約当事者全員の印で押印します。契印は各頁をつなぐ役目をし、各頁が一体であることを示します。

　他に、②契約書の1か所に契印を施すだけで足りるやり方もあります。複数枚をホッチキスで止めた後、背を別紙でつつんでのりづけします。そして、のりづけの境目に契印を施します。これで、のりづけされた全体についての契印を施したことになります。とくに頁数が多い場合には、①の方法よりも②の方法が簡単です。

　また、契約書に別書類を添付する場合、割印を施すことによって、それらの添付書類が契約書と一体をなすものだということを示すことができます。割印では、契約書を次ページ図①のように重ねて全当事者の印で押印をします。なお、割印は、署名者の署名押印に使った印を用いなければなりません。

◆ 押印の種類には他にどんなものがある

　契約書についての押印には契印、割印の他に以下のものがあります。
① 訂正印

契約書上の文字を訂正する場合に、訂正部分の余白に訂正の内容を記載して各当事者の印鑑で押印します。ただ、金額を訂正印で訂正するのは好ましくありません。

② 捨印

文字の訂正する際の訂正印の押印に代えて、契約書上欄余白部分にあらかじめ当事者が押印しておくものです。捨印は相手方に対し文字の訂正を認める効果があることに注意する必要があります。

③ 消印

消印とは、契約書に貼付された印紙と契約書面とにまたがってなされる押印のことです。契約書が印紙税法上の課税文書である場合、当事者は納税のため契約書に所定額の収入印紙を貼付して、消印をする必要があります。

■ 契約印の押し方

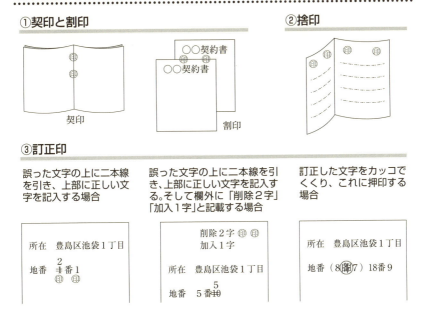

第1部 28

債務履行の期日・条件

当事者の合意で条件や期限を設ける

◆ 条件と期限とは

　法律行為をする際に、その効果を直ちに発生させずに、ある一定の事実が発生したり、一定の時期が到来したときに発生させようとする場合があります。これが条件や期限です。

① **条件**

　法律行為の効力の発生または消滅を、将来の不確定な事実の成否によるとする場合を条件といいます。条件には、その条件が成就すれば法律行為の効力を発生させるという停止条件（条件成就まで、法律行為の効力の発生が停止されている）と、その条件が成就すれば法律行為の効力が消滅するという解除条件（条件成就によって、発生していた法律行為の効力がなくなる）があります。もちろん法律に違反する条件や、法律に違反しないことを条件とすることは許されません。

② **期限**

　法律行為の効力の発生・消滅または債務の履行を、将来到来することが確実な事実の発生にかからせる場合を期限といいます。期限となる事実は、将来到来することが確実なものでなければなりません。到来する時期まで確実なものを確定期限（来年4月1日など）、到来することは確実ですが、いつ到来するか不確定なものを不確定期限（私が死んだときなど）といいます。

◆ 売買契約における条件と期限についての規定

　売買契約における当事者の債務とは、売買しようとしている物品に

ついて、「売主はいつまでにその物品を引き渡すのか」「買主はその物品の代金をいつまでに支払うのか」という義務のことをいいます。これらの債務に関する条件や期限は、売買契約を行う際に、売主・買主双方の合意の下に設けることができます。しかし、たとえば「売主が物品の引渡しを申し出た時点で、買主は代金を支払う」「買主が代金の支払いを申し出た時点で、売主は物品の引渡しをする」というように、債務の履行がもっぱら債務者（義務を負う者）の意思のみに委ねられる条件をつけると、債務を履行する意思がないと判断されて、売買契約が無効となってしまいます。このような債務が履行される時期が曖昧な条件をつけないようにしなければなりません。

両者は契約内容の見方によってそれぞれが債権者・債務者になります。それぞれの権利を行使しているだけでは契約をスムーズに進行させることはできません。明確な契約を結んでおかないと、損害賠償などに発展することもあります。

◆ 履行期日について

履行期日とは、債務者がその債務を履行しなければいけない日時をいいます。たとえば「10日までにAは商品を発送することになっている。商品到着後、30日までにBは代金を支払う契約になっている」ような場合、A・B両者共に債務者となり、それぞれに果たさなければならない義務が生じています。Aの債務履行期日は10日となり、Bの債務履行期日は30日となります。

■ 履行条項

> （物件の引渡方法）本物件の引渡は、平成○○年○月○日限り、乙の本店所在地においてなすものとする。引渡しは、現実に行うこととする。

第1部 29

債務履行の方法等

債務の履行方法・時間・場所等に関する規定が置かれている

◆ 債務の履行方法等に関する規律

　民法は、債務の履行に関して、これと同じ意味である「弁済」という言葉を用いて規定を設けています。

① 特定物の現状引渡しができる場合（483条）

　債権の目的が特定物の引渡しである場合、改正後民法では「契約その他の債権の発生原因及び取引上の社会通念に照らしてその引渡しをすべき時の品質を定めることができない」ときは、弁済者が引渡し時の現状で引渡しをすればよいと定めています。

② 預貯金口座への振込みによる弁済（477条）

　口座振込みに関して、改正後民法では「債権者の預金又は貯金の口座に対する払込みによってする弁済は、債権者がその預金又は貯金に係る債権の債務者に対してその払込みに係る金額の払戻しを請求する権利を取得した時に、その効力を生ずる」との規定が新設されています。

③ 弁済の場所・時間（484条）

　弁済の場所に関して、民法は改正前後で変わらず、「弁済をすべき場所について別段の意思表示がないときは、特定物の引渡しは債権発生の時にその物が存在した場所において、その他の弁済は債権者の現在の住所において、それぞれしなければならない」と定めています。

④ 弁済の提供について（492条）

　弁済の提供とは、債務者として債務を履行するのに必要な行為をして、債権者の協力を求めることです。また改正後民法では、弁済の提供により「債務を履行しないことによって生ずべき責任を免れる」、

つまり債務者は履行遅滞責任を免れます。

◆ 契約上の債務はどこでどのように履行すべきか

　たとえば、売買契約の中の「債務の履行地」とは、代金支払や商品引渡しをする場所を指します。当事者が契約書の中で債務の履行地を決めておくこともできます。契約を結ぶ上で債務の履行地についての記載は必須条件ではありませんが（記載がなければ③の民法の規定に従います）、スムーズな受渡し、支払いができるよう、契約書に記しておいたほうがよいでしょう。

◆ 履行の方法なども契約で決めておくべき

　債務の履行地だけでなく、その履行の方法などについても、契約条項の中に明確に組み入れておいたほうが、履行の際のトラブルが少なくなります。法の解釈には様々あり、債権者と債務者の立場の違いなどによって、債務の履行の場所や方法、期日（時間）や条件などが変わってくるからです。トラブルや争いを起こさないようにするためには、契約当事者双方が合意を明確にしておくとよいでしょう。

■ 改正後民法による債務の履行方法等に関する規律

- **特定物の現状引渡しができる場合（483条）**
  ⇒ 契約などの発生原因や取引上の社会通念等により品質を定めることができない場合
- **預貯金口座への振込みによる弁済（477条）**
  ⇒ 払込みに係る金額の払戻しを請求する権利の取得時に弁済の効力発生
- **弁済の場所・時間（484条）**
  ⇒ 債権の発生場所（特定物の引渡し）または債権者の現在の住所（特定物の引渡し以外）により弁済を行う
- **弁済の提供について（492条）**
  ⇒ 弁済の提供により、債務者は履行遅滞責任を免れることができる

第1部 30

期限の利益喪失条項

金銭消費貸借契約に関わる期限の利益

◆ 期限の利益とは

　期限の利益とは、主に金銭消費貸借契約書に関わる条項です。これは、約束の期限が来るまでは、債務者に支払いの猶予が与えられるという権利のことです。つまり、ローンなどで債務者側がお金を滞りなく返済できている間は、債権者側は、返済期限前に債務者に全額返還を請求しないという約束です。このため、債務者側は契約期間終了までは支払いの猶予という利益が与えられています。

　そして、債権者側も、その猶予を債務者に与えている代わりに、債務者から利息として利益を受けるのが一般的です。

◆ 期限の利益喪失条項（約款）とは

　ところが、場合によっては、その支払期日を待てないような緊急事態が起こることがあります。たとえば、支払期限前に、債務者側が支払いができなくなったという状況です。

　このような緊急事態では、契約通りに支払期日まで待っていると、期限までには貸したはずの金銭がすべて消失してしまう可能性があります。それを防ぐために「期限の利益の喪失」についての特約が記されます。これは、緊急事態が発生した場合、債権者が債務者の期限の利益を喪失させ、すぐに金銭を支払うように請求できるための規定です。つまり、債務者が期限通りに支払いを行わなければ、債権者により残金が一括請求されることになります。

　ただし、民法137条においては、債権者は債務者の「限定的な状況」

でなければ、期限の利益を喪失させることができません。具体的には、期限の利益喪失が認められるケースとして、①債務者が破産手続き開始決定を受けた場合や、②債務者が抵当権が設定されている建物などを燃やしてしまう等の行為に出た場合などを限定的に規定しています。このため、民法137条が定めていない事由による期限の利益喪失を認めたい場合には、当事者の合意により、契約書に特約として期限の利益が喪失する条件を追加しておく必要があります。

たとえば、「1回でも支払いを怠った場合」という条件をつけた場合は、債務者がそのような状況に陥った時に、期限の利益を喪失することになり、直ちに債務者側は未払金を全額支払わなければならなくなるのです。

このようなことから、金銭の貸し借りについての契約を結ぶ際は、期限の利益喪失の特約にも十分に注意する必要があります。

■ 期限の利益の喪失

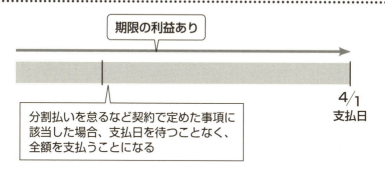

■ 期限の利益喪失条項

（期限の利益喪失）乙又は丙が下記の一に該当した場合には、甲は、何ら催告をせず、乙において、当然に期限の利益を失わせ、乙及び丙は、本件契約に基づき甲に対して負担する一切の債務を直ちに支払うこととする。

第1部 31

契約を守らなかったときにとる手段

強制的に履行させられる場合もある

◆ 解除・損害賠償・強制履行の方法がある

契約は守られなければなりませんが、ときに相手方が契約を守らないことがあります。相手方が契約違反をした場合に行える手段には、①契約解除、②損害賠償、③強制履行の3つがあります。強制履行はさらにⓐ直接強制、ⓑ代替執行、ⓒ間接強制に分けられます。

① 契約解除：債務者が債務を履行しなかった場合

原則として履行の催告から相当の期間を経ても債務を履行しない場合に、契約の解除をすることができます。

② 損害賠償

同じく債務者が債務を履行しない場合に、それに際して生じた損害を請求できます。たとえば、ある商品の売買契約を行い、その商品を第三者に売って利益を得るはずだったにもかかわらず、商品が引き渡されないために利益を失った場合などがこれにあたります。

③ 強制履行

裁判所の手続きを経て債権を強制的に実現することです。

ⓐ 直接強制

たとえば、売買契約において、売主が商品の引渡しを行わない場合、買主は、その強制履行を裁判所に請求することができます。具体的には、民事執行法という法律が、この手続について規定しており、強制執行と呼ばれています。

売主が商品の引渡しを行わない場合の強制執行は、執行官が売主から、商品を取り上げて買主に引き渡す方法によって行われます。

ただし、直接強制は、商品の引渡債務のような「与える債務」について用いることができ、建物を収去する債務のような「なす債務」については用いることができません。

ⓑ　**代替執行**

　代替執行とは「なす債務」のうち、他人が代わりに行える代替的給付について、債務の履行が行われない場合、第三者に債務を代わりに履行をさせ、その費用を債務者に請求するものです。債務者が費用を支払わない場合は、その財産を差し押さえて費用に充てるように裁判所が命令することが可能です。

ⓒ　**間接強制**

　債務を履行するまでの間、裁判所が債務者に対して一定額の金銭の支払義務を課すことによって債務者を心理的に圧迫し、間接的に債権の内容を実現させようとするものです（民事執行法172条）。間接強制は「なす債務」のうち、他人が代わりに行えない不代替的給付や、ある行為をしないということが給付の内容となっている不作為給付の不履行について行うことができるのを原則としています。ただし、動産の引渡債務などについても間接強制の方法をとることができる場合があります（民事執行法173条１項）。

■ **契約が履行されない場合にとれる手段**

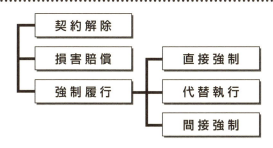

第1部 32

債権・債務

特定の人に対して特定の行為を請求できる権利

◆ 債権と債務はどんな関係にあるのか

　債権とは、特定の人（債権者）が特定の人（債務者）に特定の行為（給付）を請求できる権利です。たとえば、自動車の売買契約において、買主は、売主に自動車を引き渡すよう請求でき、売主は、買主に代金を支払うよう請求できるという債権をもちます。このように、買主が売主に、売主が買主に、それぞれ請求できる内容が給付にあたるわけです。これを反対から見ると、請求された際、給付をしなければならない義務のことを債務といいます。

◆ 特定物債権・種類債権とは

　特定物債権とは、物の個性に着目して給付の目的物（特定物）とした債権のことであり、種類債権（不特定物債権）とは、物の個性に着目せず、その種類だけを示して給付の目的物（種類物・不特定物）とした債権のことです。たとえば、中古品、美術品、土地などは個性がありますから、特定物にあたります。一方、ビール1ダースといったものは、種類のみで指定され個性がないため、種類物にあたります。

　種類債権は、債務者が物の給付をするのに必要な行為を完了したときや、債権者の同意を得て給付すべき物を指定したときに特定し、以後、特定物となります。種類物が特定物になると、債務者には善管注意義務（善良な管理者としての注意義務）が発生します。なぜなら特定物になると、取り替えがきかなくなるからです。

　また、種類債権の一種として、一定の範囲にある種類の物を給付の

目的とする制限種類債権もあります。たとえば、A倉庫内の小麦粉1トンを引き渡すなどがこれにあたります。

◆ 金銭債権・利息債権について

一定量の金銭の支払を給付の目的とする債権を金銭債権といいます。この場合、債務者は原則として1万円や50円玉などの流通している各種の通貨で弁済することができます。ただ、「千円札で支払う」と約束した場合など、特定の種類の通貨で支払うことにした場合はその通貨で支払わなければなりません。

利息債権とは、利息の支払を給付の目的とする債権のことです。当事者は、利息制限法による上限に反しない範囲で自由に利息を定めることができます（約定利息）。ただ、利息の支払は合意したが、利率を定めなかったときには、法定利率に従うことになります。法定利率とは、利息が発生する債権で、当事者が利率を定めずに契約した場合に適用される利率のことです。

平成29年の民法改正によって、民事・商事を問わず、法定利率を民法改正施行時（2020年4月1日予定）に年3％として、3年ごとに1％刻みで利率を見直す変動制を採用することになっています。

■ 与える債務となす債務

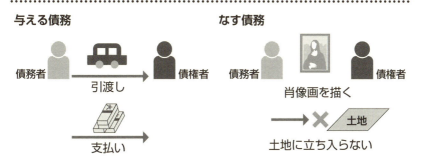

第1部 33

債権の消滅時効

改正後民法により債権の消滅時効期間は一本化されている

◆ 債権の消滅時効とは

　消滅時効とは、一定期間権利を行使しない状態が続けば、その権利が消滅する制度です。消滅時効の存在意義については、主に以下の3点が挙げられてきました。

　1点目は、一定の事実状態を保護して、権利関係を早期に確定して法律関係の安定をめざすためです。たとえば、金銭消費貸借契約において、借主が金銭を用意しているのに、一向に貸主が取立てに現れない場合、借主はいつまで返済の用意を継続しなければならないでしょうか。仮に、消滅時効が認められないとすれば、いつまでも借主は金銭消費貸借契約に拘束されることになり、法律関係が確定しないという不安定な状況に置かれます。そのため、一定期間の経過により法律関係が確定するよう、消滅時効が認められています。

　2点目として、証拠保全の困難さが挙げられます。とくに科学技術の発展が今日ほど進展していなかった時分においては、長い期間の経過によって、権利関係を証明するための証拠を保全することが困難でした。そのため、権利行使ができる期間を、ある時点で区切る消滅時効制度を取り入れることで、長期間経過後の証明責任から、とりわけ債務者を解放する目的で、消滅時効が存在することになります。

　3点目として、「権利の上に眠る者は保護しない」という法格言を根拠だと説明されることがあります。権利者は、自分の権利を行使するか、または行使しないかを、自由に選択することができます。しかし、いつまでも権利を行使しない者について、法律がこの者の権利を

いつまでも保障しなければならないのでは、あまりに不合理であることから、ある時点で権利者が自らの権利の行使ができなくなるという消滅時効制度が必要であると考えられています。

改正後民法は、後述するように、債権は権利を行使できるのを知った時から5年（または権利を行使できる時から10年）、所有権以外の財産権は権利を行使できる時から20年で消滅すると定めています（166条）。これに対し、所有権は消滅時効によって消滅することはありません。他人が土地の所有権を時効取得すると、その部分について自分の所有権は消失しますが、それは他人が所有権を取得したからであって、時効により所有権が消滅することはありません。

◆ 債権の消滅時効期間

改正前民法では、友人からの借金の時効は民法の規定で10年なのに、金融機関（銀行）からの借金の時効は商法の規定で5年と、同じ金銭の貸し借りでも相手が個人か商人かによって時効期間が異なっていました。後者の商事債権は、民法の特別法である商法の規定により時効期間を5年に短縮していたためです（商事消滅時効）。

■ 消滅時効の存在理由

消滅時効の存在理由

① 権利関係の早期確定と紛争の早期解決
　→ いつまでも不安定な地位に置かれる当事者の権利関係を確定させる

② 証拠保全の困難さを考慮
　→ 時の経過による証明の困難性を考慮

③ 「権利の上に眠る者は保護しない」
　→ 自ら権利を行使しようとしない権利者を法は保護しない

しかし、個人間の貸し借りでも返済日を約束するのが通常なので、契約を結んだ当時、貸主は権利行使ができる時点を知っているはずです。それなのに時効期間を10年とするのは長すぎるとの批判がありました。また、商事消滅時効についても、信用金庫は商人にあたらないとして、借主も商人でない場合は、民法を適用して信用金庫を貸主とする借金の時効期間を10年と取り扱う判例があるなど、適用範囲が不透明であるとの指摘もありました。

さらに、改正前民法では「短期消滅時効」を規定し、飲み屋のツケやレンタルビデオのレンタル料は1年、学習塾の授業料は2年、病院の診療代は3年といったように、職業別に債権を細分化し、様々な時効期間を設けていました。しかし、同じように「お金を払え」という権利なのに、職業や業種によって時効期間に違いを設けることに合理的根拠はなく、このまま維持することは職業差別にもつながりかねません。そこで、平成29年の民法改正では、民法の短期消滅時効の規定と、商法の商事消滅時効の規定をいずれも削除し、原則として時効期間を一本化しています。

具体的には、債権の消滅時効について、「権利を行使できる時から10年」が経過したときに加え、「権利を行使できることを知った時から5年」が経過した場合も時効によって債権が消滅すると規定しています。つまり、「権利を行使できる時」という客観的起算点だけでなく、「権利を行使できるのを知った時」という主観的起算点からの時効期間を設けることで、法律関係の早期安定化をめざしているわけです。具体例で考えてみましょう。2010年にAがBから「医者になったら返す」との約束で200万円を借り、2012年にAが医師国家試験に合格したものの、BがAの合格を知ったのが2015年であった場合、貸金債権の消滅時効はいつ完成するのでしょうか。改正前民法では、権利を行使できる時から10年の期間が経過しなければ時効は完成せず、設例でも2022年にならなければ消滅時効は完成しません。

しかし、改正後民法では従来の客観的な時効期間に加え、権利を行使できるのを知った時から5年間という主観的な時効期間が設けられたことから、前述の例でも2020年には時効が完成することになり、権利関係が早期に確定することになります。

◆ 時効の更新と完成猶予

改正後民法は、時効の完成を妨げる制度として、時効の更新と時効の完成猶予を設けています。時効の更新とは、債権者が債務者に対し一定の行為を行えば、それまでの時効期間をリセットし、新たにゼロから時効期間を再スタートさせる制度のことで、改正前民法の「時効の中断」に相当します。一方、時効の完成猶予とは、債権者の権利行使を困難とする状況が発生した場合に、時効の完成を一定期間猶予する制度のことで、改正前民法の「時効の停止」に相当します。

なお、1つの事由が更新事由と完成猶予事由の両方に該当する場合として、裁判上の請求、支払督促、調停、破産手続参加、強制執行などが挙げられます。たとえば、債権者が債務者に対して、代金支払債務を履行するよう裁判上の請求を行ったとしましょう。この場合、裁判が確定するまでの間は、時効完成が猶予され、消滅時効が完成することはありません。そして、裁判が確定したときに、新しく時効期間が再びスタート（更新）します。

■ 債権の消滅時効期間に関する民法改正

短期消滅時効の廃止		債権の消滅時効期間の一本化
商事消滅時効の廃止		権利を行使できることを知った時から5年 または 権利を行使できる時から10年
		損害賠償請求権などの特則

第1部 34
同時履行の抗弁権

相手方の一方的な請求は拒否することができる

◆ 双務契約では双方の債務が密接に関係している

　双務契約では、双方の債務が対価的意義をもつことから、一方の債務がどうなるかによって他方の債務がどうなるかも変わります。これを双務契約の牽連性といいます。たとえば、後述する同時履行の抗弁権を主張すると、一方の債務が履行されるまでは、他方の債務を履行しなくてもよいということになります。

　同時履行の抗弁権と似た権利として留置権があります。留置権とは、①他人の物に関して生じた債権をもつ者が、②不法行為によらず、③その他人の物を占有しており、④債権が弁済期にあるときに成立します。たとえば、物を修理したときの修理代が支払われない場合に、「修理代の支払いがない限り、修理した物は渡しません」といって物を留置（自分の手元に置いておく）することにより、間接的に支払いを強制するわけです。留置権と同時履行の抗弁権との違いは、留置権は誰に対しても主張できますが、同時履行の抗弁権は、原則として、契約の相手方にしか主張できません。

◆ 同時履行の抗弁権とは

　双務契約の当事者の一方が、相手方が債務の履行を提供するまで、自己の債務の履行を拒むことができる権利が同時履行の抗弁権です（533条）。たとえば、売買契約の履行期に、買主が代金を提供しないで「○○を引き渡せ」と主張してきたとき、売主は「代金を支払わなければ、○○は引き渡さない」と主張（抗弁）して、相手方の一方的

な権利行使を阻止することができます。裁判で同時履行の抗弁権が主張されたとき、裁判所は、給付と引換えの履行を命じる判決（給付引換判決）を出します。

◆ 同時履行の抗弁権はどんな場合に主張できるのか

　改正後民法の規定により同時履行の抗弁権が認められる場合として、解除による両当事者の原状回復義務（546条）、負担付贈与における贈与者の贈与と受贈者の負担供与（553条）、売主や請負人の契約不適合に基づく損害賠償と買主や注文者の代金支払（533条かっこ書）などがあります。その他、無効・取消による両当事者の原状回復義務、債務者の弁済と債権者の受取証書交付も、同時履行の関係に立つと考えられています。一般的には、①同じ双務契約から生じた両債務が存在し、②履行期が到来している場合において、③相手方が自己の債務を履行またはその提供をしないで履行請求してきたときに、同時履行の抗弁権が成立します。

　これに対し、双務契約上の債務であっても、一方の債務が先に履行すべきものであるときは、同時履行の抗弁権は成立しません。たとえば、対価が後払いとされている賃料債務（614条）、労働者の報酬（624条）、請負人の報酬（632条但書）、受任者の報酬（648条2項）、受寄者の報酬（665条）などがそうです。

■ 同時履行の抗弁権

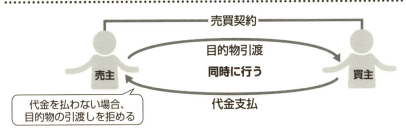

第1部

債務不履行の種類

履行遅滞・履行不能・不完全履行に分けられる

◆ 債務不履行になる場合

　契約本来の趣旨に沿った内容が給付されない場合を、債務不履行といいます。従来から条文上明らかであったわけではありませんが、債務不履行の態様は、履行遅滞、履行不能、不完全履行という3つに分類して理解されてきました。それぞれの態様により取扱いが異なります。

① **履行遅滞**

　約束の期日が来ても、履行されない場合が履行遅滞です。たとえば、商品の売買取引において、納品日が4月1日と定められていたにもかかわらず、売主側の発注ミスで、商品の発送が遅れ、買主のもとに4月5日になってようやく商品が到着したような場合が挙げられます。履行遅滞においては、履行遅滞の責任が発生する「履行期」がいつ来るのかが重要になります。

　改正前民法は、ⓐ確定期限がある場合は、その期限が来たとき、ⓑ不確定期限がある場合は、その期限の到来を知ったとき、ⓒ期限の定めがない場合は、債権者から請求を受けたとき、が履行期になると定めていました。平成29年の民法改正では、ⓐとⓒはそのままですが、ⓑの不確定期限がある場合は、債務者が「その期限の到来した後に履行の請求を受けた時又はその期限の到来したことを知った時のいずれか早い時」が履行期になると定めていることに注意が必要です（412条2項）。

② **履行不能**

　履行ができなくなった場合が履行不能です。改正後民法では「債務

の履行が契約その他の債務の発生原因及び取引上の社会通念に照らして不能である」場合を履行不能というと定義しています。たとえば不動産の二重譲渡のケースで、買主の一方が不動産の所有権移転登記を済ませた場合には、他方の買主に対する引渡債務は履行不能になります。

履行不能は、履行期が来なくても起こり得ます。さらに、履行不能の場合に債権者は履行請求ができないことや、契約締結時に債務が実現不可能となっていた場合（原始的不能）も履行不能に含まれ、損害賠償請求ができる余地があることが規定されています。

そして平成29年の民法改正では、履行不能の場合は、履行ができない状態であるのを考慮し、債務の履行に代わる損害賠償（填補賠償の請求ができることが規定されています。

③　不完全履行

一応、履行されるにはされたのですが、どこか足りない部分があるという場合が不完全履行です。これは、履行遅滞と履行不能以外で「債務の本旨に従った履行をしない」（完全履行でない）場合がすべて含まれます。給付された目的物が不完全な場合は、それを完全なものにできるのであれば、債権者としてはまず、債務者に「追完」（履行を追加して完全履行とすること）を請求すればよいでしょう。追完が不能であれば、損害賠償を請求するか、契約解除をするしかありません。

■ **債務不履行の種類**

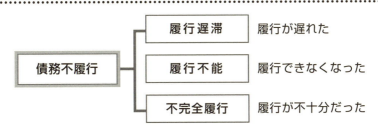

第1部 36 債務不履行に基づく損害賠償

不履行の事実があれば損害賠償請求権を行使できる

◆ 債務不履行の効果としての損害賠償請求

　たとえば、オーダーメイドの洋服の製作を依頼する請負契約が締結され、契約の中で4月1日が納期とされていたのに、納品が間に合わず、納期が3日遅れたという場合を考えてみましょう。

　請負人は元々の契約で定めた期日を守っていないため、契約違反となり、債務不履行に陥っているといえます。とくにこの事例では本来の納期より遅れて納品をしているため、債務不履行のうちの履行遅滞に該当します。

　このように債務者の債務不履行があった場合、これにより損害を被る側の当事者（債権者）は、契約を解除すると共に、債務者に対して損害賠償請求を請求することが可能です。

◆ 損害賠償請求をするための要件

　債務不履行に基づく損害賠償請求をするための要件として、まず債務不履行の事実の存在が必要です。

　これに加えて、改正前民法では、「債務者の責めに帰すべき事由によって履行をすることができなくなったとき」（債務者の帰責事由）が要件になると規定していました。もっとも、債務不履行の事実は債務者が発生させたものなので、当事者の公平という観点から、債務者の帰責事由（落ち度）は、債権者が立証することを要せず、債務者が自分に帰責事由がないことを立証する責任を負う（立証できなければ債務者に帰責事由があるものと扱う）と解釈されていました。しかし、

改正前民法の条文では、このことが必ずしも明確になっていませんでした。

そこで、平成29年の民法改正では、債務者が損害賠償責任を免れる事由（免責事由）として、債務者が「債務の不履行が契約その他の債務の発生原因及び取引上の社会通念に照らして債務者の責めに帰することができない事由」を立証すべきことを規定しています（415条1項ただし書）。

前述の事例では、オーダーメイドの洋服を搬送中に、大地震による通行止めに遭って納品が遅れた場合は、債務者である請負人が最善を尽くしても納品の遅滞は不可避であったため、免責事由が認められると思われます。もっとも、改正後民法の下では、商品到着が遅延したという事実のみで、あくまでも債務不履行に基づく損害賠償請求権の要件は満たしていますので、債務者は免責事由の存在を証明できなければ、損害賠償義務を負うことに注意が必要です。

◆ 損害賠償の範囲はどこまでなのか

債務不履行によって債権者に損害が生じた場合に債務者が負う賠償

■ 債務不履行に基づく損害賠償請求の要件

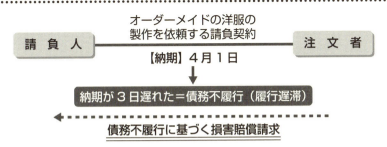

の範囲は、債務不履行によって通常生じる損害（通常損害）と、特別の事情によって生じた損害（特別損害）の2つに分けられます。

たとえば、売買の目的物の引渡しが遅れたときに、「遅れなければその物を利用して利益を得られたのに、その利益を得られなかった」という損害は通常損害です。これに対して、「引渡しが遅れたために、債権者（買主）が目的物の代わりに高いものを借りなければならなかった」という損害は特別損害です。当事者が予測できないような異例の損害についてまで債務者が責任を負わなければならないとするのは、債務者にとって酷ですから、債務者の負う損害賠償の範囲は、通常損害に限られるのが原則です（416条1項）。

ただ、当事者が「特別な事情」を予見していた場合、または予見すべきであった（予見することができた）場合には、債権者は、特別の事情から生じた損害についても、債務者に対して賠償を請求できます。

たとえば、1000万円の建物の売買契約を結んだ買主が、売主から購入した後に、第三者に対して1500万円で売却する予定であったとします。しかし、売主の不注意で引き渡す前に建物を焼失させた場合、売主は債務不履行責任を負い、買主に対して損害賠償責任を負担します。この場合、賠償を請求できる損害額に関して、1000万円は通常損害として認められると考えられます。一方で、転得の利益である500万円は特別損害であると考えられ、損害賠償の範囲に含まれるか否かは、当事者（とくに売主）が、取引の実情などから、転得の可能性について予見すべきであるといえるか否かで決まります。

◆ 積極的損害・消極的損害とは

債務者が賠償しなければならない「損害」とは、債務不履行がなかったと仮定した場合の利益と、債務不履行がなされている現在の利益との「差額」をいいます。

たとえば、売主が目的物を引き渡してくれれば、それを転売して

100万円の利益を得ることができたはずだといえる場合には、得られなかった100万円の利益が損害となります。このように、得られるはずの利益が得られなかったこと（逸失利益）による損害のことを消極的損害といいます。

他方、売主が目的物を引き渡してくれなかったために、代わりの物を購入しなければならなかった、というように積極的な損失を伴う損害のことを積極的損害といいます。

◆ 履行利益・信頼利益とは

債務者が賠償する損害の範囲について、とくに前述の特別損害に関連して、「履行利益」と「信頼利益」の区別が問題とされることがあります。

履行利益とは、契約が履行されていれば得られたであろう利益をいいます。たとえば、物を転売することができたら得られたであろう利益は履行利益にあたります。債務不履行に基づく損害賠償責任における損害の範囲は、基本的には履行利益になると考えられています。

一方、信頼利益とは、契約を有効であると信じたことによる利益をいいます。たとえば、不動産の売買契約が有効と信じていた場合の不動産の調査費用などは信頼利益に該当します。

■ 損害賠償の範囲

通常損害 …債務不履行があれば通常生じる損害
　　← 当事者の予見や予見可能性は不要

特別損害 …特別の事情によって生じた損害
　　← 特別の事情について当事者が予見し、または予見すべきであったこと（予見可能性）が必要

第1部 37
損害賠償上のルール

公平に損害をてん補するためのルールが定められている

◆ 金銭賠償が原則だが過失相殺などの規定もある

損害賠償をする上で、民法には以下のようなルールがあります。

① 金銭賠償の原則（民法417条）

損害は金銭で賠償するのが原則であるとされています。つまり、生じた損害を金銭に評価して賠償することになるわけです。

② 過失相殺（民法418条）

債務不履行について、債権者側にも落ち度（過失）があり、損害の発生や拡大の一因になった場合には、裁判所は、これを考慮して損害賠償の責任やその額を決定します。ときには、賠償責任それ自体が否定されることもあります。民法は過失相殺について、「債務の不履行又はこれによる損害の発生若しくは拡大に関して債権者に過失があったとき」に認められると規定しています（418条）。

③ 代償請求権（民法422条の2）

平成29年の民法改正では、債務の履行が不能となったのと同一の原因により、債務者がその債務の目的物の代償である権利や利益を取得したときは、債権者は、その受けた損害の額の限度で、債務者に対し、当該権利の移転や当該利益の償還を請求できると規定しています。

たとえば、建物の賃貸借契約において、賃借人の落ち度によって建物が焼失した場合において、賃借人が火災保険金を受け取っていたときは、賃貸人は、建物の返還を求めることはできませんが、火災保険金相当額の支払いを求めることができます。

④ 金銭債務の特則（民法419条）

金銭は流通性が高く、価値そのものを体現するものであるため、金銭債務の不履行については、債権者は損害を証明する必要はなく、債務者は自然災害などの不可抗力であっても債務不履行責任を負わなければなりません。ただ、損害賠償の額（遅延損害金）は、約定利率があればそれに従い、それがなければ法定利率により決められます。

⑤　**損害賠償額の予定（民法420条）**

　損害の発生や損害額の証明の手続を省略するため、当事者は債務不履行について損害賠償の額を予定することができます。改正前民法では、賠償額の予定がある場合、裁判所は賠償額の増減を行うことができないと規定していました。しかし、当事者間の定めが公序良俗に反するような場合には賠償額の調整が行われていたため、平成29年の民法改正では、裁判所による賠償額の増減禁止に関する規定を削除しています。

⑥　**賠償による代位（民法422条）**

　債権者が債権の目的物や権利の価額について賠償を受けたのに、さらに目的物や権利の回復を受けることができるとすると、債権者は二重に利得することになり、不公平な結果が生じます。そこで、債権者の損害が賠償金の支払いによりてん補されたとき、債務者は、目的物や権利について債権者に代位します。

■ 過失相殺の計算

違約金と損害賠償の予約

最初から損害賠償の額を決めておくこともできる

◆ 債務が履行されなかった場合の損害賠償

債務者が債務を履行しない場合、債権者は損害賠償を求めることができます。しかし、債務不履行だからといって、すべての損害について賠償請求ができるわけではありません。

たとえば、家賃が支払われないからといって、貸主がその取立てに行く途中で交通事故に遭って負傷した場合、貸主は、この交通事故による損害まで借主に請求することができないのは明らかです。そのため、原則として、通常生じる範囲内での損害（通常損害）について賠償責任を行うとされています（112ページ）。

◆ 損害賠償額の取り決めのある場合

損害賠償はあらかじめ規定しておかなくても相手方に請求することができますが、発生した損害を細かく算定してこれを立証する必要があります。しかし、契約時などに損害賠償額を予定しておけば、計算や立証にムダな時間をとられることがありません（民法420条）。

◆ 賠償額の予定について

前述のように、あらかじめ損害賠償額を定めておくことを賠償額の予定といいます。これを行っておけば、損害額の面倒な算出をしなくてすみますが、注意すべきことは、賠償額の予定をしてしまうと、実際の損害額が予定していた金額（予定額）より高額になっても、予定した金額しか請求ができません。

逆にいえば、実際の損害額が予定額未満であっても、予定していた金額を請求できることになります。
　とはいえ、賠償額は無制限に高い金額を予定できるわけではありません。度を越えた高額の場合は、民法90条（公序良俗違反）を根拠に無効になることがあります。さらに、労働基準法、宅地建物取引業法、消費者契約法などでは、損害賠償の予定を規制する定めがあることに注意する必要があります。

◆ 契約時点での損害賠償の範囲の定め

　契約を交わす時点で違約金と共に損害賠償の範囲を定めると、後々のトラブルを防ぐことができます。たとえば、間接損害、特別損害、そして逸失利益についても賠償するのかどうかを明確にしたり、債務者に過失がない場合には賠償義務を負わないことを明記しておくのもよい方法です。
　また、予見できる特別損害が発生するような場合は、この賠償義務を負わないという条項を契約書に加えておくのもよいでしょう。

■ 賠償額の予定

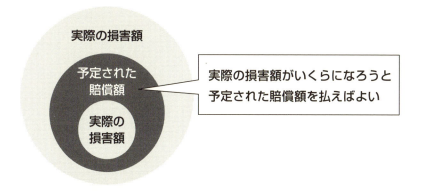

第1部 39

解除

契約が履行されない場合の助け舟

◆ 解除とは

　もちろん両当事者が納得して「この契約は、なしにしよう」というのであれば、契約はなかったことにできます。これを合意解除といいます。当事者が「こういう場合には解除する」と約束していたときは、その状況になれば解除ができます。これは約定解除といいます。そのような場合でなくても、当事者の一方が、自分だけの意思表示によって、契約がなかったことにすることができる場合があります。これを法定解除といいます。民法では、契約の相手方（債務者）が債務を履行しない場合、一定の要件の下で、契約を解除（法定解除）することを認めています。相手が債務を履行せず、債務を履行するように催告をしたがそれでも履行しない場合に契約解除をする、という意思表示を行うことができるのが原則です。後々のトラブルを避けるために、履行の催告と解除の意思表示は書面で行い、これを配達証明つきの内容証明郵便で郵送するのがベストです。

◆ 解除の要件

　民法は、一定の場合に解除権（法定解除権）という権利が発生して、その権利を意思表示によって行使するという構成をとっています。法定解除権の発生する一般的な原因は、相手方の債務不履行です。履行遅滞の場合には、原則として相当の期間を定めて履行を催告することが必要ですが（541条）、履行不能の場合は、催告は不要とされています（542条1項1号）。

改正前民法では、契約解除が認められるためには、ⓐ債務の履行がないこと（債務の不履行）、ⓑ債務者に帰責事由があること、ⓒ債権者から債務者に履行の催告をすることを必要とするのが原則でした。しかし、契約解除を認める趣旨は、債務者に対する制裁ではなく、契約の拘束力から債権者を速やかに解放することにあります。このように考えると、債務者の帰責事由の有無を問わず、債務の履行がなければ債権者を契約の拘束力から解放すべきとの結論が導かれます。そのため、平成29年の民法改正ではⓑの債務者の帰責事由は、契約解除の要件から除外しています（541条、542条）。

　なお、売買契約などでは、買主が諸事情などにより商品の購入を取りやめたくなった場合に解除ができるように、お互いの解除権を認めておくことがあります。「当事者双方は、契約締結後××日間はこの契約を解除できる」などとあらかじめ明記しておきます。

◆ 解除の効果と第三者

　解除により契約ははじめからなかったことになります。一方の当事者がすでに履行していた場合には、元に戻す必要があります。引き渡

■ 解除における第三者

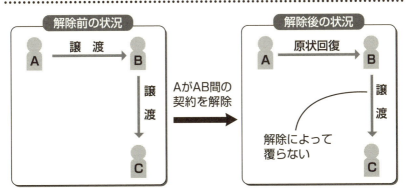

されていた品物は売主に返され、支払われていた代金は買主に返されなければなりません。これを原状回復義務といいます。

ただし、民法545条により、解除をしても第三者の権利を害することはできないとされています。判例・通説によると民法545条で保護される第三者とは、「解除された契約から生じていた法律関係を基礎として、解除までに新たな権利を取得した者」をいうとされています。AがBに家を売り、BがCに転売したあとで、Bの債務不履行を理由にAが売買契約を解除したとしましょう。この場合のCが第三者にあたり、Aが解除して原状回復することになっても、Cの権利は守られます（Aは家を取り戻せず、Bに損害賠償を請求することになります）。

◆ 催告解除ができない場合が明文化されている

平成29年の民法改正では、債務者の帰責事由なき契約解除による債務者の不利益を考慮して、債務の不履行が「契約及び取引上の社会通念に照らして軽微」である場合には、催告を要する契約解除（催告解除）ができないことを規定しています（541条ただし書）。なお、民法541条ただし書は催告解除にのみ適用されますので、後述する催告を要しない契約解除（無催告解除）には適用されません。

◆ 無催告解除ができる場合とは

催告なしに契約を解除できる場合（無催告解除）として、改正前民法では、①特定の日時や期間内に履行しないと契約の目的が達成できない場合（定期行為）、②履行の対象となる商品などを破壊ないし焼失するなどして履行が不可能となった場合（履行不能）を規定していました。

さらに、平成29年の民法改正では、上記の①②に加えて、③債務者が履行を拒絶する意思を明確に表示した場合、④債務の一部の履行が不能であるとき、または債務者が一部の履行を拒絶する意思を明確に

表示したときで、残存する部分だけでは契約の目的が達成できない場合、⑤履行の催告をしても契約の目的を達する履行が見込めないのが明らかな場合にも、無催告解除ができることを規定しています（542条1項）。

なお、①～⑤は契約の全部について無催告解除をする場合の規定ですが、平成29年の民法改正では、契約の一部について無催告解除ができる場合も規定されています。具体的には、債務の一部の履行が不能である場合、または債務者が一部の履行を拒絶する意思を明確に表示した場合に、契約の一部を無催告解除することができます（542条2項）。

また、契約の当事者が、自ら債務から解放されたいと考えることもあります。そのため、あらかじめ無催告解除の特約を結んでおくことができます。

■ 解除の要件

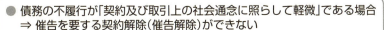

| 解除の要件 | ① 債務の履行がないこと（不履行の事実） |
| | ② 債権者から債務者への履行の催告 |

- 債務の不履行が「契約及び取引上の社会通念に照らして軽微」である場合
  ⇒ 催告を要する契約解除（催告解除）ができない
- 無催告解除ができる場合
  - (1) 特定の日時や期間内に履行しないと契約の目的が達成できない場合（定期行為）
  - (2) 履行の対象となる商品などを破壊・焼失するなどして履行不能になった場合
  - (3) 債務者が履行を拒絶する意思を明確に表示した場合
  - (4) 債務の一部の履行が不能であるとき、または債務者が一部の履行を拒絶する意思を明確に表示したときで、残存する部分だけでは契約の目的が達成できない場合
  - (5) 履行の催告をしても契約の目的を達する履行が見込めないのが明らかな場合

第1部 40

解除と手付の取扱い条項

手付により契約を解除することができる場合がある

◆ 手付とは

　売買契約の際、当事者の一方から渡す金銭のことを手付といいます。とくに売買契約が成立した際に、買主が売主に対し支払うもので、その金額は売主と買主の間で決定することができます（ただし不動産売買の場合、売主が宅地建物取引業者で、買主が業者でない場合には売買代金の20％超を手付金として受領することはできません）。この手付には、証約手付、解約手付、違約手付の3種類があります。

　これらの手付には様々な意味合いが含まれており、それぞれの手付には、主に以下の意味があります。

　証約手付は、売買契約が成立した際に支払うもので、この支払いによって「売買が成立した」という証拠になるものです。

　解約手付は、債務不履行がなくても契約の解約（解除）を可能にするために支払うものです。これは売主・買主双方にとって可能で、相手が債務の履行に着手する前であれば解約が可能です。買主の場合は、支払った手付金を放棄すること（返却不要とすること）で解約が可能となり、売主の場合は、買主が支払った手付金の倍額を支払うことで解約が可能になります。

　違約手付とは、債務不履行があった場合に使われるものです。契約違反があった場合の保証金といえます。これは、手付金を支払った買主側が債務不履行をした場合、手付金の支払いを受けている売主側がこの手付金を没収することができます。逆に手付金を受け取っている売主側が債務不履行をした場合には、手付金を支払った買主側は、そ

の手付金の返還と、その手付金と同額の損害賠償を請求することができます（手付金の倍額を請求することができます）。

◆ 手付をめぐる問題

　手付金には様々な性質がありますが、それぞれをよく理解し、どのような手付金がいつまで有効なのか、理解しておく必要があります。たとえば「解約手付」は契約の相手が債務の履行に着手する前までしか有効ではありません。

　また「違約手付」は契約当事者の一方に債務不履行があった場合にしか請求できません。契約書の債務履行の場所や期日など、重要な事項については不明瞭な点がないようにしておく必要があります。明らかに当事者の一方だけが不利益を被るような契約条項は無効となり得ますので、契約条項を解釈するとどちらか一方が不利になるように記されている場合は注意が必要です。契約の条件や期日、履行の場所やその条件など、契約書を取り交わす前に十分吟味して、手付金の解釈やその有効期限について理解しておく必要があります。

■ 手付の種類

証約手付	売買が成立した際に支払うもの 売買が成立した証拠となる
解約手付	契約の解除を可能とするために支払うもの 相手方が債務の履行に着手するまでなら、理由なく解除することができる 解除する場合、買主は手付金の放棄、売主は手付金の倍額を支払うことになる
違約手付	契約違反があった場合の保証金 手付金を支払った側に債務不履行があった場合に没収することができる

また、前述の「手付金」とは別に「申込証拠金」というものがあります。手付金は契約の締結を前提として支払うものですが、この申込証拠金は対象物を予約しておくためにするものです。

　申込証拠金については、その後の契約が無事に行われた際には購入代金として相殺され、契約に至らなかった場合には全額返還されることが通常です。これは預かり金として存在するものなので、領収証ではなく「預かり証」を発行してもらう必要があります。不動産などでよくあるトラブルですが、申込証拠金の全額没収は原則として不当なものだという解釈です。手付金と混同しないように当事者間で明確な処理を行う必要があります。

◆ 売買契約に関する手付についての規律

　家や土地などの大きな買い物の場合には、まず手付を支払い、それから残額の支払いをするのが一般的です。手付は、これまで見てきたように、契約成立時に、買主から売主に交付される金銭その他の有価物（お金に限らない）です。

　手付にもいくつかの種類・性質がありますが、民法は、原則として解約手付としています（557条）。解約手付が交付される目的は、手付の金額だけの損失を覚悟すれば、相手方の債務不履行がなくても契約の解除ができるということです。つまり、解約手付を払うということは、約定解除権を留保するという意味になるわけです。

◆ 手付と契約の解除について

　たとえば、土地の売買契約において、1000万円の価値がある土地である場合に、100万円程度の手付金（解約手付）が支払われる場合があります。買主が、すでに売主に対して土地の代金を支払うための段取りを整えている場合には、買主の側からこの契約を解除することができるのでしょうか。

改正前民法では、買主が売主に解約手付を交付した場合に、「当事者の一方が契約の履行に着手するまでは、買主はその手付を放棄し、(売主はその倍額を償還して)」契約の解除ができると規定していました。前述の事例において、売主が土地の引渡しのために具体的なプロセスを進めている場合はもちろん、条文上は、買主自身に履行の着手があったと認められた場合にも、買主は、手付を放棄して契約を解除することは困難であるようにも思われます。

　しかし、改正前民法の下でも、相手方が履行の着手に及んでいる場合に限り、解約手付による契約の解除を認めない趣旨であると考えられてきました。平成29年の民法改正では、この趣旨を反映して、相手方が履行に着手していない段階で、自らが解約手付による解除をすることが許されています（557条１項）。前述の事例では売主が履行に着手しない限り、買主は手付を放棄して契約の解除ができます。

■ **手付金と申込証拠金**

● 手付金の支払い

● 申込証拠金の支払い

第1部 41

危険負担

両当事者に責めがない事由により履行不能に陥った場合は当事者双方の義務が消滅する

◆ 危険負担とは

　たとえば、中古車の販売の局面を考えてみましょう。売買契約を4月1日に締結して、買主への自動車の引渡しを4月30日と定めていたとします。その後、4月10日に発生した自然災害で中古自動車が大破した場合、売買契約における両当事者の債務はどのように扱われるのでしょうか。中古自動車は大破しているので、履行不能に陥っています。しかし、大破の原因は自然災害ですので、債務者である売主には帰責事由がなく、債務不履行責任は生じません。

　契約が結ばれると当事者への拘束力を持つのが原則です。しかし、売買などの双務契約で、契約成立後に債務者に責任を問えない事情で給付が不能になった場合、その危険をどちらの当事者が背負い込むかという問題が「危険負担」です。とくに取引社会においては、危険負担の問題は、売主が消滅した目的物の代金支払いを受けることができるか否かという問題が重要になります。

　危険負担の問題の前提として、不能になった給付は何かを確認し、その給付を中心にして見たときに、その給付をなすべき立場にあった当事者が債務者、その給付を要求する立場にあった当事者が債権者、ということを確認する必要があります。

◆ 改正前は特定物売買の危険負担に問題があった

　改正前民法の下でも、当事者双方の責めに帰することができない事由によって債務の履行が不能になった場合、債務者は反対給付を受け

る権利を有しないのを原則としていました。この考え方は債務者主義と呼ばれています。債務者主義が適用されると、目的物の引渡債務を負う債務者（前述の事例における中古車の売主）は、その対価としての代金支払債権を受け取る権利を失うことになります。

もっとも、改正前民法の下では、事例の中古車のように特定物の売買における危険負担に関して、「その物が債務者の責めに帰することができない事由によって滅失し、又は損傷したときは、その滅失又は損傷は、債権者の負担に帰する」と規定されていました。目的物が滅失または損傷した場合の危険を、目的物引渡請求権を持っている債権者（前述の事例における中古車の買主）が負担することになるという意味で、この考え方は債権者主義と呼ばれています。

しかし、目的物が特定物であるのか否かによって、買主の代金支払義務の行方が左右され、とくに特定物の売買など日常生活で多く行われる取引において、買主が目的物を得られないのに代金を支払わなければならないというのでは、建物などの高価な取引において、あまりにも不当な結論であると批判されてきました。そのため、できる限り

■ **特定物の取引等に関する危険負担**

中古車　【契約締結】4月1日　【中古車滅失】4月10日　【納車日】4月30日

中古車の引渡義務

売主　　→　　買主

代金支払義務

債権者主義を定めた条文が適用されることを回避して、不都合を解消するべく努力が行われてきました。

つまり、危険負担は任意規定であるため、当事者が目的物の滅失または損傷の危険の負担に関して、債権者主義とは異なる内容の特約を結んでいる場合には、債権者主義の規定が適用されないと解釈していました。そして、仮に契約条項に明文で特約が結ばれていないとしても、契約内容を解釈することで、当事者の意思は債権者主義を排除する契約を結んでいると考えられる場合には、暗黙の特約の存在を肯定してよいと主張する立場もありました。また、売買契約が締結された時点で所有権が買主に移転するのが民法の原則ですが、所有権の移転と危険の移転とを切り離し、危険に関しては目的物が現実に買主へ引き渡された時点で、初めて移転すると考える立場もありました。

これらの解釈を行うことで、特定物の取引において、未だに引き渡されていない時点で滅失または損傷した目的物について、買主がその代金を支払わなければならないという、明らかに不合理な結果は回避可能でした。しかし、特約を契約内容から読み込むことすら困難な場合には、債権者主義が採られざるを得ませんでした。

また、危険の移転時期を、契約締結時からずらして考える解釈に関しても、その前提として危険の移転時期について様々な見解が主張され、一致していないという問題点がありました。それ以上に、目的物に関する所有権の移転時点（原則として契約締結時）と危険の移転時点について異なる扱いを行うという、民法の明文規定がない運用が許されるのか不明であるという批判が加えられていました。

◆ 危険負担に関する民法の規定

平成29年の民法改正では、「当事者双方の責めに帰することができない事由によって債務を履行することができなくなったときは、債権者は、反対給付の履行を拒むことができる」（536条1項）と規定して、

目的物が特定物かどうかを問わず、両当事者に責任がない事情によって履行不能になった場合には、両当事者が自身の債務の履行義務から解放されることが明らかにされています。これは実質的に債務者主義を採用するものですので、前述のように改正前民法では特約の定めや解釈で運用しなければ合理的な結論が導き出されなかった問題に対して、一定の解決策が与えられたことになります。

　もっとも、危険負担に関する民法の規定では、「反対給付の履行を拒むことができる」として、履行拒絶権という形で記載していることには注意が必要です。つまり、債務自体は残っていることを意味するため、債務自体を消滅させたい場合は、履行不能に基づき契約を解除することになります。一応制度の上では、目的物が滅失または損傷した場合において、買主が拒否しなければ、売主は代金の支払いを受けることも可能になります。

　また、履行不能に基づく契約の解除についても、改正後民法では債務者の落ち度（帰責事由）が要件になっていません。よって、前述の中古車の事例の買主は、自らに落ち度がないので（自然災害）、履行拒絶権として代金の支払いを拒むことができる上、売買契約を解除して、代金支払債務を消滅させることも可能です。

■ 債務者主義と履行拒絶権

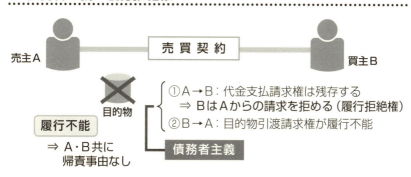

第1部 42

契約の内容に適合しないもの

買主が売主に契約不適合責任の追及を行うことができる

◆ 売主の契約不適合責任が登場した背景

　有償契約・双務契約の代表である売買契約では、売主は対価である代金を得ているので、目的物が代金に見合う価値をもっていることについて、買主に対して責任を持たなければなりません。そうしなければ、売買代金と商品のバランス（等価性）が崩れてしまうからです。

　改正前民法では、この等価性を保つ制度として、瑕疵担保責任という特定物に関する売主の責任を規定し、特定物については債務不履行責任とは別に、瑕疵担保責任を認めるという二元的な構造を採用していました。しかし、現実社会で起こる契約内容に関する売主の責任問題は、特定物のみに生じるものではなく、特定物と不特定物といった目的物の種類によって責任を異にする合理性はなく、むしろ契約内容に基づいた適切な給付が行われたかという観点から、売主の責任を一元的に構成するほうが適切であると認識されるようになりました。

　たとえば、「微細な粉じんを含めたあらゆる粉じんを除去する」という目的で、高性能の空気清浄器を購入する売買契約を考えてみましょう。この空気清浄器のフィルターに若干の不具合があるため、一般的な空気清浄器と同等の性能は持っているが、買主が要求する高性能の物ではなく微細な粉じんは除去できないとします。とはいえ、売主は一般的な空気清浄器として、通常使用する上では支障がない物を引き渡しています。

　この場合、改正前民法では、売買の目的物に隠れた欠陥（瑕疵）がある場合、売主の瑕疵担保責任を認めていましたが、「瑕疵」の意味

が必ずしも明らかではないという問題がありました（一般にその物が通常持っているであろう性能を欠いている場合に「瑕疵」が認められると解釈されてきました）。

　そうすると、とくに前述の事例のように空気清浄機として一般的に使用するには支障がない場合、買主が売買契約の締結に至った目的として、あらゆる粉じんの除去ができる高性能な空気清浄器を望んでいたとしても、一般的な空気清浄器の引渡しという意味では、売主としての義務を果たしたことになるといえます。しかし、買主の目的に沿うような空気清浄機の引渡しを行ったのかといえば、そのように言うことは難しいものと思われます。

　そこで、平成29年の民法改正では、改正前民法における瑕疵担保責任を含む売主の担保責任に関係する規定を削除し、瑕疵という考え方を用いるのをやめました。その上で、「契約不適合責任」という考え方を新たに導入して、目的物が種類・品質・数量・権利に関して契約の内容に適合しない場合における買主の請求権を定める形で、売主の責任に関する制度を整えています。

■ 契約の内容に適合しない目的物を引き渡された買主の採り得る手段

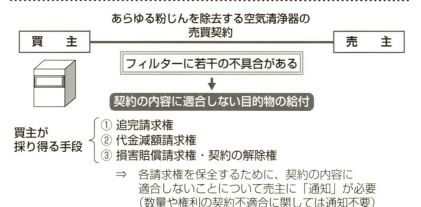

◆ 契約不適合責任に基づく救済手段

　民法は、売買契約において契約の内容に適合しない給付を受けた買主に対して、主に以下の救済手段を用意しています。

① 　追完請求権（562条）

　買主は、引き渡された目的物がて契約の内容に適合しない場合、売主に対して、ⓐ目的物の修補、ⓑ代替物の引渡し、ⓒ不足している分に関する追加の引渡しを請求することができます。

② 　代金減額請求権（563条）

　買主は、ⓐ相当な期間を定めて上記の追完を催告しているにもかかわらず、売主によって適切な追完が行われない場合、ⓑそもそも履行の追完が不可能である場合、ⓒ売主が履行の追完を拒絶する意思を明確に表示した場合などには、追完が行われないことによる不適合の程度に応じて、売主に対して売買代金の減額を請求することができます。

③ 　損害賠償請求および契約解除権（564条）

　買主は、一般の債務不履行に関する規定に則って、売主に対して損害賠償請求をすることや、契約の解除をすることができます。

◆ 追完方法について

　平成29年の民法改正では、上記のとおり買主に対して追完請求権を認めていますが、買主が請求した通りに対応しなくてもよい場合があります。売主は「買主に不相当な負担を課するものでないときは、買主が請求した方法と異なる方法による履行の追完をすることができる」と規定しているからです（562条1項ただし書）。

　前述の事例で、買主が別の空気清浄器を持ってくるよう指示した場合であっても、買主に大きな負担を与えない限り、売主は、代替品の給付ではなく、給付済みの空気清浄機の修理をすることによって、追完に応じることも許されます。

◆ 期間制限について

　改正前民法においては、買主が売主の担保責任として行使できる権利は、原則として事実を知った時から1年以内に行使しなければならないと規定されていました。期間制限が設けられている趣旨は、いつまでも買主からの責任追及を受けるおそれがあるという不安定な地位から、売主を解放するためです。

　平成29年の民法改正では、契約不適合責任に基づいて履行の追完請求、代金減額請求、損害賠償請求、契約の解除をする場合には、買主がその不適合を知った時から1年以内に、不適合であることを、売主に対して「通知」しなければならないと規定しています。つまり、「知った時から1年」というのは権利（前ページの①～③の救済手段）を保存するための期間にすぎず、売主に通知を行うことにより、その時点から各権利について、一般の債権の消滅時効期間内において権利を行使することができます。

■ 追完方法および代金減額請求権について

売主A ——売買契約—— 買主B

目的物 → 契約不適合 ∴ 買主は売主に契約不適合責任を追及可能

追完方法について
① 目的物の修補
② 代替物の引渡し
③ 不足している分に関する追加の引渡しの請求

代金減額請求権を行使できる場合
① 相当な期間を定めて追完を催告しているにもかかわらず、売主が追完を行わない場合
② 履行の追完が不可能である場合
③ 売主が履行の追完を拒絶する意思を明確に表示した場合

第1部 43 公正証書

金銭消費貸借や賃貸借契約でよく活用される

◆ 金銭の支払請求には公正証書を作成するとよい

公正証書とは、公証人という特殊の資格者が、当事者の申立に基づいて作成する文書で、一般の文書よりも強い法的な効力が認められています。公正証書には、強い証拠力があり、記載された日付には、その日に作られたという公証力（確定日付）が認められます。

たとえば、金銭消費貸借契約を例にとって説明しましょう。返済期限が過ぎても返済してくれない場合には、差押や競売といった強制執行ができるように強制執行認諾約款付の公正証書を作成します。これによって、金銭などの支払いのために債務者の財産について強制執行することができるわけです。

同様に売掛金債権の回収目的や、賃貸借契約における賃料滞納の場合の対抗手段など広い目的で活用できます。

公正証書が利用される最大の理由は、公正証書に与えられる執行力です。債権回収をはじめとする法的な紛争では、様々な手を尽くしても功を奏さないときには、最終的に訴訟となり、判決を受けて、これに基づいて債務者の財産に対して強制執行を行いますが、強制執行を行うためには、その根拠となるものが必要です。それを債務名義と呼びます。

債務名義には、判決の他に、調停証書や和解調書、仮執行宣言付支払督促などがありますが、公正証書も一定の要件を備えれば、債務名義となります。債務名義となる公正証書がある場合、裁判を経ずしてその公正証書に基づき強制執行を行うことが可能になります。

ただし、どんな契約書でも公正証書にすれば債務名義となり得るわけではありません。これには以下のような2つの条件が必要です。1つは、請求内容が、一定額の金銭の支払いであるか、有価証券や米や麦などの代替物の給付を目的とすることです。もう1つは、債務者が「債務を履行しない場合には強制執行を受けても文句は言わない」旨の記載がなされていることです。この記載を執行受諾文言とか執行認諾約款といいます。そして、これらの条件を満たす公正証書を「執行証書」と呼ぶことがあります。

執行認諾約款は、一般には「債務を履行しないときには直ちに強制執行を受けても異議のないことを認諾します」などと記載されます。この記載があれば、公正証書に記載された一定額の金銭の支払いなどについて、裁判を経なくても強制執行の申立てが可能となるのです。

◆ 公正証書の作成手続きはどうなっている

公正証書を作成するには、当事者本人であることを確認してもらうため、実印と3か月以内に発行された印鑑証明書など本人確認できるものを最寄りの公証人役場に持参します。公正証書を作成するには、公証役場へ行きます。

債権者と債務者が一緒に公証役場へ出向き、公証人に公正証書を作

■ 公正証書のメリット

メリット
- 真正に成立した文書であると推定される
- 公正証書の原本が公証役場で厳重に保管される
- 強制執行認諾約款の記載があれば、訴訟を経ずに強制執行を申し立てることができる
- 通常の契約書よりも強力な心理的圧力をかけることができる

成することをお願いします（これを嘱託といいます）。事前の相談や連絡は当事者の一方だけでもできますが、契約書を公正証書にする場合には、当事者双方が出向く必要があります。ただし、本人ではなく代理人に行ってもらうことは可能です。

　会社など法人の場合、持参すべき書類は、代表資格を証明する商業登記事項証明書または資格証明書、届出代表者印、印鑑証明書（発行日から３か月以内のもの）などです。

　当事者本人がこれらを持参して公証人役場に出頭し、公証人に公正証書の作成を依頼します。契約当事者の間では、公正証書にしてもらう文書の内容をあらかじめ決めておきます。契約書があればそれを持っていけばよいのですが、なければ主要な点だけでもメモしたものを持っていくのがよいでしょう。

◆ 公正証書の内容について

　公正証書の正本には、①全文、②正本であることの記載、③交付請求者の氏名、④作成年月日・場所が記載されます（公証人法48条）。公正証書の正本に記載されている全文は、さらに２つのパートから成り立っています。

　１つ目のパートに具体的な内容（これを本旨といいます）が記載されています。具体的な内容とは、公証人が嘱託人や嘱託人の代理人から聞き取ってそれを録取した契約、事実関係に関する部分のことです。この本旨は、嘱託人が公正証書に記載してもらいたい事項として伝えた内容を、実際に公証人が聞き取って記載したものです。

　もう１つのパートには、公正証書に記載された内容そのものについてではなく、公正証書を作成する際の形式についての記載です。この記載を本旨外記載事項といいます。嘱託人の住所、氏名、年齢、公正証書を作成した年月日、公正証書を作成した場所といった事項が本旨外記載事項にあたります。

◆ 債務名義となる公正証書が作れない場合は即決和解を利用する

　債権の存在そのものについて争いがあったり、債務額について争いがあったりしたものの、その後の当事者同士の話し合いで、一定の結論が出た（争いが解決した）場合には、これを確かなものにしておくために、即決和解という制度が利用できます。

　示談書を公正証書にした場合に、その公正証書に基づき強制執行ができる、つまり公正証書が債務名義となる（執行証書となる）ためには、前述のとおり債務の内容に一定の制限があります。即決和解は金銭債権に限らず、土地・建物の明渡請求や、動産の引渡請求などの場合にも、債務名義として利用できるというメリットがあります。

　即決和解は、訴えを提起する前に当事者双方が裁判所を通して成立する和解です。即決和解によって成立した和解の内容は和解調書に記載され、確定判決と同様の効力をもちます。即決和解は、申立書に和解勧告を求める「請求の趣旨」と「申立の原因および争いの実情」を記載し、和解条項を添付して、相手方の住所地の簡易裁判所に提出して申し立てます。

■ 公正証書の作成方法

```
┌─────────────────────────────────────┐
│  申請前に公正証書の作成について当事者の合意が必要  │
└─────────────────────────────────────┘
                    ↓
┌─────────────────────────────────────┐
│           申請書類を再チェック              │
├─────────────────────────────────────┤
│ ・公正証書にしたい文面                      │
│ ・法人の場合は代表者の資格証明書・商業登記事項証明書など │
│ ・個人の場合は印鑑証明書と印鑑など             │
└─────────────────────────────────────┘
                    ↓
┌─────────────────────────────────────┐
│          最寄りの公証役場へ行く              │
└─────────────────────────────────────┘
                    ↓
┌─────────────────────────────────────┐
│          公証人が文書を作成               │
└─────────────────────────────────────┘
```

第1部 44
定期借地・定期借家契約と公正証書

後々のトラブルを防ぐという点でメリットがある

◆ 公正証書にしなければならない契約書がある

　定期借地権や定期借家契約は更新せずに、土地や建物を返還してもらうわけですから、公正証書にして、契約書の原本を公証役場に保管しておいてもらうのがよいでしょう。また、事業用定期借地権については必ず公正証書を用いて契約しなければなりません。公正証書で契約書を作成する場合には、公証役場で手数料を支払う必要があります。手数料の金額は次ページ図のように、目的の価額によって決まります。賃貸借契約の場合、賃料に契約期間を掛けた額を2倍したものが目的の価額となります。

◆ 一般定期借地権設定契約を公正証書にする場合

　一般定期借地権の公正証書を作成する上での注意点は、下記の特約を公正証書で明確に定めることです。
　つまり、一般定期借地権は、契約の更新や建物の再築による存続期間の延長がなく、契約終了時の借地人からの建物買取請求（契約終了時に借地人が貸主に対して借地上に建てた建物の買取りを請求できる権利のこと）を排除する旨の特約を定めることで、これを設定することができます。特約を定める場合には、公正証書などの書面で作成することが求められています。

◆ 定期借家契約を公正証書にする場合

　定期借家契約は書面で作成しなければなりませんが、法律上は公正

証書で作成することまでは要求されていません。ただ、定期借家契約は更新せずに、建物を返還してもらうわけですから、公正証書にして、契約書の原本を公証役場に保管しておいてもらうのがよいでしょう。公正証書を作成する上では以下の点に注意します。

・**更新がない旨の記載**

多くの場合、定期借家契約を結ぶ目的は更新をせずに明け渡してもらうことにありますから、更新・立退きをめぐるトラブルを避けるために、公正証書にも「更新がない」ことを明記します。

・**執行認諾約款を置き、確実に賃料を回収できるようにする**

公正証書は執行認諾約款があれば債務名義となるので（135ページ）、貸主は、賃貸借契約書を公正証書にすることで、借主が家賃を支払わない場合には、裁判をすることなく、借主に対して強制執行を行い、家賃を回収することができます。

■ 公正証書の作成などに必要な手数料

（平成30年1月現在）

	目的の価額	手数料	
法律行為に関する証書の作成	100万円以下	5,000円	
	200万円以下	7,000円	
	500万円以下	11,000円	
	1,000万円以下	17,000円	
	3,000万円以下	23,000円	
	5,000万円以下	29,000円	
	1億円以下	43,000円	
	1億円超〜3億円以下：56,000〜95,000円、3億円超〜10億円以下：106,000円〜249,000円、10億円を超える場合には249,000円に5,000万円までごとに8,000円を加算する		
その他	私署証書の認証	11,000円（証書作成手数料の半額が下回るときはその額）	外国文認証は6,000円加算
	執行文の付与	1,700円	再度付与等1,700円加算
	正本または謄本の交付	1枚　250円	
	送達	1,400円	郵便料実費額を加算
	送達証明	250円	
	閲覧	1回　200円	

第1部 45
保証契約と公正証書

保証意思を確認するために公正証書が必要になる

◆ 個人保証に対する制限と公正証書

　個人保証とは、企業が金融機関から融資を受ける場合に、経営者やその家族、知人などの個人が、企業の融資を保証する制度のことです。この制度の下では、資力に乏しい主たる債務者である企業の資金調達が可能になる一方で、主たる債務者が破綻した場合には、保証人である経営者などが、個人の資力では到底、支払えない高額の保証債務を負担させられます。このことから、保証人が自己破産や自殺に追い込まれるケースも後を絶たず、深刻な社会問題となっています。改正後民法は、個人保証を原則禁止としながら、保証人の自発的な意思が認められる場合には例外的に認めるなどの措置を講じています。

　具体的には、事業のための貸金等債務に関する保証契約や根保証契約など（次ページ図の①と②）の締結日前1か月以内に、保証人となる個人の意思を公正証書で確認する必要があります（465条の6第1項）。また、貸金等債務を含めた事業のための債務の保証契約や根保証契約など（次ページ図の①②③）の締結に際して、主たる債務者は、保証や根保証を委託した個人に対し、自らの返済能力にかかる情報を提供することが義務付けられています（465条の10）。

◆ 契約前に公正証書の作成が必要である

　個人が事業のために負担した貸金等債務を保証する場合、個人が事業のために負担した貸金等債務を含む根保証をする場合、または事業のために負担した貸金等債務の保証または根保証の保証人が取得した

主たる債務者に対する求償権を個人が保証する場合（求償権の個人保証）には、保証契約や根保証契約に先立ち、その個人の保証債務を履行する意思（保証意思）を確認するため、公正証書の作成が義務付けられています。これは保証契約や根保証契約そのものを公正証書で作成することを要求するものではなく、個人である保証人の保証意思を確認するための公正証書です。

そして、保証意思を確認する公正証書は、保証契約や根保証契約の締結日前1か月以内に作成しなければならず、公正証書を作成せずにした保証契約や根保証契約は無効になります。

ただし、個人保証の制限は経営とは無関係の第三者である個人を保護する趣旨によるとして、主たる債務者と一定の関係にある個人が保証人となる場合（経営者保証）には、公正証書の作成は不要です。具体的には、主たる債務者が法人の場合は、その取締役、理事、執行役、過半数の株式保有者など、主たる債務者が個人事業主の場合は、その共同事業者、債務者の事業に従事する配偶者などが保証人となる場合は、公正証書による保証意思の確認は不要です。

■ 個人保証の契約締結時の公正証書作成義務

公正証書の作成 保証人が契約締結日前1か月以内に保証意思を確認する公正証書を作成する義務がある	債務者の委託を受けない場合	債務者の委託を受ける場合
①事業のために負担した貸金等債務を個人が保証・根保証	公正証書必要	公正証書必要
②事業のために負担した貸金等債務の保証・根保証の保証人の債務者に対する求償権に係る債務を個人が保証	公正証書必要	公正証書必要
③事業のために負担した債務を個人が保証・根保証（①②を除く）	公正証書不要	公正証書不要

第1部 46

契約外の責任

被害者に生じた損害を加害者に賠償させる制度である

◆ 不法行為制度とは

　契約関係にある者は、お互いの合意に基づき、それぞれ債権をもち、債務を負担します。しかし、不法行為は、当事者の意思に関係なく債権債務を発生させるものです。典型的なのは自分のミスで交通事故を起こし、他人にケガを負わせたときなどです。ただし、契約関係にある場合にも不法行為が成立することがあります。たとえば、家屋の賃貸借契約において、貸借人がわざと賃借した家屋を壊したような場合です。ただ、この場合は賃借人の債務不履行も発生しているといえます。

　不法行為が成立するためには、以下の要件が必要です。

① **違法性**

　他人の権利や法律上保護される利益が侵害されていることです。

② **故意または過失**

　故意とは、被害が発生するのを知っていてわざとすること、過失とは、被害の発生を予想できて、避けられたはずなのに、不注意にもそれをしなかったことです。

③ **因果関係**

　加害者の故意・過失行為によって違法な結果（違法性）が発生したという原因・結果の関係のあることが必要です。

④ **損害の発生**

　①〜③の要件が備わると、それで不法行為は一応成立しますが、加害者が賠償責任を負うためには、さらに、被害者への「損害の発生」が必要となります。

⑤ 責任能力

故意・過失の前提として、加害者には、不法行為の責任を負う能力（責任能力）、つまり、自分の行為がどんな結果をもたらすかを見極める能力が備わっていなければなりません。未成年者のうち責任能力をもたない者（民法712条）と、精神上の障害などにより判断能力を欠く状態にある者（民法713条）が責任無能力者です。

責任無能力者が不法行為をしたときは、責任無能力者は責任を負いませんが、監督義務者が責任を負います（民法714条）。

◆ 損害賠償請求権が発生する

不法行為が成立すると、被害者は、治療費や所有物の損傷（財産的損害）、不法行為によって受けた悲しみなどの精神的な苦痛（慰謝料）について、加害者に損害賠償を請求することができます（民法709条）。賠償は金銭で行うのが原則です（民法722条1項・417条）。そして、加害者が賠償すべき損害の範囲は、一般に、不法行為から通常生じる損害の他に、予測できる特別の損害（相当因果関係）となります。債務不履行と同様、過失相殺や損益相殺も認められます。ただ、不法行為の場合の過失相殺は、必ず考慮されるものではなく、損害賠償責任自体を否定することまでは認められません（民法722条2項）。

■ 不法行為制度

Column

強制執行で契約書の内容を実行する

　契約で定めた債務の履行をしない債務者に対して、粘り強く交渉をしたり、訴訟を起こして、首尾良く債務者と交渉が成立したり、勝訴して判決を得たとしても、それだけで債権の回収が実現できるかというと、そうではないのです。そこで定められている内容を具体的に実現するには、債権者は、最終的には強制執行という手段をとらなければならないことになっています。

　強制執行は、任意に義務が履行されない場合に、国家権力によって強制を加えて、履行があったのと同じ状態を作り出す手続です。強制執行が開始されるためには、原則として債務名義や執行文等の書類が必要です。債務名義は簡単に言うと強制執行を許可する文書であり、執行文とは債務名義の執行力を証明する文書です。強制執行をするには、裁判所に申し立てなければなりません。強制執行手続に関与する裁判所を、とくに執行裁判所と呼んでいます。

　執行裁判所となるのは、原則として地方裁判所です。具体的にどこの地方裁判所に申立てをするかは、執行の対象となる財産によって異なります。対象となる財産には、不動産、動産、債権などがあります。債権者は同じ債権の回収を図るために、不動産執行・動産執行・債権執行のどの申立てをすることもできます。

■ 強制執行の流れ

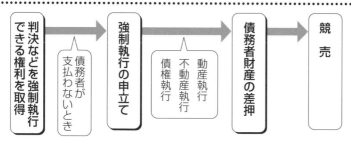

第2部

用語解説編

あ

■アウトソーシング（あうとそーしんぐ）

　ある企業で行っている業務の一部を、専門性の高い別の企業に担ってもらうことです。アウトソーシングの法的性質については、個々のケースに応じて判断することになります。平成29年の民法改正の下では、一定の成果（成果物の完成など）が求められていれば請負または成果完成型の準委任、一定の成果が求められておらず、業務遂行の依頼に留まる場合は履行割合型の準委任になるといえます。

■悪意（あくい）

　法律用語では、ある事情を知っていることを悪意といいます。反対に、ある事情を知らないことを善意といいます。悪意か善意かは様々な場面で問題になります。たとえば、動産の即時取得（民法192条）は、取引相手が無権利者であることを知らない（善意）ことが要件のひとつですので、そのことを知っている（悪意）場合には成立しません。

■与える債務（あたえるさいむ）

　債務の目的が物の引渡しを内容とする債務をいいます。たとえば、土地の売買契約が締結された場合において、売主が買主に土地を引き渡す債務が与える債務です。なお、与える債務と似て非なるものとして、債務者が債権者に対して一定の行為をする旨を内容とする債務であるなす債務があります。

■安全配慮義務（あんぜんはいりょぎむ）

　会社などの使用者が負担する、労働者が安全に就労できるように配慮する義務のことです。使用者は、労働者を労働させるにあたって、労働者の生命・身体の安全に配慮しなければなりません（労働契約法5条）。安全配慮義務を怠ったために労働者が損害を被ったときは、契約上の義務違反（債務不履行）として、使用者は民法上の損害賠償責任（民法415条）を負うことになります。

い

■以下／未満／満たない／下る／下回る（いか／みまん／みたない／くだる／したまわる）

　基準となる数値よりも少ないことを表わす言葉です。「以下」は基準となる数値を含みますが、「未満」「満たない」「下る」「下回る」は基準となる数値を含みません。たとえば、「1万円以下」という場合は1万円を含みますが、「1万円未満」「1万円に満たない」「1万円を下る」「1万円を下回る」という場合は1万円を含みません。

■異議をとどめない承諾（いぎをとどめないしょうだく）

　債権譲渡がなされた場合、債務者の承諾は債権譲渡の対抗要件になります。この債務者の承諾が、何の留保（抗弁の主張）もなしになされることを異議をとどめない承諾といいます。ここでの債務者の承諾は、債権を譲渡した事実を債務者が認識したという意味であり、合意したということではありません。異議をとどめない承諾は、「すでに債権が消滅している」「債権の成立に問題がある」などの譲渡人に主張（対抗）できた抗弁を主張せずに、債務者が債権譲渡を認識した

と表明することを意味します。

改正前民法では、異議をとどめない承諾をした債務者は、後になって譲渡人に主張できた抗弁を主張しても譲受人に対抗できませんでした。しかし、平成29年の民法改正によって、異議をとどめない承諾は廃止された（改正前民法468条1項が削除されました）ことに注意が必要です。

■以降／以後（いこう／いご）
基準となる時よりも後の時間のことを表わす言葉です。いずれも、基準となる時を含みます。たとえば、「4月1日以降」「4月1日以後」といった場合は、4月1日を含んだその後の時間のことを意味します。

■意思能力（いしのうりょく）
自分の行為の結果を理解し、判断することのできる能力をいいます。すべての個人は、原則として自己の意思に基づいてのみ、権利を取得し、義務を負うことになりますが、意思能力のない人の行為は、その人の意思に基づく行為とはいえないので何の効力もありません。

■意思の欠缺（いしのけんけつ）
意思の不存在ともいいます。意思表示が行われた際に、表示された意思の内容を実際にはその人が考えていないこと、または意思（真意）と表示とが一致しないことをいいます。意思の欠缺の例として、心裡留保（民法93条）、虚偽表示（同法94条）、錯誤（同法95条）があります。真意という実を伴わない名ばかりの表示は原則として無効とされます。ただし、取引の安全が考慮され、無効の主張を許さない場合があります。なお、平成29年の民法改正によって、錯誤については無効事由ではなく、取消事由に改められていますので、注意が必要です。

■意思の通知（いしのつうち）
催告（債務の履行を催促すること）や拒絶など一定の意思を相手方に通知することです。たとえば、債権者が債務の履行を催告すると、時効の完成猶予(停止)、解除権発生などの一定の法律効果が生じます。ただし、これは当事者の意思に基づいて効果が生じたのではなく、法律の規定に基づく効果が生じたものです。つまり、意思の通知は意思の表明にすぎないといえます。

なお、意思の通知は、債権譲渡の通知や社員総会の招集通知など一定の事実を通知する観念の通知などと共に準法律行為に分類されています。

■意思表示（いしひょうじ）
当事者が一定の法律効果が発生することを目的とする意思（効果意思）を、外部に向けて表示する行為です。たとえば、契約の申込み・承諾、遺言などです。意思表示を行う方法は、口頭や文章の他、ジェスチャーなどでもかまいません。

■以上／超える／超過する（いじょう／こえる／ちょうかする）
基準となる数値より多いことを表わす言葉です。「以上」は基準となる数値を含みますが、「超える」「超過する」は基準となる数値を含みません。たとえば、「1万円以上」といった場合は1万円を含みますが、「1万円を超える」「1万円を超過する」といった場合は1万円を含

みません。

■**委託（いたく）**
　業務などを人に頼んで、代わりにやってもらうことをいいます。委任（民法643条）や請負（同法632条）が委託に該当します。

■**一時金（いちじきん）**
　不動産の賃貸借契約時に、賃料とは別に借主から貸主に対して支払われる金銭のことです。一時金は、敷金や保証金など「預り金的性格を有するもの」と、礼金や権利金など「賃料の前払的性格を有するもの」に大別されます。前者は原則として借主への返還を要し、後者は返還を要しないとされています。なお、近年散見される「契約一時金」や「入居一時金」と呼ばれるものは、特段の定めがない限り返還されないことから、礼金に近い性質を有すると解されています。

■**一般条項（いっぱんじょうこう）**
　法律行為の要件などを抽象的に定めている規定のことです。すべてを具体的に法律で規定することが不可能なので、抽象的・概括的な規定としています。信義則や権利濫用の禁止を定めている民法1条、公序良俗に反する法律行為の無効を定めている民法90条などが一般条項に該当します。一般条項に該当する事実があるかどうかは、最終的には裁判官の裁量的判断に委ねられます。また、契約書に通常盛り込むべき条項のことを一般条項ということもあります。

■**一般定期借地権（いっぱんていきしゃくちけん）**
　存続期間を50年以上とする定期借地権のことです。定期借地権の一種ですので、契約を更新することはできませんが、50年以上安定した契約関係を保てるというメリットがあります。借地上に建てる建物の用途の制限はありません。また、期間満了時に建物買取請求権を行使することはできず、借主は土地を更地にして貸主に返還する必要があります。なお、一般定期借地権を設定する場合には、その契約時に公正証書等の書面を作成する必要があります。

■**一般媒介契約（いっぱんばいかいけいやく）**
　依頼者が複数の不動産会社（宅建業者）に対し、重ねて不動産取引の依頼をすることができる媒介契約のことです。専任媒介契約や専属専任媒介契約のように、他の不動産会社への依頼が禁止されず、依頼者が自由に相手方を探すことが可能です。また、指定流通機構への登録も任意です。そのため、他の媒介契約に比べて、不動産会社が取引成立のために積極的に動く可能性が低い契約形態だといえます。なお、平成28年の宅建業法改正によって、不動産会社に対し、媒介（専任媒介契約や専属専任媒介契約も含みます）の対象不動産につき売買の申込みがあった場合に、依頼者への報告義務が課された点に注意が必要です。

■**委任（いにん）**
　当事者の一方（委任者）が、法律行為をすることを相手方（受任者）に委託し、相手方がこれを承諾することで成立する

契約です（民法643条）。たとえば、司法書士に対して、不動産登記についての書類作成や申請代理の業務を依頼する場合などが挙げられます。民法上は無償を原則とし、また当事者間の信頼に基礎を置いているので、いつでも解約することができます。なお、法律行為以外の事務処理の委託を準委任といいます。

■違約金（いやくきん）

　債務不履行があった場合に、債務者が債権者に支払うことをあらかじめ当事者間で約束した金銭のことです。民法は、いたずらな紛争を避けるために、違約金は賠償額の予定であると推定しています（民法420条3項）。しかし、債権者が違約金が他の性格をもつことを立証して推定を覆せば、実際に被った損害額を請求することができます。

■違約手付（いやくてつけ）

　債務不履行があれば違約罰として没収できるという趣旨で交付される手付のことです。手付の受領者は、その交付者に債務不履行がある場合は、手付を没収します。一方、手付の受領者に債務不履行がある場合は、その交付者に対して手付の倍額を償還します。手付は解約手付と推定されますが、同時に違約手付の性質をもたせることが可能です。

■印鑑（いんかん）

　印章を押すための道具のことです。印鑑の印章は印鑑証明書として役所に登録することができます。ただし、印鑑の有無によって、契約の法律上の効力が左右されることは原則としてありません。

■印鑑証明書（いんかんしょうめいしょ）

　押印した印鑑の印影が真正なものであることを証明するための書類です。個人の印影を証明する書類はとくに「印鑑登録証明書」といいます。たとえば、登記申請の際に添付情報として、登記義務者の印鑑証明書が必要な場合があります。個人の場合は、市区町村に届け出ている印鑑（実印）、法人の代表者の場合は登記所に届け出ている印鑑（会社の届出印）について印鑑証明書を添付します。

　所有権移転登記の申請では、登記義務者の印鑑証明書を添付します。また、所有権以外の権利の登記申請に関して、事前通知制度を利用する場合も登記義務者の印鑑証明書を添付します。商人や会社代表者の印鑑証明書の発行は登記所が行うのに対し、個人の印鑑登録、印鑑証明書の発行は市区町村長が行います。

■印紙税（いんしぜい）

　文書に課税される税金で、収入印紙を貼付することで印紙税を納めていることになります。印紙税が発生する文書（課税文書）は、印紙税法で具体的に規定されています。たとえば、ⓐ1万円以上の不動産の売買契約書、ⓑ10万円以上の約束手形または為替手形、ⓒ5万円以上の売上代金の領収書や有価証券の受取書などで印紙税が発生します。その他、契約書などの記載金額や領収金額によって印紙税額が決まっています。

う

■請負（うけおい）

　請負人がある仕事の完成を約束し、注

文者がその仕事の結果に対して報酬を支払うことを約束することによって成立する契約です（民法632条）。たとえば、家を建てるという契約は請負契約に該当します。この場合、家を建てることを依頼した人が注文者、家を建てる建設業者が請負人となります。

■**受取証書（うけとりしょうしょ）**

債権者が弁済を受けたことを証明する文書のことです。金銭債務の場合であれば、一般に「領収書」と呼ばれているものです。弁済した者は、弁済を受領した者に対して、受取証書の交付を請求することができます（民法486条）。この受取証書の交付と弁済は同時履行の関係にありますので、債務者は、受取証書の交付を受けない限り弁済をする必要はありません。また、債権者が受取証書を渡さない場合は、弁済をしなくても履行遅滞の責任を負いません。

なお、受取証書は特別な書式が決まっているものではありません。したがって、弁済を受けたことを証明できる書面であればよいとされています。しかし、実務上は、弁済された債権、受領したという文言、日付、受領者、弁済者などを記載することが求められます。

■**内金（うちきん）**

代金の一部を前払いする趣旨で交付される金銭のことです。内金は手付とはその性質が異なります。手付（解約手付）が交付された場合は、その後に手付の放棄（または手付の倍額の償還）によって、契約を解除することができます。しかし、内金が交付された場合は、このような形での契約の解除はできません。

■**売主の担保責任（うりぬしのたんぽせきにん）**

売買において取引がなされた物品に問題があった場合に売主側が負う責任のことです。平成29年の民法改正で売主の担保責任の文言は消えて、契約不適合責任と名称を新たにしています。

売主には売買契約の目的物を契約の趣旨に適合する形で買主に引き渡す義務があります。これに反して引き渡された目的物が、権利関係において契約内容に適合しない場合（地上権や抵当権が設定されていて買主が自由に売却できないなど）や、形状において契約内容に適合しない場合（建物が雨漏りする、自動車のエンジンに欠陥があるなど）、平成29年の民法改正の下では、売主は契約不適合責任を負わなければなりません。具体的には、買主からの契約解除、履行追完、代金減額、損害賠償などの請求に応じる形で責任を果たす必要があります。

■**売渡承諾書（うりわたししょうだくしょ）**

物件の売主が、売渡価格や売渡条件などを記載して、この条件を満たす場合に売買契約を締結してもよいという意思を示すための書面をいいます。これに対して、物件の購入希望者から発行された書面は、買付証明書といいます。売渡承諾書は、買付証明書への応答として、購入希望者に対して発行されます。

もっとも、売渡承諾書によって、売主の最終的な意思表示が示されたわけではありませんので、売渡承諾書を発行したからといって、売主が売買契約締結の義務を負うものではありません。

■売渡担保（うりわたしたんぽ）
　金銭を融資してもらう手段のひとつで、機械などの目的物を売り渡し、後にその物を買い戻すことをいいます。売渡担保は譲渡担保と同様の機能を有しています。たとえば、Aが機械を所有しており、Bから金銭の融資を受けようと考えたとします。このとき、AがBに機械を売り、AはBから金銭の交付を受け、Aが一定期間内に金銭を用意できた場合にはその機械をBから買い戻す、という内容の契約が売渡担保です。Aが金銭の交付をした後も、Bが活動を続けるためにBのもとに機械を残して所有権だけAに移転させることがよくあります。

え

■M&A（えむあんどえー）
　「Mergers And Acquisitions」の略称で、「合併と企業買収」を意味する言葉です。M&Aは、合併、事業譲渡、企業買収、株式交換、会社分割などの手法を用いて行われています。M&Aは、様々な経営課題を解決するための有効な手段として活用されています。具体的には、新技術やノウハウの獲得、市場シェアの拡大、事業の整理統合など幅広い目的でM&Aが行われています。

お

■OEM契約（おーいーえむけいやく）
　発注者が、あるブランドで商品を販売するために、受注者に商品を製造させる契約一般を指します。OEMとは、（Original Equipment Manufacture）の略称です。発注者にとっては、自己の技術では価格競争力が弱い分野では自ら生産するよりも、受注者に依頼したほうが安く良質の製品を調達できるというメリットがあります。他方、受注者にとっても、生産量の増大という点だけでなく、特許・ノウハウなどの蓄積を図るという意味で、メリットがあります。OEM契約では、ⓐその特質上、製品につける商標の取扱い、ⓑ発注・納入、ⓒ品質保証と欠陥の修補・損害賠償、ⓓ競合の防止、ⓔ第三者の産業財産権（特許・実用新案・意匠・商標など）を侵害等した場合の責任、ⓕ秘密保持などの事項を明確にしておく必要があります。

■押し買い（おしがい）
　自宅を訪れた業者が被害者から貴金属やアクセサリーなどを強引に安く買い取る悪質商法のことです。「おしかい」ともいいます。言葉巧みに勧誘されることもあれば、詐欺・脅迫まがいの勧誘が行われることもあります。押し買い商法によって締結された契約は、特定商取引法上の「訪問購入」に該当し、ⓐ事業者名や勧誘目的等の明示義務、ⓑ飛込み勧誘の禁止、ⓒ不実告知等の禁止、ⓓクーリング・オフの適用、ⓔ契約書面の交付義務等が設けられています。これらの義務や規制に違反した事業者は、業務停止命令を受けたり、罰金などの刑罰が科される可能性があります。

■及び（および）
　「AとB」のように、2つ以上の複数の語句を結びつける接続詞です。「A及びB」のように、並列する語句が2つ以上のときに、語句を併合する意味で使います。語句が3つ以上の場合は、「A、B、

C及びD」のように、最後の語句の一つ前の語句までを「、」で区切り、最後の語句を接続するときに「及び」を使います。

か

■外観法理（がいかんほうり）

真の権利者が、自分以外の者が権利者であると一般的に思われる状況（外観）を作り出したときは、それを信頼した第三者は保護されるべきだ、という原則です。表見法理あるいは権利外観法理ともいいます。虚偽表示の第三者を保護する規定（民法94条2項）や、表見代理の規定（同法109条など）は外観法理の考え方が表れた規定だといえます。

■解雇（かいこ）

使用者が労働者に対して一方的に行う、労働契約を期間満了前に終了させる旨の意思表示です。解雇は、その原因により、普通解雇、整理解雇、懲戒解雇に分けられます。整理解雇は、経営不振による合理化など経営上の理由に伴う人員整理のことで、リストラともいいます。懲戒解雇は、従業員が会社の製品を盗んだ場合のように、会社の秩序に反した者に対する懲戒処分としての解雇です。それ以外の解雇を普通解雇といいます。

労働者は解雇によって仕事を失うことになるため、法律によって解雇を制限しています。たとえば、いくら不況だからといっても、それだけの理由では一方的に解雇することはできません。合理的な理由および社会通念上の相当性のない解雇は無効となります（解雇権濫用法理、労働契約法16条）。後述する解雇予告の規定を遵守したとしても、解雇権濫用法理によって解雇が無効とされる場合がありますので、注意が必要です。

■解雇予告（かいこよこく）

会社が労働者を解雇する場合、原則として少なくとも30日前までに、解雇を予告する必要がありますが、この予告を解雇予告といいます。ただし、会社が30日分以上の平均賃金（解雇予告手当）を支払えば、予告なしに即日解雇することができます（労働基準法20条）。解雇は労働者にとって生活を左右する重大な問題ですので、30日以上前に予告するか、30日分以上の平均賃金を支払うことを義務づけています。

なお、解雇の原因が天災事変その他のやむを得ない事由のために事業の継続が不可能となった場合や、労働者の責任がある場合（懲戒解雇など）は、労働基準監督署長の認定を受けることで、解雇予告が不要となります（労働基準法19条、20条3項）。また、ⓐ日雇労働者で1か月を超えて雇用されていない者、ⓑ2か月以内の期間を定めて使用される者、ⓒ季節的業務に4か月以内の期間を定めて使用される者で契約更新していない者、ⓓ試用期間中で雇用されてから14日以内の者、のいずれかを解雇する場合も解雇予告が不要です（同法21条）。

■解除（かいじょ）

当事者の一方的な意思表示によって、契約関係を解消することです。解除が有効に成立すると、契約は最初からなかったことになりますが、第三者の権利を害することはできません。また、契約に基づきすでに履行された部分は、元に戻す必要があり、これを原状回復義務といい

ます。さらに、契約を解除した者に損害が発生している場合は、解除権の行使とは別に損害賠償請求も認められます。

■解除契約（かいじょけいやく）

当事者の合意によって契約関係を解消することで、合意解除ともいいます。法定解除は、法律が定める要件を満たす必要があります。しかし、解除契約は当事者による新たな契約であるため、契約自由の原則により、当事者の合意に基づき自由に行うことができます。

■解除権の留保（かいじょけんのりゅうほ）

一方的な意思表示で契約を解除することができるという「解除権」を手許に残しておくことです。通常、契約を解除するには、相手方の債務不履行といった法律が定める解除事由が必要になります。しかし、解除権が留保されている場合は、相手方に解除事由がなくても、自らの意思表示だけで契約を解除することが可能です。

■解除事由（かいじょじゆう）

契約の解除を可能にするための一定の事実のことです。解除事由には契約の継続が困難になるような重大な事実が定められていることがよくあります。たとえば、契約当事者同士の信頼関係を失わせる債務不履行などの事実や、一方当事者について破産手続開始の申立てが行われた場合等が挙げられます。

■解除条件（かいじょじょうけん）

法律行為の効力に関する条件で、条件が成就するとすでに発生している効果が消滅するものをいいます。「いったん成立した建物の売買契約について、住宅ローンの融資が受けられなければ、建物の売買契約の効力が消滅する」という内容の契約を解除条件付契約といいます。

■買戻し（かいもどし）

不動産の売買契約と同時になされる特約に基づいて、売主に留保されていた解除権を行使して売買契約を解除することです（民法579〜585条）。買戻しは、担保として利用されることがよくあります。借金をした者が買戻しの特約を付して自分の不動産を売り、期限までに金銭が用意できればそれを支払って不動産を取り戻すというしくみです。

■解約（かいやく）

賃貸借、雇用、委任など継続的な契約関係を将来にわたって消滅させることを解約ということがあります。解約のことを告知という場合もあります。

解除も解約も、契約関係を解消する点では共通しています。しかし、解除が契約関係を最初からなかったものにするのに対し、解約は将来に向かってのみ効力を失わせる点に違いがあります。

賃貸借契約を解除して、契約を最初からなかったものとすると、賃貸人は支払を受けた賃料をすべて賃借人に返さなければならなくなるなどの不都合が生じます。そのため、賃貸借契約等を解消することは、将来に向かってのみ効力を生じる解約であるとして解除と区別しています。ただし、条文上は解約を意味する場合でも「解除」という文言が使われている場合があります。

■解約手付（かいやくてつけ）
　手付の金額だけの損失を覚悟すれば、相手方の債務不履行がなくても契約が解除できるという趣旨で交付される手付のことです。相手方が履行に着手する前であれば、手付を交付した者は手付を放棄し、手付を受け取った者はその倍額を償還することによって、契約の解除をすることができます。

■隔地者間の契約（かくちしゃかんのけいやく）
　離れた者同士の契約です。意思表示の効力は、原則としてその通知が相手に到達した時に生じます（到達主義、民法97条）。改正前民法では、隔地者間の契約は承諾の通知を発した時に成立すると規定されていましたが（発信主義）、平成29年の民法改正によって、到達主義の原則が採用されました。隔地者間であっても、インターネット等の情報通信技術の発展に伴い、意思表示が届くまでの時間に大きな違いは生じないからです。なお、すぐ近くにいる者同士の契約を対話者間の契約といいます。

■確定期限（かくていきげん）
　到来する時期が確実な期限のことをいいます。たとえば、金銭消費貸借契約が結ばれた場合に、「4月1日までに金銭を返還する」という合意は確定期限のある合意になります。

■確定期売買（かくていきばいばい）
　会社間などの商人間の売買で、特定の日時や一定期間内に履行をしなければ契約の目的を達成することができない売買契約のことです（商法525条）。確定期売買においては、原則として履行をすべき時期を経過した場合には、契約が解除したものとみなされます。民法上の定期行為の場合、履行すべき時期を経過すると、催告をせずに契約解除ができるとされています。これに対して、商法上の確定期売買の場合、履行すべき時期が経過してしまえば、解除の意思表示がなくても契約解除がなされたものと扱われます。確定期売買の例として、おせち料理の売買契約があります。正月を過ぎてからおせち料理を渡されても、おせち料理を販売して利益を得ることはできないので、売買契約は解除されたことにするほうが合理的だといえます。

■確定日付ある証書（かくていひづけあるしょうしょ）
　法律上、その正確性が保証されるもので、証書（文書）に記載された日付のことを確定日付といいます。公正証書の作成日付などが確定日付となり、確定日付の入った証書のことを確定日付ある証書といいます。たとえば、契約書などは作成後になって、作成日がいつであるかが争われることがあります。それをあらかじめ防止するために確定日付を取得しておくことがあります。
　また、債権の譲渡を受けた者が、第三者に対して債権譲渡を主張（対抗）するために必要とされるのが、債務者への通知または債務者による承諾で、確定日付入りの証書によってなされます。確定日付入りの証書として認められるものとしては、公正証書、内容証明郵便、公証役場において日付を記入された私署証書（契約書など）が挙げられます。

■隠れた瑕疵（かくれたかし）

瑕疵とは欠陥のことをいい、「隠れた」とは、取引をする上で当然に要求される注意義務を尽くしても、発見できないことを意味していました。改正前民法では売買の目的物に瑕疵があった場合、売主は瑕疵担保責任を負うと規定されていました。しかし、平成29年の民法改正によって、売主の責任について「隠れた瑕疵」という概念を用いず、目的物が契約内容に適合しているか否かを問う「契約不適合責任」が導入されています。

■瑕疵（かし）

何らかの欠陥があることです。物的瑕疵だけでなく法的瑕疵も含みます。法的瑕疵の例として、目的物である土地に法令上の建築制限が課されている場合があります。売買契約の目的物に瑕疵がある場合、売主は契約不適合責任（民法561条以下）を負いますが、平成29年の民法改正に伴い、売主の責任に関して瑕疵という言葉は使用されなくなりました。

また、意思表示についても瑕疵があると言われることがあります。たとえば、詐欺や強迫（同法96条）によってなされた意思表示には、意思表示の形成過程に瑕疵があるとされます。

■瑕疵ある意思表示（かしあるいしひょうじ）

法律行為の効果を発生させようとする意思（真意）と表示との間に不一致はないが、その形成過程に瑕疵（欠陥）がある場合です。意思表示の瑕疵ともいいます。その態様として、詐欺（同法96条）、強迫（同法96条）が該当します。錯誤（同法95条）のうち動機の錯誤も瑕疵ある意思表示に含まれます。詐欺や強迫による意思表示は取り消すことができ（取消事由）、取り消すまでは一応有効です。また、平成29年の民法改正によって、錯誤による意思表示が無効事由から取消事由に変わっていますので、注意が必要です。

なお、詐欺による意思表示の取消しは、善意（詐欺の事実を知らない）かつ無過失（詐欺の事実を知らないことに落ち度がある）の第三者に対しては主張できません。しかし、強迫による意思表示の取消しは、善意（強迫の事実を知らない）かつ無過失（強迫の事実を知らないことに落ち度がない）の第三者に対しても主張できます。

■貸金業法（かしきんぎょうほう）

貸金業者による過剰な貸付けなどを規制するためのルールを定めた法律です。貸金業者の登録制度や、自主規制機関である貸金業協会、信用情報を管理する指定信用情報機関などを設けることで、貸金業者に適正な業務を行わせ、借り手（資金需要者）の利益を保護することを目的としています。多重債務問題が深刻化したことから、近年では、総量規制の導入、グレーゾーン金利の縮小、返済能力の調査の義務付けなどが行われています。また貸金業者は、借り手などに対して、契約締結前に契約内容を説明する書面を交付することが義務付けられています。

■瑕疵担保責任（かしたんぽせきにん）

改正前民法において、売買の目的物に「隠れた瑕疵」がある場合に売主が負う責任のことです（旧民法570条）。「瑕疵」には、キズなど物理的な欠陥の他に、土地に建築制限がある場合など法律的な欠

陥も含まれます。買主は売主に対して損害賠償請求をすることができ、契約の目的を達することができない場合は、契約を解除することができました。

しかし「瑕疵」という言葉の意味は明らかではなく、一般にその物が通常持っているであろう性能を欠いている場合には、瑕疵が認められると解釈されてきました。そこで、平成29年の民法改正によって、瑕疵担保責任を含む売主の担保責任に関係する規定を削除し、瑕疵という考え方を使用せず、契約不適合責任という考え方を新たに導入しました。具体的には、引き渡された目的物が種類・品質・数量・権利に関して契約の内容に適合しない場合における買主の請求権を定める形で、売主の責任に関する制度を整えています（民法561条以下）。

■果実（かじつ）

元となる物から生み出される収益のことです（民法89条）。たとえば、乳牛から採れる牛乳のことです。このように、物から生じる利益（産出物）を天然果実といいます。また、土地の賃貸借契約から生ずる賃料なども果実です。このように、物の使用の対価として受け取る金銭などを法定果実といいます。

■過失相殺（かしつそうさい）

不法行為の被害者や債権者にも損害の発生や拡大について過失がある場合に、賠償額を決める際に、その被害者や債権者の過失を考慮することをいいます（民法418条、722条）。1000万円の損害額があっても、被害者の過失割合が3割と認定されれば、賠償すべき額は、700万円となります。たとえば、自動車の運転者が前方不注意や速度超過をして運転していたのに対し、歩行者側が路地から急に飛び出して、歩行者が轢かれる交通事故が発生した場合、双方に過失があるため、それぞれの過失割合を定めた後でこれを相殺し、相殺後の残存部分についてのみ、過失割合の高い側が低い側に対して損害賠償をすることになります。

■科す／課す（かす／かす）

「科す」は刑罰を与えることをいいます。たとえば、犯罪を犯した者を懲役刑に処する場合は、「懲役刑を科す」と表現します。「課す」は公的な義務を与えることをいいます。たとえば、税金を納める義務はすべての国民に「課されている」という形で用います。

■且つ（かつ）

条件を並列させるために用いられる言葉です。「A且つB」という場合には、Aという条件とBという条件が両方そろわなければ法律効果が発生しません。

■割賦販売（かっぷはんばい）

乗用車、ブランド品、授業料など、高価な商品などを販売するときは、一括払いではなく分割払いの契約を結ぶことがよくあります。このように、商品の代金を何回かに分割して支払う販売方式のことを割賦販売といいます。

なお、割賦販売法で定める割賦販売とは、販売業者・役務提供事業者が、商品などの対価を2か月以上の期間にわたり、かつ3回以上に分割して受領することを条件に、政令で指定された商品などの販売を行うことを指します。割賦販売として規制対象となるのは、政令で指定

された商品・権利・役務に限られます。

■**割賦販売法（かっぷはんばいほう）**

割賦販売やクレジット取引は支払方法や割賦金利などの点で複雑な契約であるため、とくに消費者の側が不利益を被らないように、割賦販売法でルールが定められています。割賦販売法が適用される取引は、ⓐ割賦販売（割賦販売法2条1項）、ⓑローン提携販売（同法2条2項）、ⓒ包括信用購入あっせん（同法2条3項）、ⓓ個別信用購入あっせん（同法2条4項）、ⓔ前払式特定取引（同法2条6項）、の5つです。

■**合併（がっぺい）**

契約で2つ以上の会社を1つの会社にすることです。存続する会社が消滅する会社を取り込む形となる吸収合併（会社法2条27号）と、新しく設立した会社にまとまる(既存の会社はすべて消滅する）新設合併（同法2条28号）があります。合併は会社の存続に関わる重要事項であるため、合併をするには株主総会の特別決議（議決権の過半数の株主が出席し、出席株主の議決権の3分の2以上の賛成による決議）が必要です。

■**株式の譲渡（かぶしきのじょうと）**

株式を他人に譲り渡すことをいいます。株券が発行されている場合は、株券の占有を他人に移すことで株式の譲渡がなされます。一方、株券が発行されていない場合は、譲渡の意思表示によって株式の譲渡がなされます。なお、株式の譲渡を会社などに対抗するため、株主名簿の名義書換をしておくことが必要です。

■**過量販売（かりょうはんばい）**

消費者が使い切れない量の商品を販売することです。商品を販売する場合、商品を大量に買ってもらえるのであれば、商品の価格を安くすることができます。そのため、事業者は、訪問販売の際に、「たくさん買うと安くなる」と消費者にもちかけることがあります。

消費者にとっても商品が安いにこしたことはありませんが、必要以上に大量に購入しても使い切れないことがあります。実際、一定量の販売がノルマとされ、仕方なく大量の商品を売ってしまう販売員もいるようです。そこで、過量販売については、特定商取引法が、訪問販売で、消費者の日常生活において通常必要とされる分量を著しく超える商品やサービスを提供する契約について、原則として、契約締結日から1年以内であれば、無条件で解除できる制度（過量販売規制）が設けられています（特定商取引法9条の2）。

■**完全条項（かんぜんじょうこう）**

契約書を作成する際に、その契約書が完全であることを定めている条項です。完全合意条項とも呼ばれています。この場合の「完全」とは、契約当事者が完全に合意しているという意味です。つまり、契約締結前に行われたどのような約束も、口頭であれ暗黙の了解であれ、契約書に書かれていない内容はその効力を認めないということです。また、契約締結後においても契約の修正は書面によらなければなりません。

■**観念の通知（かんねんのつうち）**

一定の事実を通知する行為です。権利の承認（民法152条）、債権譲渡の通知（同

法467条）などが観念の通知にあたります。観念の通知により、一定の法律効果が生じることがありますが、観念の通知から直接に法律効果が生じているわけではないという点で意思表示とは区別されます。債権譲渡の通知を例にとると、当事者は単に債権譲渡が行われたことを通知しているだけで、対抗要件を備えるという効果は民法467条の規定によって発生しています。債権譲渡の通知自体に、当事者の対抗要件を備えるという意思が含まれているわけではありません。

■元本（がんぽん）

広い意味では、使用の対価として収益を生じる財産を指しますが（民法13条1項1号）、普通は利息などを除いた金銭債権の元の部分を指します。

き

■期間付死亡時終了建物賃貸借（きかんつきしぼうじしゅうりょうたてものちんたいしゃく）

終身建物賃貸借の認可を受けた賃貸住宅について、賃借人（借家人）となろうとする60歳以上の高齢者からとくに申出があった場合には、一定の期間を定めてその期間が終了するか、あるいは賃借人が死亡すれば、契約が終了する旨を定めることができる賃貸借契約をいいます。賃借人の死亡時という不確定期限を定めることは、賃借人に不利益な特約（借地借家法30条）に該当し、賃貸借契約自体が無効となると解されていますが、期間付死亡時終了建物賃貸借は借地借家法の例外として高齢者居住法により認められた制度です。なお、契約は公正証書等の書面によることを要します。

■期間満了後の更新（きかんまんりょうごのこうしん）

期間の定めのある賃貸借について、期間満了後に、従前と同一の条件で契約が延長されることをいいます。民法上、期間の定めのある賃貸借は、期間が満了すれば終了するのが原則ですが、その例外として、期間満了後、賃借人が賃借物の使用収益を継続し、賃貸人がこれを知りながら異議を述べないときは、契約を更新したと推定されます（黙示の更新）。

また、借地借家法では民法の原則を大幅に修正し、借地の場合は、建物が存在する限り、賃借人が更新を請求し、あるいは土地の使用を継続すれば、契約を更新したとみなされます（法定更新）。この場合、土地の所有者が遅滞なく異議を述べれば、法定更新は認められませんが、異議を述べるには正当事由が必要とされています。一方、借家（建物賃貸借）の場合は、期間満了後建物使用を継続するか、あるいは一定の期間までに賃貸人が賃借人に対し正当事由のある更新拒絶の通知をしない限り、契約を更新したとみなされます。

■期限付き建物賃貸借（きげんつきたてものちんたいしゃく）

借地借家法の施行により創設され、平成12年3月1日に法改正により廃止された制度です。ⓐ転勤等のやむを得ない理由により、一定期間に限り家主が不在となること、ⓑ法令等により一定期間を経過した後に、建物が取り壊されることが明らかな場合に、貸主は借家契約の更新を否定し、期間満了により借家契約を自

動的に終了させることができます。
　法改正後は、期限付き建物賃貸借に代わる制度として定期建物賃貸借が導入されていますが、法改正前に締結された期限付き建物賃貸借に係る契約については、従前の制度によっています。

■**期限の利益（きげんのりえき）**
　期限が到来するまでの間、法律行為の効力の発生・消滅または債務の履行が猶予されることによって、当事者が受ける利益です。期限の利益は、債務者側に存在するものと推定されていますが、債権者が期限の利益を有することや、双方に期限の利益があること（たとえば定期預金契約の場合の銀行と預金者など）もあります。期限の利益は、放棄したり喪失することも可能です（民法136条）。
　たとえば、4月1日を返済期限としてお金を借りた場合、借主には4月1日までの期限の利益があることになります。

■**期限の利益喪失条項（きげんのりえきそうしつじょうこう）**
　民法に定められた期限の利益喪失事由以外で、当事者間の契約で定めた、債務者の期限の利益を失わせる条項をいいます。期限の利益によって、債務者は期限の到来まで債務の履行をしなくてもよいという利益を受けます。一方、債権者側から見ると、期限の到来まで債務者が債務を履行するのを待たなければならない不利益です。期限の利益喪失条項によれば、ⓐ破産・会社更生・民事再生・特別清算の手続開始などの申立てがあったとき、ⓑ手形や小切手について1回でも不渡りを出したとき、ⓒ支払を停止したとき、ⓓ強制執行・仮差押・仮処分・滞納処分など、信用を損なう事由が生じたときなどに、債務者が期限の利益を喪失し、直ちに債務の履行義務を負います。

■**危険負担（きけんふたん）**
　売買などの双務契約で、契約成立後、両当事者に責任を問えない事情で債務の履行ができなくなった場合に、その危険をどちらの当事者が負担すべきかという問題です。危険負担の中でも、債権者に危険を負わせるべきとする考え方を債権者主義、債務者に危険を負わせるべきとする考え方を債務者主義といいます。
　改正前民法は、特定物の売買契約などの場合について債権者主義に立つ条文を規定していましたが、平成29年の民法改正によって、危険負担の債権者主義に関する規定が削除され、「当事者双方の責めに帰することができない事由によって債務を履行することができなくなったときは、債権者は、反対給付の履行を拒むことができる」（536条1項）と規定して、原則として両当事者に帰責事由がない事情によって履行が不能になった場合には、両当事者が自身の債務の履行義務から解放される法制度（債務者主義）を整えました。なお、目的物引渡債務の履行不能が債務者（売買の場合は売主）の帰責事由による場合は、落ち度がある債務者が債務不履行責任（同法415条）を負うことから、危険負担の問題は生じません。

■**期限前の弁済（きげんまえのべんさい）**
　債務者が、弁済期の到来する前に債務を弁済することをいいます。債務者は、弁済をした後に期限前であることを理由

として債権者に返還の請求ができないのが原則です。ただし、債務者が何らかの錯誤によって弁済をした場合には、債権者はそれにより受けた利益を債務者に返還しなければなりません（民法706条）。ここでの債権者が受けた利益とは、期限前の弁済がなされた時点から債務の本来の期限までの間の利息相当額になります。

■帰責事由（きせきじゆう）

民法などの条文に規定されている「責めに帰すべき事由」のことです。たとえば、売買契約の売主が、うっかり寝過ごして目的物を指定された時間に引き渡すことができなかった場合、売主には帰責事由があることになります。

債務不履行に基づく損害賠償請求をするには、履行遅滞・履行不能・不完全履行のすべての場合で債務者に帰責事由が必要です。もっとも、帰責事由の立証責任について、改正前民法では債務者側にあると解釈されていましたが、条文上はこのことが明確になっていませんでした。そこで、平成29年の民法改正によって、債務不履行に基づく損害賠償責任を免れる事由（免責事由）として、債務者が「債務の不履行が契約その他の債務の発生原因及び取引上の社会通念に照らして債務者の責めに帰することができない事由」を立証すべきことを明確にしました（415条1項ただし書）。

つまり、債務不履行に基づく損害賠償請求を行うための要件としては、基本的に債務不履行の事実が存在することのみで足り、債務者の帰責事由については、債務者自身が免責事由として自らに帰責事由がない旨の証明ができた場合に、責任を免れるということです。

■寄託（きたく）

当事者の一方（受寄者）が、相手方（寄託者）のために、ある物を保管することを約束することによって成立する契約をいいます（民法657条）。改正前民法では、寄託物が寄託者に引き渡されなければ、契約が成立しない要物契約でした。しかし、平成29年の民法改正によって、当事者の合意のみで成立する諾成契約に改められました。寄託者はいつでも寄託物の返還を請求することができます。

■基本契約（きほんけいやく）

売買契約や請負契約等のうち、反復継続される取引について、契約手続きの簡素化のため、共通した取引条件をあらかじめ定める契約をいいます。これに対して、具体的な業務の内容や報酬など、取引ごとに異なる項目を定める契約を、個別契約と呼んでいます。取引が継続して行われる場合、その都度新たな契約を結んでいては、手間がかかるため、基本契約には普遍的な内容を集めて、契約の全体的なルールをまとめることができるというメリットがあります。

■境界合意書（きょうかいごういしょ）

土地の売買の際には、公法上の境界とは別にお互いの土地の所有権の範囲を明らかにするために、隣地所有者との間で境界の位置について合意をしておくことがあります。この合意を書面にしたものが境界合意書です。境界合意書が作成されれば、公法上の境界とは関係なく、境界合意書に記載された内容通りに所有権の範囲が決まることになります。

■**競業避止義務（きょうぎょうひしぎむ）**

取締役が会社の事業と競業する取引行為を行ってはいけないとする義務のことです（会社法356条）。たとえば、自社のノウハウを用いて取締役が他の会社で事業活動をすることが競業の典型例です。このようなことが行われると会社経営が根本から害されるため、取締役には競業避止義務が課せられます。取締役が会社と競業することになる事業を行おうとする場合には、事前に取締役会（取締役会非設置会社の場合は株主総会）の承認を得なければなりません。また、支配人についても、競業避止義務が課せられています（商法23条）。

■**強行法規（きょうこうほうき）**

当事者が必ず従わなければならない規定（公の秩序に関する規定）のことです。強行法規は公の秩序を維持するために設けられる規定なので、当事者が強行法規に矛盾する契約を結んでいたとしても、それは原則として無効であり、強行法規による規定が優先されます。ⓐ身分関係に関する規定の多く（相続順位や重婚禁止）、ⓑ当事者以外の第三者の利害に関係する事項（物権関係の規定など）、ⓒ弱者を保護しようとする趣旨によって定めた規定（借地借家法など）などは強行規定です。

■**強制執行（きょうせいしっこう）**

民事上、国家が債権者の請求権を強制的に実現する手続きをいいます。たとえば、判決が確定した場合、その判決で支払いを命じられた金銭や、引渡しを命じられた物を、国の機関（執行機関）が強制的に被告から取り上げて、原告に引き渡すケースが挙げられます。強制執行が認められるためには、権利の存在を証明する「債務名義」と、強制執行できることを証明する「執行文」および「送達証明」が必要です。相手方の権利を強制的に奪うことになるため、厳格な手続が求められることになります。

■**供託（きょうたく）**

金銭や物品を供託所（法務局）に預けることです。弁済の目的物を供託所に預けて債務を免れる制度で、債権の消滅原因のひとつです。なお、弁済の目的で行う供託のことを弁済供託といいます。

たとえば、不動産の賃貸借契約で、地主や家主が行方不明であるため、地代や家賃を支払えない状態になった場合、このままでは賃料について履行遅滞（債務不履行）になるおそれがあり、放置しておくと不動産の賃貸借契約が解除される危険性があります。この場合、供託所に地代や家賃を供託することで、そのような事態を防ぐことができます。

■**業務委託（ぎょうむいたく）**

法律行為以外の事務処理の実施を委託する契約です。民法上は「準委任」に該当することが多いといえます。なお、委託内容が法律行為（不動産の売買など）の場合は「委任」となります。準委任・委任において、委託した側を「委任者」、委託された側を「受任者」といいます。一方、業務委託と称していても、その実態が「請負」の場合もあります。何らかの仕事の完成を目的としていれば、請負に該当すると判断されやすいといえます。

■極度額（きょくどがく）
　根抵当権が担保する債権の限度額のことです（民法398条の2）。根抵当権が設定された場合には、元本や利息などすべてが極度額の範囲内で担保されることになります。

■極度方式基本契約（きょくどほうしききほんけいやく）
　定められた条件に従って返済が行われることを前提に、極度額の範囲内で貸付けを行う契約のことをいいます。債務者の経済力に応じて極度額が変化します。経済力があれば極度額は大きくなり、経済力がなければ極度額は小さくなります。なお、金銭の貸付においては、貸金業法により、個人の借入総額は原則として年収等の3分の1までに制限されています（総量規制）。そのため、総量規制に違反する極度方式基本契約は、基準額超過極度方式基本契約にあたり、極度額の減額や基準額超過極度方式基本契約に基づく新たな貸付けが規制されます。

■極度方式保証契約（きょくどほうしきほしょうけいやく）
　極度方式基本契約に基づき不特定の債務を主たる債務とする保証契約です。極度方式保証契約を締結した場合、貸金業者は、その極度方式保証契約に関する極度方式基本契約の内容を明らかにする書面を、当該極度方式保証契約における保証人に対して交付しなければなりません（貸金業法17条5項）。

■金銭債権（きんせんさいけん）
　金銭の支払いを内容とする債権のことです。売買代金請求権、貸金返還請求権が金銭債権の代表例です。金銭債権には金銭の種類にこだわらない金額債権と、特定の種類での給付を目的とする金種債権があります。

■金銭消費貸借契約（きんせんしょうひたいしゃくけいやく）
　当事者の一方が金銭の返還を約して相手から金銭を受け取ることによって成立する契約のことです（民法587条）。金銭消費貸借契約が締結される場合には、通常は利息が付されます。ただし、利息の額は出資法や利息制限法などによって、一定の制限がなされています。

■金銭賠償の原則（きんせんばいしょうのげんそく）
　損害賠償は金銭によってなされるとする原則です（民法417条）。不法行為は金銭賠償が原則となります。

-------- く --------

■クーリング・オフ（くーりんぐ・おふ）
　訪問販売や電話勧誘販売など、特定の販売方法によって契約を締結した場合に、一定期間内であれば、一方的に申込みを撤回したり、契約を解除することができる制度のことです。一般的には特定商取引法上のクーリング・オフを指しますが、他にも様々な法律がクーリング・オフの規定を置いています。
　不動産の取引については、宅地建物取引業法において、売主が不動産業者（宅建業者）、買主が一般消費者で、事務所等以外の場所で宅地建物の売買が行われた場合に、8日以内であれば書面で申込みの撤回または契約の解除ができると規

定されています（37条の2）。

■ **クーリング・オフの適用除外（くーりんぐ・おふのてきようじょがい）**

クーリング・オフをすることができないケースのことです。特定商取引法は、ⓐ契約者が「営業のために」もしくは「営業として」締結する取引、ⓑ事業者がその従業者に対して行う販売・役務の提供、ⓒ一度開封して使用消費すると大きく価値が損なわれてしまう商品についての取引など、クーリング・オフが適用されなくなるケースを列挙しています（特定商取引法26条）。また、不動産の取引については、宅建業者の事務所等で申込みや売買契約をした場合などは、クーリング・オフが適用されないと規定しています。

■ **組合（くみあい）**

数人が、金銭などを出資し合って、共同の事業を営むことを約束する契約です（民法667条）。民事訴訟においては当事者能力が認められ、組合自体が原告または被告となることができます。

組合への出資は金銭の他、労務の提供も可能です。組合財産は「共有」と規定されていますが（同法668条）、持分の処分や清算前に組合財産の分割を求めることはできないため、合有であると解されています。民法上の組合は権利能力のない社団で法人格を持ちませんが、信用組合や事業協同組合等は、特別法により設立された法人格のある組合です。

け

■ **契印（けいいん）**

契約書等が複数枚にわたって作成された時に、それぞれの紙が関連性を有することを示すために、紙の継ぎ目に押される印章のことです。契印の目的は、すべてのページが一体の文書であることの証明、あるいは、作成後の不正なページの差換え・改ざんの防止といった点にあります。

■ **継続的保証（けいぞくてきほしょう）**

一定期間内に生じる可能性のある債務をすべて保証する契約のことをいいます。根保証や身元保証などが継続的保証に該当します。継続的保証では、どれだけの債務が生じるか予測しにくいので、保証人の負担が過大になってしまうことがあります。そのため、継続的保証については、法律で保証人の負担が不当に大きくならないように規定されていることがあります。とくに平成29年の民法改正によって、不動産の賃貸借契約について個人が賃借人の保証人となるような「個人根保証契約」を締結する場合は、極度額（保証限度額）を定めなければならず、極度額を定めない個人根保証契約は無効と規定された（民法465条の2）ことに注意が必要です。

■ **競売（けいばい）**

ある物を売却しようとするときに、複数の買い手に買値をつけさせて、その中で一番高い値段をつけた人に売却をすることです。債務者の財産を差し押さえ、強制的に売却し、債権者に代金を配当するときに競売がなされます。買主が値段を「競」ることで「売」却がなされるので、競売と呼ばれます。

■契約（けいやく）

ある人（A）とある人（B）が約束した場合に、AとBを「当事者」「主体」などといい、この当事者がした約束が契約です。約束の内容を書面にしなくても、原則として口頭の約束で契約は成立します（民法176条、522条2項）。

■契約社員（けいやくしゃいん）

一定の雇用期間を定めて契約を結んでいる社員（期間雇用労働者）のことで、通常は特殊な技術をもって雇い入れられる社員を指します。ただし、パートタイマーやアルバイトのことを契約社員ということもあります。

■契約自由の原則（けいやくじゆうのげんそく）

契約をする相手方を自由に選ぶことができ、契約をするかどうか、契約をする場合はその内容や方式も、当事者が自由に決定することができるとする原則のことです。私的自治の原則と強く関連しています。平成29年の民法改正で契約自由の原則が明文化されました（民法521条、522条2項）。

もっとも、契約の当事者の一方が弱い立場にいる場合、不当に不利な契約を締結させられる可能性があるので、法律で契約の内容や方式が制限されることがあります。たとえば、労働者を搾取するような労働契約が禁止されていること（労働基準法13条）、保証契約は書面にしなければ効力を生じないこと（民法446条2項）などが挙げられます。

■契約書面の交付義務（けいやくしょめんのこうふぎむ）

不動産業者（宅建業者）が、不動産取引の当事者となったり、当事者を代理して契約を締結したり、契約の成立を媒介した場合に、当事者などに書面を交付しなければならないという義務のことです（宅地建物取引業法37条）。このときに交付される書面を37条書面といいます。37条書面には、ⓐ当事者の氏名・住所、ⓑ物件を特定するために必要な表示、ⓒ代金の金額、ⓓ代金の支払時期、ⓔ宅地や建物の引渡しの時期などを記載することになっています。

■契約締結上の過失（けいやくていけつじょうのかしつ）

契約成立までの過程において、契約交渉を一方的に打ち切ったことなどによって相手方に損害を与えた場合に、その賠償をすべきとする理論です。

たとえば、歯科医がマンションを診療所として用いる予定で、購入するかのように売主を誤信させ、売主が電気容量を増やす工事を実施したにもかかわらず、契約締結直前になって、歯科医が契約の締結を拒否した場合が挙げられます。この場合、売主は、自らに生じた損害について、歯科医に対して損害賠償を請求できることになります。

■契約の延長（けいやくのえんちょう）

契約の更新と同じ意味です。たとえば、賃貸借契約は、一定の契約期間を定めて締結されることが多いといえますが、その期間が経過した後も、契約が延長されることはあります。

■契約不適合責任（けいやくふてきごうせきにん）

　売買契約の目的物の種類・品質・数量・権利について、契約で前提とされている基準を満たさない場合（これを「契約不適合」といいます）に、売主が買主に対して負担する責任をいいます。

　有償・双務契約の代表である売買契約では、売主は対価である代金を得ているのですから、その目的物が代金に見合う価値をもっていることについて、買主に対して責任を持たなければなりません。改正前民法では、瑕疵担保責任という名の下で、とくに特定物に関する売主の責任が規定されていました。しかし「瑕疵」という用語は不明確な部分が多いことなどから、平成29年の民法改正では、瑕疵担保責任を含む売主の担保責任に関係する規定を削除し、契約不適合責任を新たに導入しました。買主は、売主に対して、ⓐ追完請求権、ⓑ代金減額請求権、ⓒ損害賠償請求権、ⓓ契約解除権を行使することができます。

■消印（けしいん）

　契約書に貼付された印紙と契約書面とにまたがってなされる押印のことです。契約書が印紙税法上の課税文書である場合、当事者は納税のため、契約書に所定額の収入印紙を貼付して、消印をする必要があります。

■検索の抗弁権（けんさくのこうべんけん）

　債権者が保証人に履行を請求してきた場合に、「まず主たる債務者の財産に執行せよ」と主張することができる保証人の権利をいいます（民法453条）。通常の保証人には検索の抗弁権がありますが、連帯保証人には検索の抗弁権はありません。

■現実の引渡し（げんじつのひきわたし）

　占有を移転させる方法のひとつで、社会通念上、物を譲渡人の支配圏から譲受人の支配圏に移転させることです（民法182条1項）。たとえば、売買契約を締結して、売主が買主に物を手渡すのは現実の引渡しです。占有を移転させる方法には他に占有改定（民法183条）、指図による占有移転（同法184条）、簡易の引渡し（同法182条2項）があります。

■原始的不能／後発的不能（げんしてきふのう／こうはつてきふのう）

　両者は履行不能の類型です。原始的不能とは、契約が成立した当初からその履行が不可能な場合をいいます。後発的不能とは、契約が成立した後の原因によって、その履行が不可能となった場合をいいます。たとえば、家の売買契約が結ばれる前に、その家が火事で焼失していたときは、契約当初から家を引き渡せないため原始的不能であり、契約成立後に火事で焼失したときは後発的不能です。

　改正前民法では、原始的不能の契約は無効であり、原則として契約の有効を前提とする代金支払いや損害賠償の問題は生じないとされてきました。しかし、契約という形で給付を実現する約束が行われているのに契約が無効とされ、当然に契約から解放されることには強い批判がありました。

　平成29年の民法改正では、原始的不能であっても契約の効力自体は否定されないのを前提に、履行不能の場合（原始的不能・後発的不能を問いません）、債権

者は債務の履行を請求することができないと規定しています（民法412条の2第1項）。また、原始的不能の場合に、履行不能に基づく損害賠償請求を行うことができる旨が併せて規定されています（同法412条の2第2項）。債権者は、履行不能を理由に契約の解除をすることも可能です（同法542条1項）。

後発的不能の場合も契約の効力は否定されませんが、債権者は、履行不能に基づき、損害賠償請求（民法415条）、契約の解除（同法542条1項）をすることが可能です。なお、履行不能について当事者双方に帰責事由がなければ、危険負担（同法536条）の問題になります。

■検収（けんしゅう）

納品された品物を検査して受け取ることをいいます。契約の履行についてのトラブルを防ぐために行われます。たとえば、Aが買主でBが売主の場合には、契約書には「Aは、納入された物を期間内に検査し、その結果を書面にてBに速やかに通知するものとする」というような文言が記載されます。

■原状回復義務（げんじょうかいふくぎむ）

契約の解除・取消し・無効によって契約がはじめからなかったことになる場合に、契約前の状態に戻す義務をいいます。解除による原状回復義務は民法545条に規定されています。たとえば、売買契約が解除された場合には、買主は売主から買った物を売主に返し、売主は代金を買主に返さなければなりません。

なお、平成29年の民法改正によって、無効な契約によって給付を受けた者が、その給付を行った相手方に対して、原状回復義務を負うことが明文化されています（同法121条の2第1項）。

■原状回復をめぐるトラブルとガイドライン（げんじょうかいふくをめぐるとらぶるとがいどらいん）

近年トラブルが急増し大きな社会問題へと発展している賃貸住宅の退去時における原状回復について、一般的ルールを提示し、トラブルの防止と円滑な解決のために国土交通省が作成したガイドラインのことです。本ガイドラインでは原状回復を「賃借人の居住、使用により発生した建物価値の減少のうち、賃借人の故意・過失、善管注意義務違反、その他通常の使用を超えるような使用による損耗・毀損を復旧すること」と定義し、費用負担等のルールのあり方を明確にしています。本ガイドライン自体には法的拘束力はありませんが、近時の裁判ではガイドラインに沿った判決が多くなされています。

■現状有姿売買（げんじょうゆうしばいばい）

不動産売買の契約書に「現状有姿で引き渡す」などの文言が記載されている場合は、売買契約締結後、引渡しまでの間に、売買の目的物たる不動産の状況に変化があった場合でも、売主に契約締結時の状況に復元して引き渡す義務はなく、引渡し時の状況のままで引き渡す義務を負うにすぎないことをいいます。

ただし、現状有姿売買は契約締結後引渡しまでの間に生じた状況の変化に対応するもので、契約締結前にすでに存在していた欠陥についてまで、売主の責任（契

約不適合責任）を免責する旨の合意を含むものではありません。

■原本（げんぽん）
　判決書などの公文書や契約書や委任状などの私文書の本体・実物のことを指します。契約書であれば、契約当事者が2通作成し、それぞれ1通ずつ持つことにして、署名押印した書面が契約書の原本です。一方、戸籍については、原本は役所内に保管されているため、請求者が取得できるのは、戸籍の原本の写しである謄本・抄本となります。

■顕名（けんめい）
　「A代理人B」というように、本人のためにする行為であることを相手方に対して表示することをいいます。代理行為を行うときは顕名が必要です（民法99条）。代理人が顕名をすることなく契約を締結した場合は、代理人と相手方との間で契約が締結されたとみなされます（同法100条）。なお、商行為の代理の場合は顕名が不要です（商法504条）。

■権利金（けんりきん）
　土地や建物についての賃貸借契約が締結される際に、賃借人が賃貸人に対して支払う金銭のことをいいます。敷金は賃貸借契約が終了した時に賃借人に返還される可能性がありますが、権利金は賃借人に返還されません。権利金の性質については、賃料の前払いであるという主張をはじめとして様々な考え方があります。

■権利失効の原則（けんりしっこう
　のげんそく）
　権利を有する者が、長期間にわたり権利の行使を怠っている場合には、その権利を行使することは許されないとする原則のことです。長い間ずっと権利が行使されないと、相手方はその権利が行使されることはないと考えます。このような相手方の期待を保護する必要がある場合に、権利失効の原則が認められます。たとえば、解除権を長期間行使しないことで契約の解除ができなくなる場合には、それは権利失効の原則が根拠になります。消滅時効の制度と似ていますが、消滅時効が成立するかどうかとは関係なく権利失効の原則は適用されます。

■権利能力（けんりのうりょく）
　私法上の権利義務の主体となりうる資格です。権利能力がなければ、他人と契約を結ぶことも、財産を所有することもできません。権利能力をもつことができるのは、生身の人間（自然人）と法人（たとえば会社など）に限られます。
　自然人は、原則として出生の時点から権利能力を有することになります（民法3条1項）。

■権利の不適合（けんりのふてきごう）
　売買契約において、売主が買主に移転した権利が契約の内容に適合しない場合をいいます。たとえば、目的物全部または一部が第三者の所有物であったという場合が挙げられます（他人物売買）。他人物売買における売主は、買主に対する権利移転義務（他人から権利を取得して買主に移転する義務）を負います（民法561条）。また、他人の権利が付着していない土地を購入したはずなのに、土地に付着した抵当権を抹消することができない場合や、土地について永小作権や地上

権などを持つ第三者がいる場合なども、契約における権利の不適合にあたります。権利の不適合がある場合、買主は、売主に対して契約不適合責任を追及することができます（同法565条）。

こ

■項（こう）
法律等の条文の体裁のひとつです。たとえば、民法1条には1項から3項まであります。条文は、条、項、号の順で区分されます。

■号（ごう）
法律等の条文の体裁のひとつです。たとえば、民法13条1項には1号から10号まであります。号は項より小さい単位です。

■合意解除（ごういかいじょ）
両当事者が「この契約はなしにしよう」という合意をして契約関係を解消させることです。合意解除は、当事者の合意に基づき、原則として自由に行うことができます。この点で、法律に定められた条件を満たした場合にのみ行うことができる法定解除と異なります。

■合意管轄（ごういかんかつ）
当事者の合意によって発生する管轄のことをいいます。原告と被告が合意により訴訟を争う裁判所を決めた場合には、その裁判所に管轄が生じます。通常の民事訴訟は、原則として相手方の住所地を管轄する裁判所に訴えなければなりません。しかし、取引の相手方が遠隔地の場合には、多額のコストがかかって不便なことも多くあるため、とくに企業間の取引や消費者を相手方とする取引では、都合のよい裁判所を契約書の合意管轄条項で定めておくのが通常です。

■行為能力（こういのうりょく）
単独で完全に有効な行為をすることができる法律上の地位や資格です。反対に、行為能力が不十分な人や、行為能力を欠いている人を制限行為能力者といいます。制限行為能力者であっても権利能力は認められます。しかし、制限行為能力者であるということは、物事の判断能力が低下したり欠けていることを意味するため、物の処分などが制約される場合があります。たとえば、成年被後見人は、物を所有することはできますが、その所有物を売却した場合には、成年後見人や成年被後見人本人が売買契約を取り消すことができます（民法7条以下）。

■更改（こうかい）
当事者が債務の中身を変更する契約をすることです。平成29年の民法改正によって、ⓐ給付の内容について重要な変更をする契約、ⓑ債務者が第三者と交替する契約、ⓒ債権者が第三者と交替する契約、の3つを更改の類型として明示しました。更改を行うと、元の債務は消滅し、新たな債務が発生します（民法513条）。ただ、ⓐ給付の内容の変更は代物弁済や債権の内容を変更する契約、ⓑ債務者の変更は債務引受、ⓒ債権者の変更は債権譲渡、といった形で行われることが多いと言われています。

■効果意思（こうかいし）
一定の法律効果を発生させようとする意思のことをいいます。意思表示がなさ

れる際には、動機、効果意思、表示意思、表示行為の4つの過程を経ると考えられています。具体的には、りんごがおいしそうだと考え（動機）、りんごを買いたいと思い（効果意思）、りんごをくださいと言おうと考え（表示意思）、店の人に「りんごをください」という（表示行為）、となります。この中の、効果意思と表示行為が食い違っている場合に、錯誤（民法95条）や心裡留保（同法93条）の問題が生じます。

■**交換（こうかん）**

物と物、物と権利など、金銭以外の財産権を相互に移転することです。交換は、財産権の相互移転を当事者双方が合意すれば、その効力が生じます（民法586条）。金銭と物、金銭と権利の相互移転は売買にあたるため、除外されます。たとえば、A不動産とB不動産を互いに譲り渡すというのが交換です。

■**黄犬契約（こうけんけいやく）**

「おうけんけいやく」とも読みます。雇用契約を締結する際に、労働者が労働組合に加入しないことを条件とすることです。黄犬契約は、労働組合法7条に定める不当労働行為として禁止されています。労働組合を組織するには労働者の団結が必要です。しかし、黄犬契約は労働者の団結を損ねる契約です。このような契約は卑怯者＝黄犬が結ぶものだとして、黄犬契約と呼ばれています。

■**公示の原則（こうじのげんそく）**

物権変動は、外部から認識できるよう公に示されていなければならないとする原則です。物権は排他性のある権利なので、物権変動を第三者に主張するには外から見てわかる「公示」が必要になります。たとえば、不動産の所有権の移転では登記が公示になります（民法177条）。公示の原則は、公示がない限り物権変動はないものと信頼して、取引をした者を保護しようとするものです。

■**公証人（こうしょうにん）**

法務局などに所属し、法務大臣が指定する所属法務局の管轄の公証役場において公証事務をする者のことです。法律の法律実務の経験豊かな者（裁判官・検察官・弁護士であった者など）の中から、法務大臣が任命します。公証人は、公正証書の作成や定款の認証といった公証事務を行う権限をもちます。

なお、公証役場の中には電子公証（パソコンに読みこめる電子ファイルを使用して作成された文書についての公証事務）を行っている場所もあります。

■**公序良俗（こうじょりょうぞく）**

公の秩序や善良な風俗のことをいいます。具体的には、公の秩序とは社会の秩序や利益のことをいい、善良な風俗とは社会の道徳のことをいいます。公序良俗に反する法律行為は無効とされます（民法90条）。たとえば、賭博行為によって生じた金銭債権は、公序良俗に反するものとして無効となります。

■**更新（こうしん）**

契約期間が満了した場合に、その契約をさらに継続させることです。雇用契約や賃貸借契約などの継続的契約で更新が行われます。また、民法上の賃貸借契約は、更新の意思表示をしなくても契約の

更新が推定される場合があり、これを黙示の更新といいます。

■公信の原則（こうしんのげんそく）
　公示（登記、登録など）などの一定の外観が存在する場合に、その外観を信頼して取引をした者に対して、その外観通りの権利を認めることをいいます。即時取得（民法192条）の制度が採用されていることは、動産に公信の原則が認められているためだと言われています。動産の占有という状態を信頼して取引した者を保護する制度だからです。
　これに対し、不動産の登記には公信の原則は認められていません。したがって、登記という外観を信頼して不動産の取引関係に入ったとしても、その不動産の所有権を取得できるとは限りません。

■更新料（こうしんりょう）
　住居の賃貸借契約において、契約期間の更新を行う際に、おもに貸主が支払いを求めることで、借主が支払う費用をいいます。もっとも、更新料に関して規定した法律はとくになく、どのような目的で支払われるかということは明確になっていませんが、地方によっては慣習化されているものです。そのため、更新時には当たり前に、更新料の請求ができると考える貸主も多いといえます。

■公正証書（こうせいしょうしょ）
　公証役場で、公証人によって作成される公文書のことです。公正証書化できる文書とできない文書とがあります。公正証書化できる文書は、個人の権利義務に関係があるものです。たとえば、金銭の貸し借りについて公正証書を作成すること

が考えられます。他方、公正証書化できない文書は、内容が公序良俗に違反していたり、法令に違反しているものです。たとえば、「Aを殺してくれればこの土地をBに売る」というような犯罪行為に関する事柄を公正証書にすることはできません。
　執行認諾文言付きの公正証書は、確定判決を経ずに債務名義になるという利点が認められます。また、平成29年の民法改正で、事業のために負担した貸金等債務を個人が保証または根保証する場合、事前に保証意思を確認する公正証書の作成が義務付けられています。

■公租公課（こうそこうか）
　国や地方公共団体などが徴収するもので、税金や税金以外の金銭的な負担のことをいいます。税金以外の金銭的な負担というのは、公共サービスの手数料や社会保険料のことを指します。

■合弁契約（ごうべんけいやく）
　合弁企業を設立・運営するために締結する契約を指します。複数の当事者が、共同で出資をし合って、共同の事業を運営していくため、提携を行う際に合弁契約が結ばれることになります。合弁契約は、同一の提携事業を行っていく上で、各関係者の役割を決め、各当事者が負う責任の範囲や利益の分配に関して条項を設けておくことで、事業運営が円滑化されることが期待されています。

■国土利用計画法（こくどりようけいかくほう）
　限られた資源である国土の利用について、国土利用計画の作成や、土地取引の

規制等を定めた法律です。自然環境の保全、生活環境の確保、国土の均衡ある発展を図ることを理念としています。

国土利用計画には、国が定める全国計画、都道府県が定める都道府県計画、市町村が定める市町村計画があります。土地取引の規制については、規制区域（許可制）、監視区域（事前届出制）、注視区域（事前届出制）、それ以外の地域（事後届出制）の4つの区域分類があり、それぞれの許可や届出の方法について規定が置かれています。

■ **個人保証（こじんほしょう）**

とくに企業が金融機関から融資を受ける場合に用いられる、経営者やその家族、知人などの個人が、企業の融資を保証することです。個人保証は、資力に乏しい債務者である企業の資金調達を可能とする一方で、債務者が破綻した場合には、保証人である経営者などが、個人の資力では到底、支払不能な高額の保証債務を負担させられます。そこで、平成29年の民法改正では、個人保証を原則禁止としながら、保証人の自発的な意思が認められる場合には例外的に認めるなどの措置を講じています。

具体的には、事業のための貸金等債務に関する保証契約や根保証契約の締結の日前1か月以内に、保証人となる個人の意思を公正証書で確認する必要があり、この公正証書が作成されずに締結された事業のための貸金等債務に関する保証契約や根保証契約は無効となります。

■ **個別契約（こべつけいやく）**

売買契約や事業の請負契約において、具体的な業務内容や報酬などについて定める契約をいいます。スポット契約とも呼ばれます。これに対して、契約の全般的なルールを定めた契約を基本契約といいます。個別契約は、基本契約の後に、当該取引の具体的事情を考慮して、取引ごとに異なる項目を定めることができるというメリットがあります。たとえば、売買契約においては、個別契約で具体的に取引される商品名や数量、納品日などが定められることになります。

■ **個別信用購入あっせん（こべつしんようこうにゅうあっせん）**

商品を分割払いで購入する際、購入者が販売業者と提携しているクレジット会社と立替払契約を結ぶ契約形態のことです（割賦販売法2条4項）。一般的には「クレジット契約」「ショッピングクレジット」と呼ばれています。購入者、販売業者、個別信用購入あっせん業者（クレジット会社など）の三者が登場するのが特徴です。個別信用購入あっせん業者が、商品やサービスの代金を消費者から受け取る契約のことを個別信用購入あっせん受領契約といいます。商品の代金は個別信用購入あっせん業者から販売業者に立て替えられ、購入者は個別信用購入あっせん業者に対して返済をすることになります。通常、代金の支払が完済するまでは、目的物や権利の所有権を個別信用購入あっせん業者が留保する形をとります。

■ **雇用（こよう）**

当事者の一方が相手方に対して労働に従事することを約し、相手方がこれに対してその報酬を与えることを約することによって成立する契約です（民法623条）。

雇用において労働者は雇主（使用者）に対して従属的な関係に立ちます。もっとも、雇用については、労働基準法をはじめとする多数の労働関係法規が民法の特別法として優先的に適用されます。そのため、民法の雇用に関する規定がそのまま適用されるケースはそれほど多くはありません。もっとも、平成29年の民法改正では、労働者は、ⓐ使用者の落ち度がない事由によって労働に従事することができなくなったとき、ⓑ雇用が履行の中途で終了したときでも、「すでにした履行の割合に応じて報酬を請求することができる」と規定して、労働者の報酬請求権を一定程度確保しています（624条の2）。

■婚姻（こんいん）

「結婚」のことです。単なる同棲などは「婚姻」とはいえません。日本では婚姻届を出すことが法律の定める手続きとされ、その手続きを有効に行うことで婚姻が成立します。もちろん、形式だけでなく実質要件も問われます。実質要件は、ⓐ当事者となる男女が婚姻に合意していること、ⓑ婚姻適齢（男性18歳、女性16歳）に達していること、ⓒ重婚でないこと、ⓓ女性が再婚禁止期間を経過していること（前婚の解消または取消しの日から起算して100日を経過していること）、などがポイントです。

婚姻がなされるとその効果として、夫婦に貞操義務や扶養義務が発生します。また、婚姻した夫婦は同じ姓（苗字）にしなければなりません（夫婦同姓）。

婚姻関係を解消したいと考えた場合には離婚をすることになります。

■婚姻予約（こんいんよやく）

将来の結婚を約束することです。一般に「婚約」と呼ばれるものです。婚約が成立すると、当事者はお互いに誠意をもって交際し、結婚を実現させるように努力をしなければならない義務が生じます。当事者の間で合意があれば、口約束だけであっても、婚約は有効に成立します。ただ、財産に関する予約（売買の予約など）と異なり、当事者の意思に反して婚姻を強制させることはできません。婚約を不当に破棄した者は債務不履行（民法415条）または不法行為（同法709条）として損害賠償責任を負います。

さ

■債権（さいけん）

ある特定の相手（債務者）に対して、特定の者（債権者）が一定の給付を請求することができる権利です。債権を行使することで目的物の引渡しを求めたり、金銭の支払いを求めることができます。

物権は誰に対しても主張することができますが、債権は特定の人に対してしか主張することができません。

■債権者（さいけんしゃ）

契約等において、特定の人（債務者）に対して、特定の行為（給付）を請求する権利を持つ人のことをいいます。たとえば、商品の売買契約において、売主（債権者）は買主（債務者）に対して、商品の売買代金の支払請求権という債権を持ちます。もっとも、売買契約などのように、両方当事者が債務を負う契約（双務契約）においては、債権者は同時に債務者でもあることに注意が必要です。上記

例で、売主は商品の引渡債務を負うことから、商品（目的物）の引渡しについては買主が債権者にあたります。

■**債権者代位権（さいけんしゃだいいけん）**
　債務者が自分の権利を行使しない場合に、債権者が債務者に代わってその権利を行使して、債務者の財産の充実を図る制度です（民法423条）。
　権利行使の要件は、ⓐ債務者が無資力であること、ⓑ債務者自身が被代位権利を行使しないこと、ⓒ被保全債権が債務者の一身専属的な権利でないこと、ⓓ被保全債権と被代位権利が履行期にあることの4つです。たとえば、A（債権者）がB（債務者）に対して貸金債権（被保全債権）を有し、BはCに対して土地売買の代金支払請求権（被代位権利）を有する場合に、BのCに対する代金支払請求権を、AがBに代位して行使するのが債権者代位権です。

■**債権証書（さいけんしょうしょ）**
　契約書など債権が成立したことを証明する書面のことです。債務者が債務を全部弁済したときには、債務者は債権者に対して債権証書の返還を求めることができます（民法487条）。

■**債権譲渡（さいけんじょうと）**
　債権を同一性を変えることなく第三者に移転することです（民法466条）。債権譲渡の手法は、弁済期前に債権を売却して金銭を入手するために利用されることが多いです。手もとに資金がないときの弁済手段や、金融を受けるための担保のためになされます。たとえば、AがBに対して金銭債権を有する場合に、AがCにこの金銭債権を譲渡するのが債権譲渡です。債権譲渡は原則として自由にできますが（債権譲渡自由の原則）、例外として、性質上譲渡を許さない債権の譲渡はできません。なお、平成29年の民法改正の下では、譲渡制限特約（譲渡禁止特約）に違反して行われた債権譲渡は、当事者間では無効ですが、譲受人との関係では有効であって、債権者は譲受人に移転することになります。

■**債権侵害（さいけんしんがい）**
　債権の目的の実現が妨げられることを債権侵害といいます。債権は、債務者に対してのみ債務の履行を請求できるにすぎない権利ですが、第三者が債務者の債務の履行等を妨げることもあります。たとえば、売買契約を締結した場合に、売買の対象となった物品を第三者が壊すことは、買主の債権を侵害していることになります。自己の債権を侵害された者は、侵害行為を行った者に対して不法行為（民法709条）に基づく損害賠償請求をすることができます。

■**債権の準占有者（さいけんのじゅんせんゆうしゃ）**
　真実の債権者であると勘違いさせる外観を有する者のことです。平成29年の民法改正では、「受領権者以外の者であって取引上の社会通念に照らして受領権者としての外観を有するもの」と具体的に規定しています（民法478条）。債権の準占有者に対する弁済は、弁済者が善意かつ無過失（弁済する相手方に受領権限がないことを知らず、かつ知らないことについて落ち度がないこと）のときに有効に

なります。たとえば、預金者を装った人に銀行が支払う場合等が挙げられます。

■債権の目的（さいけんのもくてき）

債権の対象である債務者が行うべき給付の内容を債権の目的といいます。たとえば、金銭債権では「金銭を支払う」という給付をすることが債権の目的となります。なお、給付は適法でなければなりません。麻薬の売買や殺人の依頼などを給付の内容としても、それにより生じる債権は無効です。さらに、給付の確定性がなければなりません。給付の内容が不確定の場合も債権は無効です。なお、金銭に見積もることができない給付であっても、債権の目的とすることができます（民法399条）。

■催告（さいこく）

相手方にある行為をするように裁判手続を通さないで促すことです。とくに債務の履行期限を過ぎた後、債権者が裁判外で債務者に対し債務の履行を求める行為を指します。催告は口頭でもよいですが、証拠を残す意味で内容証明郵便がよく利用されます。債権の消滅時効が迫っている場合、催告をすれば6か月間は時効の完成が猶予されます。ただし、この延長は一度限りであり、催告を繰り返しても再び時効の完成猶予が認められることはありません。

■催告解除（さいこくかいじょ）

債務者に債務を履行するよう催告したが、それでも履行がない場合に解除することをいいます（民法541条）。催告解除は原則的な解除の形態であって、無催告解除と対置される言葉です。なお、平成29年の民法改正により、無催告解除が認められる場合が増えています。

■催告の抗弁権（さいこくのこうべんけん）

債権者が保証人にいきなり請求してきた場合に、まず主たる債務者に請求するよう債権者に対して主張できる保証人の権利をいいます（民法452条）。通常の保証人にはこの権利が認められていますが、連帯保証人にはこの権利は認められていません。

■再雇用制度（さいこようせいど）

定年退職者と新たな条件で雇用契約を結び、引き続き雇用する制度のことです。定年後再雇用される場合の雇用形態を嘱託社員と呼ぶこともあります。嘱託社員については、待遇や労働時間が正社員とは異なるのが通常です。企業によっては嘱託社員用の就業規則などが用意されています。高年齢者雇用安定法において、年金の支給開始年齢の引上げに伴い、65歳未満の定年を定めている事業主に対して、65歳までの雇用を確保するため、ⓐ定年年齢の引き上げ、ⓑ継続雇用制度の導入、ⓒ定年の廃止のいずれかの措置（高年齢者雇用確保措置）の導入が義務付けられています。とくに、継続雇用制度については、労使協定により対象者を限定することはできず、希望者すべてが対象に含まれます。

■財産目録（ざいさんもくろく）

ある時点における個人・会社の財産状態を示した書面のことをいいます。財産目録には、不動産などの積極財産の他、借金などの消極財産も記載されます。

■再売買の予約（さいばいばいのよやく）

いったん相手方に売り渡した物を、再び買い戻すことができるとする約束のことをいいます。不動産を融資の担保として相手方（債権者）に売却し、融資金の返済と引換えに再度売買により取り戻すという形でなされます。

■債務（さいむ）

特定の人（債務者）が他の特定の人（債権者）に対して、一定の行為や給付をすることを内容とする義務のことです。債務は、契約や不法行為（民法709条）などが原因となって生じます。債務の中でも金銭債務のことを負債や借金ということがあります。たとえば、売買契約を締結した場合、売主は買主に対して代金債権を有し、買主は売主に対して代金支払債務を負っていることになります。

■債務者（さいむしゃ）

債権者に、一定の行為や給付をなす義務がある者です。たとえば、Aが売主、Bが買主となって売買契約が締結されたとします。このとき、Aは土地をBに引き渡さなければならないという意味で債務者であり、Bは土地の代金をAに支払わないといけないという意味で債務者に該当します。

■債務引受（さいむひきうけ）

債務者の代わりとして（免責的債務引受）、または債務者と連帯して（併存的債務引受）、債務者の債務を引き受ける契約をすることです。従来から解釈により認められていましたが、平成29年の民法改正に伴い明文化されました。債務引受は、債権者A・債務者B・引受人Cの三者契約の場合はもちろん、AC間の契約でも成立します。また、BC間の契約でも成立しますが、免責的債務引受の場合は、Aの承諾がないと契約の効力は発生しません。

保証の場合には、保証人は、主たる債務者が弁済不能となった場合に履行をするのが原則です（補充性）。しかし、債務引受の場合には、引受人は債務そのものを引き受けるので、債権者は、直接引受人に債務の履行を請求できます。

■債務不履行（さいむふりこう）

契約本来の趣旨に沿った内容が給付されない場合です（民法415条）。債務不履行の形態には、ⓐ債務者による債務の履行が遅れている履行遅滞、ⓑ債務を履行をすることが不可能となっている履行不能、ⓒ履行はなされたが一部が不完全である不完全履行があります。債務不履行が生じた場合、債権者は、契約を解除することや、損害賠償請求をすることができます。また、ⓐⓒの場合は、履行の強制（強制執行など）を請求できることもあります。

■債務名義（さいむめいぎ）

強制執行することによって実現される請求権（債権）が、確かに存在するということを公に証明する文書のことです。つまり、確定判決、調停調書、和解調書、仮執行宣言付支払督促など、強制執行の根拠となる文書のことです。たとえば、土地の売買代金支払請求訴訟を行い、確定した勝訴判決を得た場合には、当該判決が債務名義になります。また、判決確定前であっても判決に仮執行宣言が付されていれば、それも債務名義としての効

力をもちます。裁判所が関与しない場合では、土地の代金支払いに関して執行認諾約款のある公正証書による土地の売買契約書も、債務名義として認められています。

■詐害行為取消権（さがいこういとりけしけん）

債務者が債権者を害する（不利益を受ける）ことを知ってした行為を債権者が取り消すことを認める権利です（民法424条）。債権者は債務者の行為を取り消し、その行為で失われた財産を債務者の財産の中に戻すことができます。

受益者（債務者からの権利取得者）を相手方とする場合と、転得者（受益者からの権利取得者など）を相手方とする場合とで、権利行使の要件が異なります。受益者を相手方とする詐害行為取消権の行使要件は、ⓐ債権者を害する行為（詐害行為）であること、ⓑその行為により資力の不足を生じるのを債務者と受益者が知っていること（詐害意思）、ⓒ財産権を目的とする行為であること、ⓓ被保全債権が詐害行為前に生じたこと、ⓔ被保全債権が強制執行で実現不可能でないことの5つです。たとえば、AがBに対して金銭債権を有しているときに、Bが唯一の財産である土地をCに贈与した場合、AがBのCに対する贈与を取り消すのが詐害行為取消権です。

■詐欺（さぎ）

相手方を欺いて意思表示をさせることです。詐欺による意思表示は取り消すことができます（民法96条）。たとえば、高価な物だと偽って物を売る行為は詐欺に該当します。

ただし、詐欺により意思表示を取り消したとしても、それを善意かつ無過失（詐欺の事実を知らず、かつ知らないことについて落ち度がない）の第三者に主張することはできません。平成29年の民法改正で、第三者保護要件として無過失が追加された点に注意が必要です。

■先取特権（さきどりとっけん）

法律に定めた一定の債権を担保するために認められる法定担保物権です。従業員の賃金債権の他、不動産賃貸借における借主の債務や、不動産の工事費用などを担保するためにも先取特権が認められています。先取特権が認められた場合には、一般債権者に優先して債権を回収することができます。

■錯誤（さくご）

表意者自身の表示と真意（本心）との食い違いに気づいていない場合をいいます。平成29年の民法改正では、錯誤の類型について、ⓐ意思表示に対応する意思を欠く錯誤と、ⓑ表意者が法律行為の基礎とした事情についてのその認識が真実に反する錯誤（動機の錯誤）がある旨を明確にしています（95条1項）。なお、ⓑについては「その事情が法律行為の基礎とされていることが表示されていたとき」に限り錯誤による取消しができると規定しています（95条2項）。

平成29年の民法改正で、錯誤は無効事由から取消事由に変わった点に注意が必要です。たとえば、買値を100円と言うつもりで1000円と言ってしまった場合には、上記のⓐに該当するので、錯誤による契約の取消しができます。

■サブリース（さぶりーす）
　又貸し・転貸借のことをいいます。また、不動産管理会社が貸主から賃貸物件を一括で借り上げ、実際に入居する人に転貸するというシステムを指す場合もあり、家賃保証と呼ぶこともあります。サブリースの場合、入居者の募集や入居者との契約は、一括借り上げをした不動産管理会社が行うことになります。また、貸主に関しては、空室が発生しても、不動産管理会社から毎月一定の金額（家賃保証金）が支払われるというメリットがあります。しかし、サブリースでは、不動産管理会社から一方的に家賃保証金額の減額を求められたり、契約を中途解約されるようなトラブルも発生しています。

■更地（さらち）
　建物や構築物、工作物等の定着物がなく、借地権や地役権などの使用収益を制限する権利が付着していない土地のことをいいます。なお、抵当権は土地の使用収益を制限する権利ではないため、抵当権が設定されていても、定着物や付着した権利がなければ更地となります。

し

■始期／終期（しき／しゅうき）
　契約が始まる時期のことを始期、契約が終了する時期のことを終期といいます。賃貸借契約等の一定期間継続して存続する契約について始期や終期が問題となります。たとえば、4月1日から1年間の賃貸借契約が締結された場合には、契約の始期は4月1日で、終期は翌年の3月31日になります。

■敷金（しききん）
　滞納中の賃料や、目的物を善良なる管理者の注意をもって保管しなかったために生じる損害など、賃借人に生じる債務を担保するため、あらかじめ賃借人が賃貸人に差し入れておくお金です。平成29年の民法改正で、敷金とは「いかなる名目によるかを問わず、賃料債務その他の賃貸借に基づいて生ずる賃借人の賃貸人に対する金銭の給付を目的とする債務を担保する目的で、賃借人が賃貸人に交付する金銭をいう」とその定義が規定されました（622条の2第1項）。
　敷金の返還時期についても、平成29年の民法改正で、「賃貸借が終了し、かつ、賃貸物の返還を受けたとき」（622条の2第1項1号）であると規定されました。賃貸借契約終了の際に、未納の地代・家賃や損害金などを敷金から控除して、その残額を賃借人に返還します。敷金がどの程度戻ってくるかについては、賃貸借契約の終了後、家屋の明渡しの時点までわからないため、建物の明渡義務が敷金返還義務より先履行の関係になります。

■敷引（しきびき）
　関西地方に特有の慣習で、賃貸借契約においては、あらかじめ契約終了時に敷金あるいは保証金のうち一定の金額を返還しない旨の特約を付すことをいいます。敷引特約とも呼ばれます。敷引の法的性質については、当事者間で明確な合意があれば、その合意内容に従い、明確な合意がない場合には、賃貸借契約成立の謝礼や自然損耗の修繕費用、または更新料免除の対価、あるいは賃貸借契約後の空室損料など、様々な要素を含むものと解されています。なお、敷引特約が有

効であるか否かについては裁判上判断が分かれており、賃料の2～3.5倍程度の敷引は有効ですが、それ以上の高額になる場合は特段の事情がない限り無効とされる傾向にあるといえます。

■**事業譲渡（じぎょうじょうと）**

事業の全部または一部を、他の会社（または商人）に譲渡することです（会社法467条）。たとえば、家電を製造している会社において、テレビ製造部門のみを他の会社に譲渡する場合が事業譲渡の例です。譲渡をした会社（または商人）は、譲渡の対象である事業を行うことができなくなり、譲渡を受けた会社（または商人）が譲渡の対象となった事業を行うことができるようになります。

事業とは、一定の営業目的のために組織化された財産（得意先関係等の経済的価値のある事実関係を含む）のことを意味します。株式会社における事業の全部または重要な一部の譲渡、他の会社の事業全部の譲受けには、株主総会の特別決議による承認が必要となります。事業を譲渡した会社（譲渡人）は、競業避止義務も負います（同法21条）。

■**事業用定期借地権（じぎょうようていきしゃくちけん）**

居住用ではなく、事業用の建物を所有するために土地を賃借する契約形態のうち、契約期間の満了時に更新が行われない（借地権が消滅する）という内容の借地契約です。コンビニやレストランなどを展開する事業において、事業用定期借地権が用いられています。借地借家法では、契約期間が10年以上30年未満のタイプと、30年以上50年未満のタイプという2種類の事業用定期借地権が認められています。なお、事業用定期借地権を設定する際は、公正証書を作成しなければならない点に注意が必要です。

■**事業用定期借地権の登記（じぎょうようていきしゃくちけんのとうき）**

経済活動に用いられる建物を所有するために設定される定期借地権の登記のことです。契約で定めた存続期間のみ借地権が存続するので、契約を更新することはできません。

■**時効（じこう）**

民法上、一定の事実状態が継続する場合に、それが真実の権利関係と一致するかどうかを問わないで、そのまま権利関係として認めようとする制度のことです。一定の期間が経過することで、権利を取得する取得時効と、権利が消滅する消滅時効があります。

■**時効期間（じこうきかん）**

時効により権利が消滅したり、または権利を取得するまでの期間のことです。たとえば、一般債権の消滅時効における時効期間は、債権者が権利を行使することができることを知った時から5年間（または権利を行使することができる時から10年）（民法166条）です。これに対し、所有権の取得時効における時効期間は、原則として占有開始時から20年です（同法162条1項）。なお、時効の成立により利益を受けようとする者は、時効期間が経過した後に時効の援用の意思表示をすることが必要です。

■時効の援用／時効の放棄（じこうのえんよう／じこうのほうき）

　時効の援用とは、時効による利益を受ける意思を表示することをいいます（民法145条）。時効の放棄とは、時効による利益を受けることを拒否することをいいます（同法146条）。時効による利益は、時効期間が満了したからといって、自動的に受けられるわけではありません。裁判などで「時効の利益を受けたい」と当事者が主張して（援用）、初めてその利益を享受できます。また、「時効による利益はいらない」と主張（放棄）することもできます。時間が経過しただけで義務を免れることは道徳に反すると考える者の意思を尊重し、時効により利益を受ける者の意思表示がなければ、時効の効果は発生しないとされています。

■時効の遡及効（じこうのそきゅうこう）

　時効の効力が、その起算日に遡って生じることをいいます。遡及効が認められることで、たとえば、所有権の取得時効においては、時効を援用した者は時効の起算日からその物の所有権を有していたことになります。時効に遡及効がなければ、時効期間中に所有権を譲り受けた者や担保権の設定を受けた者に配慮する必要がでてしまい、法律関係が著しく複雑になるため、時効に遡及効を認めて法律関係が錯綜しないようにしています。

■時効の中断／時効の更新（じこうのちゅうだん／じこうのこうしん）

　時効の進行が止まり、すでに経過した期間もカウントされなくなることです。平成29年の民法改正により、「時効の更新」という用語に改められました。時効の更新事由があったときは、時効期間が振り出しに戻り、新たにゼロから時効が進行することになります。裁判上の請求、差押・仮差押、仮処分、権利の承認などが時効の更新事由にあたります。

■時効の停止／時効の完成猶予（じこうのていし／じこうのかんせいゆうよ）

　時効の完成を、ある期間猶予することをいいます。平成29年の民法改正により、「時効の完成猶予」とう用語に改められました。やむを得ない事情で権利行使ができない場合に、時効の完成を遅らせることを認めた制度です。たとえば、時効の更新（中断）の手続きを行いたいが、天災など避けることができない事由により手続きができない場合、その事由が消滅したときから3か月間は、時効の完成が猶予されます（民法161条）。

　他には、ⓐ未成年者または成年被後見人の法定代理人の不在（同法158条）、ⓑ離婚による夫婦間の権利（同法159条）、ⓒ相続財産（同法160条）などに関しては、定められた条件が整うまで時効の完成が猶予されます。

■自己契約（じこけいやく）

　代理権の授与を受けた人（代理人）が、その代理権を用いて自分が契約の当事者になって契約をすることをいいます。自己契約は代理権を授与した者（本人）が不利益を被る可能性があるので、原則として禁止されています（民法108条1項）。ただし、自己契約は本人の利益を守るために禁止されているので、本人が自己契約を許諾していた場合には、自己契約は

禁止されません。

■**自己借地権（じこしゃくちけん）**

　土地の所有者が、自分自身を借地権者として設定する借地権のことです。たとえば、土地所有者が区分所有建物（マンションなど）を建築し、それを分譲する場合、民法上の混同の規定によると、土地所有者は自らのために借地権を設定することはできません。しかし、借地借家法15条の規定により、自己借地権の設定が可能とされています。ただし、自己借地権は、区分所有建物の分譲等により、借地権を他人と共有（準共有）する場合に限り設定することができます。

■**持参債務（じさんさいむ）**

　債務者が債権者の住所等に持参して引き渡さなければならない債務のことをいいます。一方、債権者が債務者の住所等まで来て取立を行うことで履行を受ける債務のことを取立債務といいます。持参債務とするか取立債務とするかは、当事者の合意によって定められるのが原則ですが、合意がない時は持参債務となります（民法484条）。

■**事情変更の原則（じじょうへんこうのげんそく）**

　契約後に起きた想定外の事情によって、契約時の内容のままでは当事者間に著しい不公平が生じるという場合に、契約内容を変更できるという原則のことをいいます。

　契約が締結されると、当事者はその内容に拘束されることになりますが、そのままでは信義則上著しく不当であると認められる場合にのみ、この事情変更の原則を主張することができます。具体的には、急激な社会情勢の変化によって、地価が著しく変動した場合に、地代の減額や増額を主張する場合などが想定されます。

■**私署証書（ししょしょうしょ）**

　私人が作成者として署名した文書のことをいいます。たとえば、当事者が署名をした契約書などが私署証書になります。

■**システム開発委託契約（しすてむかいはついたくけいやく）**

　業務委託契約のひとつで、委託者がソフトウェアの開発を、受託者に委託することを内容とする契約をいいます。対象になっているソフトウェアのプログラム開発段階を委託するだけではなく、その後のシステム構築や、受託者がプログラム完成後の運用にまで関与する形態の契約が結ばれることが多いといえます。システム開発委託契約においては、専門的な知識や情報が必要になりますので、委託する業務内容の範囲、ソフトウエア機能や性能（要件定義）、開発スケジュールなどを、いかに具体的に確定しておくのかが重要になります。

■**自然人（しぜんじん）**

　権利・義務の主体である個人のことです。法人でない個人のことでもあり、いわゆる人間のことです。法律上、「人」として扱われるのは生身の人間だけでなく、会社などの法人も含まれます。ただし、同じ「人」ではあるのですが、自然人と法人とは法律上異なる扱いをされることがあります。法律上、「人」について区別がなされているため、生身の人間は自然人と呼んでいます。

■地代家賃増減請求権（じだいやちんぞうげんせいきゅうけん）

「ちだいやちんぞうげんせいきゅうけん」とも読みます。地代（借地の賃料）と家賃（借家の賃料）は、不動産を借りたことの対価として支払う金銭のことをいいます。地代・家賃が、土地・建物に対する租税などの増減や土地・建物の価格の上昇・低下などの経済事情の変化により不相当になったとき、または近隣の地代・家賃に比較して不相当になったときに、当事者の一方が将来に向かって地代・家賃の増減を請求できる権利が地代家賃増減請求権です（借地借家法11条、32条）。当事者間の話し合いでまとまらなかった場合は、調停前置主義がとられているため、訴訟を起こす前に、調停（宅地建物調停）を利用しなければならないことになっています。

■下請法（したうけほう）

正式には「下請代金支払遅延等防止法」といいます。親事業者からの発注や業務委託を受けることで経営が成り立っている下請業者は、親事業者から「請負代金・委託料を安くしろ」などという無理な要求を受けても、仕事を打ち切られることに対する恐怖心から、なかなか反論することができません。下請法は、そのような弱い立場にある下請業者の保護を目的として制定された法律です。

下請法では、親事業者が下請事業者との契約に際して行ってはならない禁止事項（親会社が一方的に下請代金を減額することなど）を定めています。下請法に違反する行為が行われた場合、公正取引委員会から勧告を受けたり（勧告の内容は公表されます）、親事業者に対して罰金が科せられることもあります。

■質権（しちけん）

債権者が自己の債権を担保するために、債務者または第三者の所有物を預かる形式の担保物権です（民法342条）。当事者の合意と目的物（質物）の引渡しにより、質権は成立します。

質権は、動産質・不動産質・権利質に分けることができ、質権の対抗要件がそれぞれ異なっています。動産に対する質権が動産質であり、動産の占有が対抗要件です。不動産に対する質権が不動産質であり、登記が対抗要件です。また、債権・株主権などの財産権に対する質権が権利質であり、とくに債権を目的とする債権質は、債務者の承諾または債務者に対する通知が対抗要件です。

■実印（じついん）

印鑑証明書（印鑑登録証明書）の交付を受けている印鑑のことをいいます。実印を押した場合と認印を押した場合とで法的効力が異なるわけではありません。しかし、実務上は、重要な取引において実印が用いられることが多く、登記の場面などでは印鑑証明書の交付が求められることがあります。

■失権約款（しっけんやっかん）

債務者に債務不履行（民法415条）があった場合に、債務者が当然に一定の権利を失うとする約款のことです。たとえば、割賦販売などにおいて、債務者が代金の支払いを怠った場合には、契約は効力を失い、債務者は受け取っていた目的物を返還しなければならないとする約款のことをいいます。このような約款は、

債務者にあまりにも酷な内容となっている場合には、公序良俗に反し無効とされる可能性があります（同法90条）。また、消費者契約法などの特別法において、失権約款の内容を制限している場合があります（消費者契約法10条）。

■執行証書（しっこうしょうしょ）

公正証書のうち、債務者が直ちに強制執行に服する旨が記載されているものを執行証書といいます（民事執行法22条5号）。

債務名義の一種です。債権者はあらかじめ執行証書を得ておけば、訴訟手続をせずに強制執行ができるというメリットがあります。たとえば、土地の売買契約において、土地の代金支払いに関して、強制執行認諾約款を設けた売買契約書を公正証書の形で作成したものが執行証書です。この場合に土地代金の支払が行われなかった場合には当該約款を根拠に強制執行を行うことができます。

■自働債権（じどうさいけん）

相殺する側の債権のことです。相殺では、互いが相手方に対して有する2つの債権を対当額で消滅させますが、相殺する側が相手に対して有する債権のことを自働債権といいます。たとえば、AがBに対して、300万円の金銭債権を有し、BがAに対して、500万円の金銭債権を有しているとします。Aが300万円の金銭債権と、500万円の金銭債権の相殺をした場合、AがBに対して有していた300万円の金銭債権は消滅し、BがAに対して有していた500万円の金銭債権は、減額され、200万円の金銭債権として残ることになります。このとき、AがBに対して有していた300万円の金銭債権が自働債権となります。

■私道負担（しどうふたん）

不動産取引において、対象となる土地の一部に私道の敷地が含まれている場合における私道敷地部分のことをいいます。たとえば、売買の対象となる土地の面積が100㎡、このうち私道負担が20㎡ある場合、土地の所有者は私道負担となる20㎡については建物を建築することはできず、私道の変更または廃止は制限されるため、個人の所有地であっても私道を自由に利用・廃止等をすることができません。さらに、建物を建てる際の建ぺい率や容積率は、私道部分を除いた正味の敷地面積をもとに計算されるので、建築面積が少なくなってしまいます。そのため私道負担のある土地を売買等の目的とする場合には、宅建業者は私道負担である旨、私道の負担面積などを重要事項説明書（35条書面）を交付して説明する義務があります（宅地建物取引業法35条）。

なお、私道には建築基準法42条の道路に該当する私道以外に、通行地役権の目的となっているものも含まれます。

■自白契約（じはくけいやく）

口頭弁論において特定の事実を認めて争わない旨の合意です。たとえば貸金返還訴訟において、両者の間で金銭消費貸借契約が締結されたことについては争わない場合などが自白契約の一例となります。

■支払保証委託契約（しはらいほしょういたくけいやく）

強制執行がなされようとしている場面で、債務者は担保を提供することで強制執行を免れることができます。担保の提

供は金銭や有価証券で行うのではなく、担保提供者と金融機関との間の保証契約で行うこともできます。このとき、金融機関と締結される契約が支払保証委託契約です。担保の提供方法は、支払保証委託契約の他にも供託があります。

■**私文書（しぶんしょ）**
公文書以外の私的に作成された文書のことをいいます。契約書などが私文書に該当します。他人の名義を無断で使用して私文書を作成した場合は私文書偽造罪として処罰されます（刑法159条）。

■**借地権（しゃくちけん）**
建物の所有を目的として、土地に地上権または賃借権を設定することです。借地権には、民法の特別法である借地借家法が適用されます。

■**借地借家法（しゃくちしゃくやほう）**
建物の所有を目的とする土地の賃貸借や地上権（借地権）と、建物の賃貸借（借家権）に関することを規定した民法の特別法です。民法にも賃貸借に関する規定はありますが、借地借家法では、借主を保護するための規定が設けられています。借地借家法が制定される前は、「借地法」と「借家法」「建物保護法」が借地・借家関係を規定していました。しかし、これらの法律を統合する借地借家法の制定に伴い廃止されました。
もっとも、借地借家法の施行期日（平成4年8月1日）より前に設定された借地・借家関係については、借地に関しては「借地法」が、そして借家に関しては「借家法」が適用されます。

■**借地法（しゃくちほう）**
借地人の権利の保護を目的として、「借家法」と共に、大正年間の1921年に制定されました。数回の改正を経て、借地権はより強化されました。その後、平成3年（1991年）に、この「借地法」と「借家法」「建物保護法」を統合する「借地借家法」が制定されたことに伴い、借地法は廃止されました。なお、平成4年（1992年）8月1日の施行期日前に設定された借地関係については「借地法」が適用されることになっています。

■**借家権（しゃくやけん）**
建物を賃貸して利用する権利です。「しゃっかけん」ともいいます。借地権とは異なり、利用目的は問いません。借地借家法により、一般の賃貸借よりも強く保護されています。具体的な保護の内容としては、ⓐ正当事由なしに契約更新の拒絶や解約をされない（借地借家法28条）、ⓑ登記していなくても建物の引渡しがあれば第三者に対抗できる（同法31条）、ⓒ畳・建具など借主が付加した造作の買取りを請求できる（同法33条）、ⓓ事実上の妻・養子など相続人以外の同居者による借家権の承継が認められる（同法36条）、などがあります。

■**借家法（しゃくやほう）**
借家人の権利の保護を目的として、「借地法」と共に、大正年間の1921年に制定されました。二度の改正を経て、建物の賃借権は一段と強化されました。その後、平成3年（1991年）に、この「借家法」と「借地法」「建物保護法」を統合する「借地借家法」が制定されることに伴い、借家法は廃止されました。なお、平成4年

(1992年) 8月1日の施行期日前に設定された借家関係については「借家法」が適用されることになっています。

■重過失（じゅうかしつ）

通常必要とされる注意義務を著しく欠いていることです。たとえば、通常の人であれば火事の危険があると容易に判断できるにもかかわらず、何もせずに放置したため、火事を発生させた場合などです。また、家が密集している住宅街でキャンプファイアーをして火事を発生させた場合も、重過失があるとされる可能性があります。誤って火事を発生させたときの不法行為責任（民法709条）に関する法律である「失火ノ責任二関スル法律」では、火事を発生させた者に故意または重過失がある場合のみ、不法行為責任を負わせることになっています。

■終身建物賃貸借（しゅうしんたてものちんたいしゃく）

「高齢者の居住の安定確保に関する法律」に基づき、高齢者が死亡するまで終身にわたり居住することができ、死亡時に契約が終了する旨の特約がついた賃貸借契約のことをいいます。賃借人となる高齢者は60歳以上であり、単身または同居者が高齢者親族であること（配偶者は60歳未満でも可）が要件になります。原則として、一代限りで終了し相続の対象とはなりませんが、同居していた高齢者が、賃借人であった高齢者の死亡後1か月以内に申出をすれば継続して居住することが可能になります。なお、賃貸借の目的となる住居はバリアフリー化されている必要があります。

■終身定期金（しゅうしんていききん）

契約によって、一方当事者が死亡するまで継続的に、他方当事者等に給付される金銭を指します。終身定期金契約は、契約の当事者の意思が合致することによって成立する契約（諾成契約）です。たとえば契約に基づく私的な年金などが挙げられますが、終身定期金契約はあまり多く用いられていません。

■修繕義務（しゅうぜんぎむ）

賃貸物件に雨漏りなどの不具合がある場合に、賃貸人がこれを修理する義務のことをいいます。ただ、賃借人の修繕義務は、目的物にキズがある場合に常に発生するものではなく、社会通念上、賃借人の使用収益に支障が生じるか否かを基準として、修繕義務の有無が判断されることになります。もっとも、賃借人の落ち度（帰責事由）により修繕が必要となったときは、賃貸人は修繕義務を負いません（民法606条1項ただし書）。

また、賃借人が賃貸人に修繕が必要であると通知し、または修繕が必要であることを賃貸人が知っていたにもかかわらず、賃貸人が相当の期間内に必要な修繕を行わない場合に、賃借人自身が修繕を行うことができます（607条の2第1号）。

■修繕特約（しゅうぜんとくやく）

修繕義務を賃借人に負わせる特約のことをいいます。修繕特約が有効であるか否かについては裁判上判断が分かれています。通常使用による軽微な修繕（小修繕）を賃借人の負担とする特約は有効と解されていますが、目的物の構造に関わるような大規模な修繕は賃借人の負担とすることができず、これを賃借人の負担とす

る特約は無効になると解されています。

■収入印紙（しゅうにゅういんし）
　国庫収入となることを示す、国が発行する証票のことです。印紙税や手数料（登記手数料や国家試験の受験手数料など）を納付する際に収入印紙が用いられることがよくあります。

■重要事項説明書（じゅうようじこうせつめいしょ）
　不動産取引を仲介する不動産業者（宅建業者）が、契約前に買主や借主となる者へ物件の説明を行う際に交付する書面で、その物件に関する重要な事柄が書かれています。宅地建物取引業法35条で規定されていることから「35条書面」と呼ぶこともあります。たとえば、不動産売買において、宅建業者は、買主となる者に重要事項説明書を交付し、その不動産業者に所属する宅地建物取引士が物件の説明をしなければなりません。

■重要事項の不告知の禁止（じゅうようじこうのふこくちのきんし）
　不動産業者（宅建業者）は、その業務に関する重要な事項につき、相手方（買主や売主）などに故意に事実を告げないこと（不告知）が禁止されています。たとえば、ある物件を購入する意思がある人に対して、その物件に抵当権が設定されていることを知っているにもかかわらず、買主にそのことを告げない場合は、重要事項の不告知にあたり、2年以下の懲役もしくは300万円以下の罰金に処せられます。なお、両方に処せられる（併科する）こともあります。

■重利（じゅうり）
　いわゆる「利息の利息」です。弁済期限の来た利息を元本に組み入れ、その総額に利息をかけることをいいます。複利ともいいます。重利には、当事者の合意に基づいて行われる約定重利と、民法の定めに基づく法定重利があります。約定重利は、判例により、利息組入れ前の最初の元金から計算して、利息制限法の範囲を超えない部分についてのみ有効という制限を受けます。法定重利は民法405条の規定により、ⓐ利息の支払いが1年以上延滞している、ⓑ債権者が催告しても債務者が支払わない、という条件に合致したときに認められます。

■受益者（じゅえきしゃ）
　受益者という言葉は以下のように、様々な場面で使われます。
① 詐害行為取消権（民法424条）が行使される場面で、債務者から財産等の利益を受けた者を受益者といいます。たとえば、AがBに金を貸しており、Bが唯一の財産である土地をCに譲渡した場合には、AはCに対して詐害行為取消権を行使できる可能性があります。この場面でのCが受益者と呼ばれています。
② 第三者のためにする契約（民法537条1項）がなされる場面でも受益者という言葉が使われます。第三者のためにする契約とは、たとえば、AB間でAの所有する物を売り渡す売買契約が結ばれたが、目的物についてはAからCに給付するという契約のことです。この場合のCが受益者にあたります。

■**授権表示による表見代理（じゅけんひょうじによるひょうけんだいり）**

本人が第三者（相手方）に対して、他人に代理権を与えた旨の表示（授権表示）をしたが、実際には代理権を与えていなかった場合に、それを過失なく信じた（善意・無過失）第三者を保護する制度をいいます（民法109条）。

たとえば、白紙委任状（本来、委任状に記載すべき委任者・受任者の氏名や委任事項欄を空欄にしたまま、署名・押印して手渡す委任状のこと）を渡したり、自分の名義を使って仕事をすることを許した場合などがあてはまります。この場合、白紙委任状を受け取った人などに代理権があるように見えるので、第三者が過失なく信じたときに、授権表示による表見代理が成立します。

■**主たる債務（しゅたるさいむ）**

債務者の負う債務のことです。主たる債務とは、保証契約（民法446条）がなされる際に保証人の負う債務（保証債務）と区別するための概念です。

たとえば、AがBに対して貸金債権を有しており、Cがこの貸金債権を保証した場合には、BがAに対して負っている債務が主たる債務となります。

保証債務の付従性により、主たる債務が消滅すれば保証債務も消滅しますし、随伴性により、主たる債務が移転すれば保証債務も移転します。

■**受働債権（じゅどうさいけん）**

相殺（民法505条）される側の債権のことです。相殺では、お互いが相手方に対して有する2つの債権を対当額で消滅させますが、相殺される側が相手に対して有する債権のことを受働債権といいます。たとえば、AがBに対して300万円の甲債権を有し、BがAに対して500万円の乙債権を有しているとします。Aが甲債権と乙債権とを相殺した場合、甲債権は消滅し、乙債権は減額され200万円の金銭債権として残ります。このとき、BがAに対して有していた乙債権が受働債権となります。

■**受働代理（じゅどうだいり）**

代理人が第三者から意思表示を受けることをいいます（民法99条2項）。

本人が代理人を通じて契約などをするときには、本人が代理人を通じて意思表示をするだけでなく、代理人が第三者の意思表示を受け取ることが必要です。そのため、受働代理の規定が置かれています。

■**取得時効（しゅとくじこう）**

権利者によらない一定の事実状態が長期間続いた場合に、その事実状態の継続をもって権利者として認める制度をいいます（民法162条）。取得時効は、動産や不動産の所有権がおもな対象になります。他人の物でも、ⓐ10年間自分の物として占有を継続し（自主占有）、ⓑ公然と占有しており（平穏・公然）、ⓒ占有開始時に自分の物だと思ったことに落ち度がなければ（善意・無過失）、その不動産の所有権を取得します。たとえ自分の物でないことを知っていた（悪意）としても、自分の物として、平穏・公然に20年間その物を継続して占有すれば、その不動産を時効取得します。長い間継続した事実状態の保護や、「権利の上に眠っている者を保護しない」といった理由から、取得時効の制度が認められています。

■守秘義務（しゅひぎむ）
　職業上で知り得た情報を、第三者に漏らしてはいけないという義務のことをいいます。守秘義務は、様々な職業につき、様々な法律によって課されていますが、不動産業者（宅建業者）に対しては、宅地建物取引業法45条によって義務付けられています。
　ただし、正当な理由がある場合には、この規定は適用されません。裁判の証人として証言をする場合や、本人の承諾がある場合などが、これにあたります。

■受領遅滞（じゅりょうちたい）
　債務の弁済をしようとしたところ、債権者が受領を拒否したり受領できない場合をいいます。たとえば、建物の賃貸借契約において、借主が賃借料を貸主のところに持って行ったが、貸主が金銭を受け取ってくれなかったという場合に受領遅滞となります。
　受領遅滞により、債務者の責任が軽減されます。平成29年の民法改正では、ⓐ債務の目的物が特定物の引渡しであるときは、債務者は、履行の提供をした時点から引渡しの時まで、自分自身の財産に対するのと同一の注意をして、その物を保存すればよく（民法413条1項）、ⓑ債権者の受領遅滞によって、目的物の保管等に追加費用が必要になった場合、その増加額は債権者の負担になることを明確にしています（同法413条2項）。

■受領能力（じゅりょうのうりょく）
　相手方からの意思表示を受け取ることのできる能力のことをいいます（民法98条の2）。意思表示の意味を理解できない者（たとえば未成年者や成年被後見人）が契約等を締結してしまうと不当に不利益を被る可能性があるので、そのような者は意思表示を受け取ることはできないとされています。

■種類債権（しゅるいさいけん）
　一定の種類と分量（数量）のみを指定して、その引渡しを目的とする債権のことです。不特定物債権ともいいます。種類債権の目的物の品質は、契約の性質や当事者の意思で特定できなければ、中等の品質の物を給付すべきことになります（民法401条1項）。たとえば、「りんご10個を引き渡せ」という債権の債務者は、原則として市場にある中等の品質を有するりんご10個を調達し、債権者に引き渡す義務を負います。

■種類債権の特定（しゅるいさいけんのとくてい）
　同種の物の中から具体的に履行すべき目的物を確定することを種類債権の特定といいます（民法401条2項）。債務者が物の給付をするのに必要な行為を完了するか、債権者の同意を得て給付すべきものを指定したときに、種類債権の特定がなされます。たとえば、「りんご10個」の売買契約が締結された時点では、売主は市場からりんご10個を手に入れて、買主に引き渡さなければなりません。しかし、「ここにあるりんご10個」を引き渡すと決めて特定することで、「ここにあるりんご10個」を買主に引き渡せばよいことになります。
　種類債権の特定がなされると、債務者は特定された目的物を債権者に引き渡せばよく、市場から同種の物を調達する義務を免れます。また、目的物が滅失した

場合に、危険負担の問題が生じることもあります。さらに、債務者は特定した目的物を善管注意義務をもって保管しなければならなくなります（同法400条）。

■準委任（じゅんいにん）

当事者の一方が「法律行為でない事務」をすることを相手方に委託し、相手方がこれを了承することをいいます。これに対し、「法律行為」を委託することを委任といいます。法律行為ではない事務としてよく例に挙げられるのが、医師と患者の間で行われる診療に関する事務や、不動産売買の媒介に関する事務などです。準委任については、民法上は委任の規定を準用するとされており（民法656条）、実質的には委任との違いはほとんどありません。

■準消費貸借（じゅんしょうひたいしゃく）

すでにある金銭その他の物を給付する義務を消費貸借の目的に切り替える契約をいいます（民法588条）。改めて目的物を交付する必要はないので、売買代金支払債務を消費貸借の目的に切り替えることがよくあります。たとえば、同じ電気店から5万円のテレビと10万円のエアコンを購入した後に、2つの売買代金支払債務をまとめて、電気店から15万円のお金を借りたことにするのが準消費貸借契約です。

■承継取得（しょうけいしゅとく）

ある権利を他人の権利に基づいて、取得することをいいます。他人の権利に基づかずに独立して権利を取得する原始取得と対置される言葉です。承継取得の例として、売買、相続などがあります。

承継取得では、前の権利者が負っていた制限などもそのまま承継されることになります。たとえば、土地の売買契約がなされた場合に、売主がその土地に抵当権を設定していた場合には、買主は抵当権がついたまま土地の所有権を取得することになります。この点で、負担のない権利を取得できる原始取得と異なります。

■条件（じょうけん）

法律行為の効力の発生または消滅を、将来の不確定な事実の成否によるとする場合のことです。事実の発生により効果が発生する「停止条件」と、効果が消滅する「解除条件」があります。行政行為の附款として条件が付されることもあります。たとえば、「試験に合格したら、自動車を買ってあげる」という約束をした場合、試験の合格が停止条件となり、合格時に贈与契約が成立します。これに対し、「海外転勤がなくなった場合には、家を売らない」という約束をした場合、海外転勤がなくなることが解除条件になります。

■条件付権利（じょうけんつきけんり）

条件の成否が未確定の場合において、条件が成就したら一定の法律上の利益を受けることができるという、当事者の一方がもつ法律上の地位をいい、期待権の一種と言われています。たとえば、仲介した不動産の売買契約が成立すると、売主や買主から仲介料をもらえるという不動産仲介業者の地位がこれにあたります。条件付権利を持つ人の相手方は、条件が成就することへの期待を害さない義務を負います（民法128条）。

■証拠契約（しょうこけいやく）

　法律関係の前提となる事実の確定方法についての当事者の合意のことをいいます。たとえば、建物賃貸借契約において、「退去の申出は書面によらなければならない」と定めるのは、証拠制限契約と呼ばれる証拠契約の一種です。また、建築物請負契約で、「建築の瑕疵が後日問題となったときは、○○建築協会に判断を委ね、その決定に従う」といった鑑定契約も、証拠契約の例として挙げられます。

■商事消滅時効（しょうじしょうめつじこう）

　かつて規定されていた商行為によって生じた債権の消滅時効のことです（旧商法522条）。商行為によって生じた債権の消滅時効期間は5年と規定されていました。商人間の取引では、迅速になされることが多いため、消滅時効期間を短くしていました（改正前民法の下での債権の消滅時効期間は10年でした）。しかし、平成29年の民法改正により、商事消滅時効の規定は削除され、消滅時効期間は「権利を行使できる時から10年」または「権利を行使できることを知った時から5年」に原則として一本化されました（民法166条1項）。

■商事売買（しょうじばいばい）

　商人間での売買契約のことです（商法524条以下）。商人間での売買契約に対しても、民法において規定されている売買に関する条文が適用されますが、商法では民法による売買を一部修正する規定が置かれています。たとえば、売買の目的物を受け取った買主は、目的物が不良品ではないかを直ちに確認する必要があります。また、買主が売買の目的物を受け取ることができない場合、売主は供託をすることができ、相当期間経過後であれば競売ができます。

■商事法定利率（しょうじほうていりりつ）

　かつて規定されていた商行為によって生じた債務についての法定利率のことです（旧商法514条）。法定利率とは、法律で定められている利率のことで、当事者間で利率に関する合意（約定利率）がない場合に適用されます。改正前民法では、民法上の民事法定利率は年5％、商事法定利率は年6％と規定されていました。しかし、平成29年の民法改正で、民事・商事一律に年3％の法定利率（3年毎の変動制）が採用されるに至った（民法404条）ことに伴い、商事法定利率に関する規定は削除されました。

■使用貸借（しようたいしゃく）

　当事者の一方がある物を引き渡すことを約束し、相手方がその受け取った物について、無償で使用・収益をして契約が終了したときに返還する旨を約束することによって成立する契約です（民法593条）。改正前民法では使用貸借契約を物を引き渡すことで成立する要物契約としていましたが、平成29年の民法改正により、当事者の合意により成立する諾成契約であると規定されています。たとえば、建物に無償で居住させる契約をすることが使用貸借契約に該当します。なお、使用貸借の借主が使用貸借契約に基づいて目的物を利用する権利を使用借権といいます。

■承諾料（しょうだくりょう）

賃借権の譲渡や転貸を行う場合に賃貸人に対して支払われる金銭のことをいいます。賃借権の譲渡や転貸を行う場合には、賃貸人の承諾を得る必要があります。そのため、賃借人が賃借権の譲渡や転貸をしたいと考えた場合、譲渡や転貸を認めてもらう対価として、賃貸人に金銭を支払うことがあります。承諾料の額は、借地権の価額の１割程度であることが多いようです。

■譲渡担保（じょうとたんぽ）

担保目的物の所有権を債権者に移転して、それを債務者が引き続き借りておくという形の担保権です。譲渡担保は、工場に備え付けの機械や、倉庫に保管してある在庫商品など、担保化のための明確な規定がない財産を担保にとる場合に、広く利用されます。また、不動産を譲渡担保の目的物とすることも可能です。譲渡担保は、債務者が担保の目的となった物を使用し続けられるという点に特徴があります。

■譲渡担保における受戻し（じょうとたんぽにおけるうけもどし）

譲渡担保において、譲渡担保設定者（債務者側）は、被担保債務の弁済期が到来した後も、処分清算型（譲渡担保の目的物を譲渡担保権者が第三者に売却し、その代金をもって弁済に充当すること）または帰属清算型（譲渡担保目的物の所有権を譲渡担保権者が確定的に取得する方法のこと）のいずれかによって処理がなされるまでは、被担保債務を弁済して譲渡担保の目的物を取り戻すことができます。これを、譲渡担保における受戻しといいます。

受戻しは譲渡担保設定者の権利ですが、受戻しの権利を放棄して、譲渡担保目的物の価額と債権額との差額を、譲渡担保権者に求めることはできません。

■商人（しょうにん）

自分の名義で商行為を業として行う者、言い換えると、営利目的で同種の営業を継続的・大量的に行う者のことです。会社（株式会社、持分会社）なども商人です。商人間の取引においては、商法が適用されることになります。なお、店舗などを用いて物品の販売を業とする者は商人とみなされます（商法４条２項）。

■消費寄託（しょうひきたく）

ある種類の物を預かった者（受寄者）が、それを消費して、同類・同量・同等の物を預けた者（寄託者）に返すことを内容とする契約をいいます。銀行預金が典型例です。本来、寄託契約では、受寄者は預かった物をそのまま保管し、寄託者に返すことになります。しかし、消費寄託では、預かった物を消費することができ、別の物を返すという形をとります。

■消費者契約法（しょうひしゃけいやくほう）

一般の消費者と事業者が契約（労働契約を除く）する際に、消費者が不当に不利となるような契約が結ばれないようにするため、事業者を規制するルールを定めた法律です。

消費者契約法では事業者に対して、消費者に必要な情報の提供や説明をするように努力する義務を定めています（消費者契約法２条１項）。説明しなかったか

らといって直ちに事業者に刑罰が科されるわけではありません。しかし、事業者が消費者に不利益となる重要な事実を伝えずに契約がなされた場合などは、後に消費者は契約を取り消すことができます（同法4条）。また、消費者契約の中で不当に事業者の責任を免除・軽減する条項を置いても、その条項は無効となります（同法8条）。

■消費者取消権（しょうひしゃとりけしけん）

　消費者取消権とは、消費者と事業者の間で締結された消費者契約を、消費者側から取り消すことができる権利です（消費者契約法4条）。具体的には、ⓐ重要事項についての不実の告知、ⓑ不確実な事項についての断定的判断の提供、ⓒ不利益となる重要事項の故意の不告知などが事業者にあった場合に、消費者取消権が認められます。営業・販売の担当者は、消費者が消費者取消権を行使することができることを前提に、営業・販売の勧誘を行わなければなりません。

　消費者契約がなされた場合も、消費者側が民法上の錯誤（民法95条）や詐欺（同法96条）を証明して契約の取消を主張することが可能です。しかし、訴訟において消費者側に錯誤があったことや、事業者が詐欺行為をしていたことを証明するのは容易でありません。そのため、消費者を救済する観点から、消費者取消権が認められています。消費者取消権の行使が認められるⓐ～ⓒなどの事実も、消費者側が訴訟で証明すべきことになっていますが、民法上の錯誤や詐欺よりも格段に証明が容易といえます。

　ただし、消費者取消権を行使できる期間は、消費者取消権を行使できる時から1年、または消費者契約の時から5年に限られています（消費者契約法7条）。

■消費税（しょうひぜい）

　消費一般に広く公平に課税する間接税をいいます。消費税は、商品の販売やサービスの提供などを受けたときに課され、消費者がこれを負担することになります。消費税の負担者である消費者が担税者となり、国内において課税資産の譲渡などを行った事業者、つまりお店が納税義務者になります。物品やサービスの購入に際して消費者が消費税として事業者に支払う金額は、あくまで物品やサービスの購入の対価の一部分ですが、その「消費者が負担した消費税」は、最終的には納税義務者である各事業者の申告・納税を通じて国に納付されることになります。消費税の税率は、税と社会保障の一体改革により、2019年（平成31年）10月1日から10％に引き上げられる予定です。

■消費貸借契約（しょうひたいしゃくけいやく）

　当事者の一方が、種類・品質・数量の同じ物をもって返還をすることを約束して、相手方から金銭その他の物を受け取ることによって成立する契約です（民法587条）。消費貸借契約は要物契約が原則です。つまり、当事者の合意に加えて、借主が金銭などを受け取った時に始めて契約が成立します。しかし、改正前民法の下では、金銭消費貸借において当事者の合意だけで成立する諾成契約としての消費貸借（諾成的消費貸借）の有効性が認められていました。そこで、平成29年の民法改正では、書面（契約書など）に

より契約を結ぶことを条件に、諾成的消費貸借が有効であると規定しています。このように、消費貸借契約は金銭消費貸借が典型例ですが、米などを目的物とした消費貸借契約も法律上は可能です。目的物の所有権は借主に移転します。

なお、消費貸借契約における利息は、特約を定めた場合に、借主が目的物を受け取った日以後の利息を請求することができますが、利息制限法などによる制限を受けます。

■消費貸借の予約（しょうひたいしゃくのよやく）

将来において消費貸借契約を成立させる契約です。改正前民法では、消費貸借の予約を前提とする規定が存在していました（旧民法589条）。しかし、平成29年の民法改正では、この規定が削除されると共に、消費貸借契約を書面でする場合は当事者の合意だけで成立する（諾成契約）と規定しました（同法587条の2第1項）。このことから、消費貸借の予約は、書面でする場合に有効になると解釈されています。

■消滅時効（しょうめつじこう）

権利者が権利を行使しない状態が一定期間続いた場合に、その権利を失うことになる制度をいいます（民法166条など）。一般に、「権利の上に眠る者は法による保護を受けない」などと説明されるものです。平成29年の民法改正では、原則として、債権は「権利を行使できる時から10年」が経過したときに加え、「権利を行使できることを知った時から5年」が経過した場合も時効によって消滅すると規定しています。つまり、「権利を行使

できる時」という客観的起算点だけでなく、「権利を行使できると知った時」という主観的起算点からの時効期間を設けることで、法律関係の早期安定化をめざしています。

■証約手付（しょうやくてつけ）

売買が成立した証拠を意味する手付です。通常の手付には、証約手付としての意味があります。

■除斥期間（じょせききかん）

権利の行使を制限する期間で、その期間が過ぎてしまえば、もはやその権利は行使できないとする期間です。除斥期間は、時効と異なり、原則として更新はなく、援用の必要もありません。裁判所は除斥期間の主張がなくても期間が経過していることを前提に裁判をします。

もっとも、改正前民法では不法行為の損害賠償請求権について、不法行為時から「20年」の期間は除斥期間であると解釈されていましたが、平成29年の民法改正では、「20年」の期間が消滅時効であると規定されています（民法724条）。

■所有権（しょゆうけん）

物を全面的・包括的に支配できる権利です。所有権は、契約（売買・贈与など）や相続などにより前の権利者から引き継いで権利を取得（承継取得）したり、取得時効、先占、拾得、発見、添付によって前の権利者とは切り離されて権利を取得（原始取得）することもあります。所有権には、絶対性（すべての者に主張できること）、排他性（同じ物に同一の所有権を設定できないこと）、恒久性（消滅時効にかからないこと）などの性質が

あります。

民法176条によると、所有権の移転の意思表示をした時点が所有権の移転時期となりますが、「登記完了時に土地所有権が移転する」など、特約で所有権の移転時期を設定することは可能です。

■**所有権留保（しょゆうけんりゅうほ）**

売買契約において、売買代金が支払われるまで、売買目的物の所有権を売主に留保するという担保の方法のことです。目的物自体は買主に引き渡されるため、買主が目的物を使用することは可能です。買主が売買代金を支払わない場合、売主は売買契約を解除することができ、目的物の返還を請求することになります。たとえば、車のローンが組まれたような場合に、ローンが完済されるまでは車を販売した者が所有権を有するというような形で所有権留保の契約が用いられます。この場合、買主がローンを支払えなくなった場合には、売主が買主のもとから車を取りあげるという特約が付されることになります。ローンが支払えなくなることを想定して売主に車の所有権が留保されているので、所有権留保は担保の方法だといえます。

■**信義誠実条項（しんぎせいじつじょうこう）**

契約書の中に、民法の信義誠実に関する条文（民法1条2項）と同じような内容の条項が盛り込まれることがあります。このような条項を信義誠実条項といいます。具体的には、「契約の当事者は互いに信義誠実に契約の内容を履行する」といった条項であることが多いようです。しかし、契約を信義誠実に履行することは当たり前であるため、信義誠実条項が何らかの法的効果を有することは少ないといえます。

■**信義則（しんぎそく）**

信義誠実の原則のことです。民法1条2項に規定されている「権利の行使および義務の履行は信義に従い誠実に行わなければならない」とする一般原則です。相手方の持っている正当な期待にそむくことがないように、一方の行為者は行動するべきであるということを意味します。何が信義則に反するかは個々の事情により判断されます。たとえば、売買契約の目的物について売主が充分に説明をしなかった場合、信義則に反すると判断される可能性があります。

■**人的担保（じんてきたんぽ）**

保証や連帯保証のように、保証人の一般財産で債権を担保するものです。保証人になった者は、自身が有する財産をもって、債務を履行しなければなりません。なお、不動産に抵当権を設定するなど、特定の財産のみを担保とすることを物的担保といいます。物的担保では、担保として提供した財産のみが担保の対象となり、他の財産を失うことはありません。

■**信頼関係破壊の法理（しんらいかんけいはかいのほうり）**

賃貸借契約において契約の解除の要件を満たすような行為があったとしても、それが貸主と借主の間の信頼関係を破壊するほどの内容ではないと判断される場合は、貸主から契約の解除をすることができないとする理論です。賃貸借契約の中でも、とくに借地契約・借家契約に関

する判例でこの理論が適用されます。借地・借家の契約は、借主の生活の基盤となっていることが多いので、借主の保護を厚くしています。

■信頼利益（しんらいりえき）

契約が有効に成立していると信頼したために生じた損害のことをいいます。たとえば、不動産の売買をしようとしていた場合の不動産の調査費用などは信頼利益に該当します。信頼利益は履行利益と対置される考え方で、信頼利益より履行利益のほうが大きいとされています。契約不適合責任に基づく損害賠償請求においても、一般の債務不履行責任に基づく損害賠償請求に関するルールに従って、賠償の範囲が信頼利益に限られるのか、あるいは履行利益まで認められるのかが判断されることになります。

■心理的欠陥（しんりてきけっかん）

人間の心理からして購入したくないと思わせるような事情のことをいいます。たとえば、殺人事件があったアパートなどは、物理的には快適に過ごせる場所であったとしても、人間の心理面からすると入居したくないと考えるのが自然です。そのため、このようなアパートには心理的欠陥があることになります。

心理的欠陥も契約不適合責任における「契約の内容に適合しないもの」に該当する場合があるため、買主や借主となる者に対して心理的欠陥の事実を説明することが重要です。

■心裡留保（しんりりゅうほ）

意思表示をする者（表意者）自身が、真意でないことを知りながら意思表示をすることです。この場合について民法は、原則として表示通りの効果が生じるとしています（民法93条）。ただ、相手方が、表意者が真意でないということを知っていたり（悪意）、知らないときでも注意すればわかりそうな場合（有過失）は、心裡留保による意思表示は無効とされています。たとえば、売るつもりがないのに、「家を売ってやる」などといってしまった場合に、心裡留保が問題となります。原則としては、売主は家を売らなければなりませんが、相手がこの発言はウソだとわかっているような場合には家を売らずにすみます。

す

■随意契約（ずいいけいやく）

国・地方公共団体などが、入札によらない方法で選定した相手方と締結する契約のことです。法律の規定がなければ随意契約を結ぶことはできません。

■推定する／看做す（すいていする／みなす）

法律において、とくに存在することを証明することが困難である事実等について、存在することを認定することを「推定する」といいます。もっとも推定については、反対の事実の存在が証明できる場合には覆すこと（反証）が可能です。これに対して「みなす」もまた、ある事柄の存在を認定する点では、推定と同一です。しかし「みなす」という場合には反証を許しません。

■随伴性（ずいはんせい）

債権が他人に移転すれば担保物権も原

則としてそれに伴って移転することをいいます。たとえば、随伴性があるために、抵当権つきの債権が譲渡された場合には、債権を譲り受けた者は抵当権も取得します。

■**数量指示売買（すうりょうしじばいばい）**

一定の数量があることを前提として、代金等を定めた売買のことです。たとえば、土地の売買において、その面積を契約時に表示したとします。実際に引渡しが行われたものの、その後になって土地の面積が表示した数値より少ないことが判明した場合、買主は、売主に対して契約不適合責任を追及することができます。具体的には、不足分の引渡請求（追完請求）、代金減額請求、損害賠償請求、契約の解除ができます。

■**捨印（すていん）**

契約書などを作成する場合に、記載の誤りを訂正する訂正印に代えて、書類の欄外にする印のことを捨印といいます。捨印がなされることで、相手方が事後に書類の内容を訂正していることを承認しているものとされます。書類の内容を若干変更するにすぎない場合には相手方が容易に書類の書換えができるようにするため、捨印がなされることがよくあります。

■**速やかに（すみやかに）**

物事を行う際の時間的速さを示す言葉です。「今すぐ」という意味を表すものですが、「速やかに」は「直ちに」よりも、時間的に余裕があることを表しています。

せ

■**制限種類債権（せいげんしゅるいさいけん）**

「○○県産小豆２トン」などのように、種類と分量（数量）によって目的物を決める種類債権のうち、「○○県の□□氏が生産した小豆２トン」というように条件を加えて目的物の範囲を制限したものをいいます。一般の種類債権であれば、用意しておいた倉庫が水害にあって小豆が全滅したとしても、中等の小豆を市場から集められれば、契約どおり履行できます。しかし、制限種類債権の場合、市場に「○○県産」の小豆が２トンしかなければ、その小豆を集めることができないので、債務の履行は不可能（履行不能）ということになります。

■**製造委託契約（せいぞういたくけいやく）**

発注者が製品の製造に必要な原材料をすべて供給し、受注者がそれを使って製品を製造し報酬を受けることを目的として締結する契約をいいます。これに対して、受注者が発注者の注文に従って、原材料を自ら調達して製品を製作・供給する契約を製作物供給契約といいます。製造委託契約を結ぶ際には、製品の品質に関する条項が重要になります。とくに製品に欠陥があった場合の責任関係を明らかにしておくことで、トラブルを回避することにつながります。

■**製造物責任(せいぞうぶつせきにん)**

製造された商品の欠陥により、生命・身体・財産などに損害が生じた場合、その製造物の製造・流通・販売の過程に関

与した業者に、損害を被った消費者などに対する賠償責任を負わせることをいいます。

損害を被った消費者などが損害賠償請求をしやすくするために制定され、平成7年（1995年）に施行された法律が製造物責任法です。製造物そのものの欠陥だけではなく、使用方法の表示などで安全配慮を怠ることによって生じた損害に対しても製造物責任が発生するとしています。さらに、この法律に定める製造業者とは、製造する者だけではなく、輸入した者、製造する者として表示した業者も含まれるとして、消費者の権利を大きく広げるものとなっています。なお、英語の製造物責任を示すproduct liabilityから、製造物責任法は「PL法」と略されることが一般的です。

■静的安全（せいてきあんぜん）

取得した権利をみだりに奪われることはないという原則です。動的安全と対置される言葉です。たとえば、不動産の登記に公信力が認められていないのは、静的安全を重視したからだといえます。このため、登記を信頼して不動産の売買契約を締結したとしても、取引の相手が不動産の所有権をもっていなければ、原則として売買契約の買主は不動産を取得することはできません。

■正当事由（せいとうじゆう）

たとえば、借地借家法において、賃貸人が借地や借家の賃貸借契約の更新を拒絶するために必要とされている要件のひとつです（借地借家法6条、28条）。

賃借人にとっては、借地や借家の賃貸借契約は生活の基盤となっている重要なものなので、賃貸人が賃貸借契約の更新を拒絶することに一定のハードルを課すことにしました。正当事由の有無は、賃貸借契約の両当事者が当該不動産を必要としている事情や、賃貸人が明渡しの条件として申し出ている立退料の額などを考慮して総合的に判断されます。

■正本（せいほん）

原文書（原本）の写し（謄本）の一種で、原本と同一の効力をもつ書面です。たとえば、判決原本を保管する裁判所の書記官が謄本に「これは判決の正本である」と記載したものが正本の例です。

■誓約条項（せいやくじょうこう）

取引において、一方当事者が、将来に渡って定められた事項を行う義務、または行わない義務について、契約の条項の中でもう一方の当事者に誓約している場合をいいます。特定の事項が生じた場合の通知義務や、禁止行為が定められている場合、特定の行為について一方当事者の承諾が必要であると規定されている場合などが挙げられます。誓約条項に違反する行為は、直ちに債務不履行責任が発生するものと思われますが、誓約条項に違反した場合の責任関係についても契約条項の中に盛り込まれている場合が多いといえます。

■善意（ぜんい）

法律用語では、ある事情を「知らないこと」を善意といいます。道徳的に「善い」という意味で用いているのではありません。

■専属専任媒介契約（せんぞくせんにんばいかいけいやく）

依頼者が単一の不動産業者（宅建業者）に不動産取引の仲介を依頼し、さらに、依頼者自身で取引相手を見つけることもしないという内容の媒介契約のことをいいます。不動産業者には、１週間に１回以上、依頼者に報告をすることが義務付けられ、また、仲介の対象となる不動産を指定流通機構に登録することも義務付けられています。契約の有効期間は３か月以内です（更新が可能です）。

専属専任媒介契約は、取引の成立に向けて、不動産会社に積極的に動いてもらえる契約方法である一方で、自分で相手方を探したり、他の不動産業者に依頼をかけることはできなくなるというデメリットがあります。

■専任媒介契約（せんにんばいかいけいやく）

依頼者が単一の不動産業者（宅建業者）に不動産取引の仲介を依頼するという内容の媒介契約のことをいいます。専属専任媒介契約とは異なり、依頼者が自ら取引相手を探すことについては禁止されていません。不動産業者には、２週間に１回以上、依頼者に報告をすることが義務付けられ、また、仲介の対象となる不動産を指定流通機構に登録することも義務付けられています。契約の有効期間は３か月以内です（更新が可能です）。複数の会社に依頼ができない分、依頼を受けた不動産業者が積極的に取引成立に向けて活動してもらえることが期待できます。

■先買権条項（せんばいけんじょうこう）

共同出資をして合弁企業を運営しているＡ社・Ｂ社間の契約の内容として、Ａ社が第三者に対して株式を売却（譲渡）しようとする場合に、その譲渡に先立って、Ｂ社が株式を買い受ける（譲り受ける）ことを認める旨の条項をいいます。Ｂ社が買い受けるにあたっての条件は、原則として第三者に売却を行う際の条件と同等のものが適用されます。また、株式の譲渡を希望する当事者は、もう一方の当事者に対して、あらかじめ譲渡を希望している旨を通知しなければなりません。

そ

■相殺（そうさい）

債務者が債権者に同種の債権を有する場合に、互いの債務を対当額で消滅させることです（民法505条）。相殺がなされた場合には、相殺適状の時に遡って、互いの債務が対当額で消滅するという効果が生じます。相殺は、当事者の一方からの意思表示により行います。

なお、時効により消滅した債権を用いた相殺が可能となる場合があります（同法508条）。また、不法行為により生じた債務は、原則として相殺により消滅させることができません（同法509条）。

■相殺契約（そうさいけいやく）

相殺をすることを内容とした契約をいいます。民法に規定されている相殺（法定相殺）とは異なります。相殺契約は相殺の合意であるため、民法の規定の要件を満たしていなくても、自由な条件ですることができます。

■相殺適状（そうさいてきじょう）

互いの債権債務を消滅（相殺）させる

のに適した状態をいいます（民法505条1項）。相殺の意思表示を行うための要件は、ⓐ2人がお互いに同種の目的を有する債務を負担している、ⓑ原則として双方の債務が弁済期にある、ⓒ債務の性質上相殺が許されない場合ではない、ⓓ相殺禁止に該当しない、という4つが挙げられます。

とくにⓒの要件に関連して、改正前民法では、不法行為により生じた債権を受働債権とする相殺を一律禁止していましたが、平成29年の民法改正では、損害賠償債権が人の生命・身体の侵害により生じたか否かにより区別しています。つまり、人の生命または身体の侵害（死亡または負傷）による損害賠償債権を受働債権とする相殺は、改正前民法と同じく一律禁止されます（509条2号）。一方、人の生命または身体の侵害以外の不法行為（名誉毀損、物損など）の場合は、現実給付の必要性が当然には高くないため、悪意（積極的加害意図）による不法行為に基づく損害賠償債権を受働債権とする相殺のみが禁止されました(509条1号)。

■相殺予約（そうさいよやく）

将来において、一定の事由が発生した場合に、互いの債権を相殺することを約束することをいいます。当事者の一方に債務不履行があった場合に期限の利益を失うとする特約のことを相殺予約という場合もあります。相殺をするには自分の債権（自働債権）が弁済期にあることが必要ですが、このような特約を付すことで強制的に弁済期を到来させ、相殺できるようにしています。

■造作買取請求権（ぞうさくかいとりせいきゅうけん）

借家契約において、貸主の同意を得て借主が費用を負担して建物につけ加えた畳・建具などの造作がある場合や、貸主から買い取った造作がある場合、借家契約が終了するときに、借主が貸主に対し、その造作を時価で買い取るように請求する権利のことです（借地借家法33条）。ただし、造作買取請求権は、特約で造作を買い取らない旨を規定して排除することができます。

■双方代理（そうほうだいり）

ある法律行為について、第三者が当事者双方の代理人となることです（民法108条）。双方代理がなされると、当事者の一方の利益が不当に害されることになるので、原則として禁止されます。

しかし、双方代理の禁止は代理権を授与した者の利益を守るための規定なので、当事者が許諾していた場合には双方代理は禁止されません。たとえば、AとBの売買契約を、Cが双方の代理人となって結ぶ、という行為は、AとB双方の許諾または追認がない限り無権代理となります。また、債務の履行についても、当事者の一方の利益が不当に害される行為ではないため、双方代理が認められています。

■双務契約（そうむけいやく）

契約当事者が、お互いに対価的意義をもつ債務を負担する契約です。売買、賃貸借、交換、雇用、請負、有償委任、有償寄託、和解が、双務契約です。たとえば、売買には売主の引渡義務と買主の代金支払義務という互いに価値的につりあった

義務があります。

■**贈与（ぞうよ）**

当事者の一方がある財産を無償で相手方に与えるという契約です（民法549条）。贈与契約は、諾成契約（当事者の合意だけで成立する契約）であり、贈与をする人は、契約で定めた財産を相手方に与えなければなりません。もっとも、書面によらない贈与は、すでに履行が終わった部分を除いて、当事者が解除することができます（同法550条）。また、贈与の目的物に欠陥があっても、そのまま引き渡せば足りるとする契約であることが推定されています（同法551条）。

■**損害金（そんがいきん）**

実務では、金銭消費貸借契約などにおいて金銭支払義務を定めた場合に、金利の同率か、または金利より高い率の損害賠償の支払を義務付けたときの金額のことを「損害金」ということがあります。要するに、お金を借りたが返せない場合を想定して決められる損害賠償額のことです。

■**損害賠償（そんがいばいしょう）**

債務不履行（民法415条）や不法行為（同法709条）などによって一定の損害が生じた場合に、それを金銭で補うことです。損害賠償は金銭によりなされるのが原則です（金銭賠償の原則）。精神的な損害についても賠償の対象となります。また、損害賠償を請求している側にも落ち度がある場合には過失相殺（同法418条、722条）がなされます。

■**損害賠償額の予定（そんがいばいしょうがくのよてい）**

契約が締結される場面等で、当事者間であらかじめ損害賠償の額を決めておくことをいいます。たとえば、ＡＢ間で売買契約が締結された場合に、債務不履行があった場合の賠償額は100万円とするとの合意が損害賠償額の予定です。損害賠償額の予定には、賠償請求をする者の立場からすれば、損害額の立証が不要になるというメリットがあります。損害賠償請求を受ける側としても、賠償の範囲が過大になることを防ぐというメリットがあります。損害賠償額の予定がある場合でも、当事者間の定めが公序良俗に反するような場合には、裁判所による増減による調整が行われることがあり得ます。つまり、過大な損害賠償額の予定などは、民法の一般条項などで制限されることもあります。

■**損害賠償者の代位（そんがいばいしょうしゃのだいい）**

債権者が、損害賠償として、債権の目的たる物の給付等を受けた場合には、債務者はその物等について権利を取得することが損害賠償者の代位です（民法422条）。たとえば、ＡがＢから動産を預かっていて、これがＣによって盗まれたとします。この際に、ＡがＢに損害を賠償した場合には、ＡがＣに対する動産の返還請求権を有することになる、というのが損害賠償者の代位です。Ａが動産に対する権利を有することにしないと、Ｂは損害賠償を受けたのに加えて動産に対する権利を有することになり、受けた損害より多くの利益をＢが受けることになるので不当です。このような事態を防ぐため

に損害賠償者の代位が認められています。

■**損害保険契約（そんがいほけんけいやく）**

損害保険は偶然の事故（自然災害、火災、自動車事故など）によって生じる損害を補償するものです。損害保険会社と保険契約を結ぶことによって、偶然の事故による損失に対し、その損失の程度に応じて保険金を受け取ることができます。地震や津波、火災、交通事故など偶然の事故は、いつ発生するかわかりません。事故に備えて貯蓄をはじめたとしても、事故は貯蓄が十分になるのを待ってはくれません。その点、損害保険に加入していれば、不幸にして事故が発生した場合には保険金を受け取り、損害（経済的損失）を補償して埋め合わせることができます。損害保険の例としては、地震保険、火災保険、傷害保険、自動車保険などがあります。

■**存続条項（そんぞくじょうこう）**

契約期間満了後も効力を有する旨を規定した契約条項のことをいいます。通常は、契約期間が満了すれば契約に定められた条項も効力を失います。しかし、例外的に契約期間が満了した後も条項の効力が存続するとされているものがあります。たとえば、秘密保持義務を定めた契約条項について、存続条項が定められることがよくあります。契約期間が満了したからといって、企業秘密が公になってしまうと秘密をもっている企業は困りますので、これを防ぐために存続条項が置かれます。存続条項は、通常、「契約期間満了後も、この条項の効力は存続する」といった文言で定められます。

■**存続上の牽連関係（そんぞくじょうのけんれんかんけい）**

双務契約は、一方の債務が存在するからこそ、他方の債務も存在するということです。たとえば、売買契約では、売主は目的物引渡債務を負い、買主は代金支払債務を負うことになります。この２つの債務は存続上の牽連関係があります。

た

■**代位弁済（だいいべんさい）**

弁済をすることで債権者に代位することができる弁済のことを代位弁済といいます。たとえば、保証人が債務者に代わって弁済をした場合には、保証人は債権者に代位することができるので、その弁済は代位弁済となります。

代位には法定代位と任意代位があります。法定代位は、弁済をすることについて正当な利益を有する者が弁済をした場合の代位であるのに対し、任意代位は、そのような正当な利益を有しない者が弁済した場合の代位です。改正前民法では、任意代位は弁済と同時に債権者の承諾を得ることが必要でした（改正前499条１項）。しかし、弁済を受領しながら代位を拒絶することには問題があるため、平成29年の民法改正で、任意代位について債権者の承諾は不要とされています。法定代位と任意代位の相違点は、任意代位の場合に限り、債権譲渡の対抗要件を備えなければ、債権者に代位した事実を債務者や第三者に対抗できないとすることに求められます（500条）。

■代金減額請求権（だいきんげんがくせいきゅうけん）

契約の内容に適合しない目的物が給付された場合に、買主が売主に対して代金の減額を請求することをいいます。

改正前民法では、代金減額請求をすることができる場合は、売買の目的である権利の一部が他人に帰属している場合や、物の数量を指示して締結した売買契約（数量指示売買）において、その物の数量が滅失等で不足している場合のみでした。平成29年の民法改正では、引き渡された目的物が種類・品質・数量・権利に関して契約の内容に適合しない場合（契約不適合）に、買主が、その契約不適合の割合に応じて、代金減額請求をすることが認められています。また、目的物に契約当初から欠陥がある場合についても、代金減額請求権の行使が認められています。

■対抗要件（たいこうようけん）

すでに効力の生じた法律関係あるいは権利関係の取得・喪失・変更を第三者に主張（対抗）するために必要とされる要件のことです。不動産の場合には登記が（民法177条）、動産の場合には引渡しが（同法178条）が対抗要件となります。対抗要件を備えないと、権利を取得できない可能性があります。たとえば、Aが所有している不動産がBに売られた後に、AからCに対しても売られたとします。このとき、Cが先に不動産の登記を備えてしまえば、Bは不動産の所有権を取得できないことになります。

■対抗力（たいこうりょく）

当事者以外の第三者に対して自己の権利を主張できる効力のことです。不動産の物権変動の対抗力は「登記」です。たとえば、ある土地を買った人にはその土地に対する所有権が生じます。ところが、その土地の売主が複数の人に対して同じ土地を売ってしまった場合、買った人々のうち誰が所有権を主張できるかについては、争いが生じます。そこで、土地について登記（所有権移転登記など）を行うことで、その土地の所有権者が自分であることを主張できるようにしたのが、不動産の登記制度です。この登記がもつ効果のことを対抗力といいます。

■第三債務者（だいさんさいむしゃ）

債務者の債務者です。つまり、債務者が有している債権の債務者で、債権者から見ると第三債務者と表現されます。たとえば、AがBに対して債権をもち、BがCに債権をもっているときに、Aから見たCが第三債務者となります。債権者が債務者に対してもつ債権を回収する際に、債務者が第三債務者に対してもつ債権を差し押さえて、債権者がそれを直接取り立てることによって、債権の回収を図る債権執行などの手続があります。

■第三者（だいさんしゃ）

一般的には、当事者以外の者のことを第三者といいます。たとえば、民法177条における意味では、当事者以外の者で、登記がないことを主張する正当な利益をもっている者のことです。背信的悪意者などは、民法177条における第三者には該当しないとされています。

■第三者による弁済（だいさんしゃによるべんさい）

第三者がその第三者の名で、債務者に代わって弁済することです。第三者弁済は原則として有効ですが（民法474条1項）、債務の性質が第三者弁済を許さないとき、または当事者が第三者の弁済を禁止・制限する旨の意思表示をしたときは、第三者弁済が無効となります（474条4項）。弁済について「正当な利益を有する者でない第三者」は、ⓐ債務者の意思に反する弁済をしても無効ですが、債務者の意思に反するのを債権者が知らなかった場合は例外的に有効です（474条2項）。また、ⓑ債権者の意思に反する弁済をしても無効ですが、債務者の委託を受けて弁済するのを債権者が知っていた場合は例外的に有効です（474条3項）。

■第三者のためにする契約（だいさんしゃのためにするけいやく）

契約の当事者の一方が、第三者に対して債務を履行することを内容とする契約のことをいいます（民法537条）。たとえば、Cに対して債務を負担するAが、Bに不動産を売却した場合に、AのCに対する弁済にあてるために、代金をBからCに直接支払ってもらうような場合のことです。この場合のAを要約者、Bを諾約者、Cを受益者といいます。Bは、Cに対して代金支払債務を負担します。

なお、当該契約が成立するときに、第三者が未だに存在していない場合や、第三者が特定していない場合であっても、第三者のためにする契約の効力に影響を与えません（537条2項）。したがって、前述の事例についても胎児を受益者とした第三者のためにする契約を結ぶことが可能です。

■第三取得者（だいさんしゅとくしゃ）

担保物権が設定された目的物について、新たに所有権や用益物権を取得した第三者のことをいいます。たとえば、抵当権が設定された不動産を買い取った場合、その第三取得者は、抵当権が実行されることによって所有権を失い、損害を受ける危険に常にさらされていることになります。そこで、第三取得者と債権者（抵当権者）との利害の調和を図る必要が生まれてきます。第三取得者を保護するための方法として、代価弁済（民法378条）と抵当権消滅請求（同法379条）という2つの方法があります。

■代償請求権（だいしょうせいきゅうけん）

債務が履行不能となり、履行不能と同じ原因によって債務者が利益を得たときに、債権者が受けた損害の範囲内で、その権利や利益の移転について債務者に請求できる権利のことです。改正前民法では条文に規定されておらず、解釈により代償請求権を認めていましたが、平成29年の民法改正で明文化されています（民法422条の2）。たとえば、AがBに建物を売却する契約をした後に、建物が放火により焼失してしまい、A（建物の引渡債務者）は火災保険金を得たとします。この際に、BがAに対して、Aが受けた保険金分の利益を請求することができるのが代償請求権です。

■代替物／不代替物（だいたいぶつ／ふだいたいぶつ）

取引における目的物を分類する方法の

ひとつです。物そのものの個性には着目せず、同種・同量・同品質の物によって代替できる物のことを「代替物」といいます。たとえば、米、ビールなどです。一方、物それ自体の個性に着目・重視して、他の物によっては代替できない物を「不代替物」といいます。たとえば、特定の土地、絵画などです。なお、代替物に該当するどうかは、当事者の主観によるものではなく、その物のもつ客観的な性質に基づいて決まるといえます。

■代担保（だいたんぽ）

留置権が成立している場合に、債務者は担保を提供して留置権の消滅を請求することができます（民法301条）。ここで提供される担保のことを代担保といいます。たとえば、Aが自分の所有する時計をBに修理に出したとします。このとき、Aが修理代を支払わないうちはBは時計を留置することができます。しかし、Aが担保をBに提供すれば、Aは時計を取り戻すことができます。留置権が成立した際には、留置権が担保している債権の額に比べて留置物のほうが価値が高いということがあります。そのため、留置物の代わりに債権の担保として十分な物を提供すれば留置権を消滅させることができるとしました。

■代物請求（だいぶつせいきゅう）

売買契約において、目的物に欠陥（瑕疵）がある場合に、買主の側が欠陥のない代わりの物の給付を請求することをいいます。不特定物の売買契約の場合には、買主は当然に代物請求をすることができます。なぜなら、売主には欠陥のない物を調達してくる義務があるからです。たとえば、りんごの売買契約をした場合には、売主は世界中のどこかからりんごを手に入れて、買主に引き渡さなければなりません。

一方、特定物の売買契約の場合に代物請求が認められるかどうかが、改正前民法の下では問題になっていました。しかし、平成29年の民法改正では、特定物であるか不特定物であるかを問わず、目的物に欠陥があり、買主が契約不適合責任に基づく請求をする場合に、損害賠償請求の他に、代替物の引渡しを請求することが認められています（買主の追完請求権、民法562条）。

■代物弁済（だいぶつべんさい）

本来の給付と異なる他の給付により債務を消滅させる契約です（民法482条）。たとえば、借金を返済する債務を履行する代わりに、土地を債権者に引き渡すことで債務を消滅させる場合です。平成29年の民法改正では、代物弁済契約が当事者の合意によって成立する契約（諾成契約）である旨を明確にし、他の給付がなされた時に債権が消滅することを明確にしています。また、債務者ではなく弁済ができる第三者も、代物弁済の当事者となることが可能です。

■代物弁済の予約（だいぶつべんさいのよやく）

金銭の借入れに際し、期限までに借金が弁済されない場合には、その所有する不動産で弁済する旨の契約をあらかじめしておくことです。停止条件付代物弁済契約ともいいます。代物弁済の予約は仮登記をしておくことができ、期限が到来してもなお弁済を受けられない場合は、

仮登記を本登記に改めることにより、債権者は簡便に当該不動産の所有権を取得することができます。このように代物弁済の予約には担保的機能があり、また少額の債権に対し高額の不動産が担保にとられる危険性があることから、仮登記担保法で一定の規制が設けられています。たとえば、仮登記の実行に際しては、債権者に対して、債権額と不動産の価額の差額を清算金として債務者に支払う義務を課しています。

■代理（だいり）

自分（本人）の代わりに他人（代理人）に事務を処理させ、本人が代理人の行った法律行為の結果（効果）を受けるという制度のことです（民法99条）。たとえば、AがBの代理人としてCと売買契約を締結した場合、AとCの間で契約内容の交渉がなされていたとしても、BとCの間に契約の効力が生じます。

代理権には、本人の意思で与えられる任意代理権と、法律の定めにより与えられる法定代理権があります。任意代理権は代理契約などで与えられます。法定代理権には親権などがあります。

代理は、法律行為について認められ、原則として事実行為を代理することは認められません（事実行為を他人に行わせるのは準委任などによります）。民法が想定している代理制度は、契約などの法律行為を代理人が行い、その効果を本人に帰属させるものです。

■代理権授与の表示による表見代理（だいりけんじゅよのひょうじによるひょうけんだいり）

本人が相手方に対して、第三者に代理権を付与していることを示した場合に、第三者のした法律行為の効果を本人に帰属させることをいいます（民法109条）。たとえば、AがCに対して「Bに代理権を与えた」といい、それをCが信じたとします。このとき、実際にはAはBに代理権を与えていなくても、BがAの代理人と称してCと契約をすれば、Cが善意無過失であるときに、AC間で契約が成立することになります。代理権授与の表示による表見代理は、代理権授与の表示を信じた（善意無過失の）第三者を保護するための制度です。

■代理権消滅後の表見代理（だいりけんしょうめつごのひょうけんだいり）

代理権が消滅した後も、以前と同じように代理人として行為した場合に、これを過失なく信じた第三者を保護するための制度をいいます（民法112条）。代理権が過去に存在していたが現在は消滅しており、過去に存在した代理権の範囲内での行為がなされ、代理権がないことについて相手方が善意無過失（代理権がないことを知らず、知らないことに落ち度がない）の場合に代理権消滅後の表見代理が成立します。

■代理権ゆ越による表見代理（だいりけんゆえつによるひょうけんだいり）

代理人が、与えられた代理権の範囲を越えて法律行為をした場合でも、本人に法律効果を帰属させる制度です（民法110条）。権限外の行為の表見代理ともいいます。

たとえば、AがBに対して、Aの土地に抵当権を設定することについての代理権を与えたとします。しかし、BはCと

の間でAの土地についての売買契約を締結してしまったとします。本来であれば、BはAの土地に抵当権を設定する権限しかないので、Aの土地を売る契約を締結することはできないはずです。しかし、Cとしては「BはAの土地に抵当権を設定する権限を有しているのだから、Aの土地を売却する権限も有しているはずだ」と考え、BがAの土地を売る権限を有していることを期待したかもしれません。Cがこのように考えたことに落ち度がなかった場合には、Cの期待を保護して、BC間で結ばれた契約の効果がAに帰属することになります。

■代理受領（だいりじゅりょう）

債権者A、Aの債務者B、Bの債務者Cがいた場合に、BのCに対する債権の受領をAに委任して、CのがAが受領することです。債権譲渡と異なる点は、BのCに対する債権に譲渡制限特約がついていたとしても、Aが債権を回収することができる点、BのCに対する債権の金額や弁済期が不確定であっても有効である点です。

代理受領にあたっては、ⓐAはCから直接弁済を受領する、ⓑBはCに対して直接債権の取立てをしない、ⓒBはAとの代理受領契約を一方的に解除できない、という3点について合意をし、AB間の代理受領委任契約書にCの承認を求める形式をとるのが一般的です。

ただし、Aが弁済を受領する権限は、差押債権者などには対抗できません（差押債権者が優先されます）。

■代理店契約（だいりてんけいやく）

商品の供給者から委託を受けて、商品を販売する契約で、商品在庫を抱えるリスクがない代わりに、販売手数料のみの利益となる契約のことです。

これに対して代理店契約と区別が必要なのは販売店契約です。販売店契約は商品の供給者から商品を仕入れ、販売する契約で、仕入価格と販売価格の差額が、すべて利益になる代わりに、商品在庫を抱えるというリスクを背負う契約です。もっとも、代理店契約と販売店契約は、法律による定義がないため、代理店契約と表題に書いてあるのに内容は販売店契約になっている場合や、逆に販売店契約と表題に書いてあるのに内容は代理店契約になっていることもあるため、契約内容をよく確認する必要があります。

■代理における三面関係（だいりにおけるさんめんかんけい）

代理関係は、本人、代理人、第三者の3人の間で問題となります。これを代理における三面関係といいます。

本人が代理人に対して代理権を与え、代理人が第三者と契約を結んだ場合には、代理人がした契約の効力は本人に帰属します。

本人が代理人に代理権を授与していなかった場合には、無権代理となり代理人が結んだ契約の効力は原則として本人には及びません。ただし、表見代理の規定が適用されるのであれば、本人に契約の効力が及びます（民法109、110、112条）。

■代理人（だいりにん）

本人に代わって契約などの法律行為をする者です。代理人が行った行為は、本人自身が行ったのと同様の効果があります。これを「代理の効果が本人に帰属す

る」ということがあります。代理人がいることにより、本人の活動範囲を広げることができ、また、物事を判断する能力が不足している本人自身の権利を守ることができます。代理人は、任意代理人と法定代理人に分けることができます。任意代理人は、本人の意思により代理人とされた者であるのに対し、法定代理人は、法律の定めにより代理人とされた者のことです。

■代理の禁止（だいりのきんし）

自己契約と双方代理が禁止されていることをいいます（民法108条）。

たとえば、AがBに対してAの所有する土地の売却についての代理権を授与したとします。このとき、Bが売買契約の相手方となることが自己契約です。また、AがBに対してAの所有する土地の売却についての代理権を授与し、BはCからも土地の購入についての代理権を授与されている場合に、BがAとCの両方を代理してAC間の売買契約を締結することが双方代理に該当します。

自己契約や双方代理の場合、Bは自分またはACのどちらかに有利になるように契約を締結することになり、ACの一方または双方が不当に損害を被ります。そのため、自己契約や双方代理は禁止されています。

■抱き合わせ販売（だきあわせはんばい）

取引の相手方に対して、本来販売しようとしている商品やサービスにあわせて、他の商品やサービスを購入させることをいいます。たとえば、人気のゲームソフトを、不人気のゲームソフトと一緒に販売している場合、消費者は、人気のゲームソフトを購入するために、不人気のゲームソフトを購入することを余儀なくされます。これが抱き合わせ販売です。

抱き合わせ販売となるためには、主たる商品と従たる商品が全く別の商品であることが必要であり、1つの商品として扱われている場合には抱き合わせ販売にはなりません。また、抱き合わせ販売となるためには、主たる商品と従たる商品を合わせて購入することを買い手が強制させられていることも必要です。

抱き合わせ販売を行うことは、独占禁止法が定める「不公正な取引方法」にあたり、原則として禁止されています。

■諾成契約（だくせいけいやく）

当事者の合意だけで成立する契約のことを諾成契約といいます。たとえば、売買契約（民法555条）は当事者の合意だけで成立する契約ですので、諾成契約です。諾成契約は要物契約と対置される言葉です。なお、消費貸借契約は原則として要物契約ですが、平成29年の民法改正に伴い、書面（契約書など）でする場合には諾成的消費貸借契約が認められる旨が明文化されています。

■諾成的消費貸借（だくせいてきしょうひたいしゃく）

民法における消費貸借契約は、原則として契約の成立のために金銭の授受が必要な要物契約であるとされています（民法587条）。この原則に対して、当事者の合意だけで成立する消費貸借契約のことを諾成的消費貸借といいます。

平成29年の民法改正では、諾成的消費貸借契約を締結する場合には、書面（契約書など）により締結することが必要で

あると規定しています。

■宅地建物取引（たくちたてものとりひき）

ⓐ宅地や建物の売買・交換（自ら売買・交換）をする行為と、ⓑ宅地や建物の売買・交換・貸借（賃貸）の代理や媒介をする行為のことです（宅地建物取引業法2条3号）。宅地や建物を貸借（自ら貸借）する行為は「宅地建物取引」に該当しません。宅地建物取引を業として行う場合は、宅建業の免許が必要です。

宅地建物取引も民法上の契約自由の原則に則って行われるものです。しかし、一般の国民にとって宅地や建物は高額で重要な財産であって、とりわけ宅地や建物の売買・交換の取引をするのは、人生においてわずかな回数しかないというのが実際です。そのため、宅地建物取引については、専門的な知識を持ち経験豊富な不動産業者（宅建業者）に依頼することが多くなります。そこで、民法の契約自由の原則を修正することによって、不動産業者に対する行政上の規制を行い、購入者などの利益の保護と、宅地や建物の流通の円滑化とを図るために、宅地建物取引業法（宅建業法）が各種規定を置いています。

■宅地建物取引業者（たくちたてものとりひきぎょうしゃ）

宅地建物取引を業として行う不動産業者のことをいいます。省略して「宅建業者」と呼ばれています。宅地建物取引業者となるには、ⓐ2つ以上の都道府県の区域内に事務所を設置しようとする場合は「国土交通大臣」の免許を、ⓑ1つの都道府県の区域内にのみ事務所を設置し

ようとする場合は「事務所の所在地を管轄する都道府県知事」の免許（宅建業の免許）を、それぞれ受けなければなりません。免許には5年の有効期限があり、免許を継続するには更新が必要です。また、宅地建物取引業を営む事務所には、専任の宅地建物取引士を所定の人数設置しなければなりません。

なお、宅地建物取引には自ら貸借が含まれないため、宅地や建物を自ら当事者として貸借（賃貸）する事業を営むだけであれば、宅建業の免許は不要です。

■宅地建物取引士（たくちたてものとりひきし）

宅建業者の従業員が宅地建物取引に関する業務に従事するために必要な国家資格です。宅建業者の事務所においては、宅地建物取引業の業務に従事する人数の5人に1人以上が専任の宅地建物取引士でなければなりません。宅地建物取引士のみが行うことができる業務として、重要事項（宅地建物取引業法35条）に関する説明や、重要事項説明書（35条書面）への記名押印などがあります。

2015年3月までは宅地建物取引主任者という名称で呼ばれていました。宅建物取引主任者と宅地建物取引士のおもな違いは、宅地建物取引士には、信用失墜行為の禁止や知識技能の向上などの責務が追加されており、より適正に業務を実施することが期待されています。

■但書（ただしがき）

ただし書ともいいます。法律の条文の体裁の種類のひとつです。例外的な事例を述べるために用いられます。

たとえば、民法550条においては、書

面によらない贈与（口約束での贈与）は当事者から解除できますが、但書で履行の終わった部分は解除できないとの例外を規定しています。

■ **直ちに（ただちに）**

物事を行う際の時間的速さを示す言葉です。時間的に「今すぐ」という意味を表すものですが、「直ちに」は「速やかに」よりも、時間的により逼迫していることを表しています。

■ **立退料（たちのきりょう）**

貸主の都合で借主に不動産からの立退きを請求しなければならないような場合に、貸主から借主に対して支払われる金銭のことです。

賃貸借契約の期間終了時に、借主は不動産から立ち退くか、貸主と協議して契約の更新を行うことになります。しかし、借地借家法が適用される借地や借家の場合には、貸主は、契約の更新を拒絶しても妥当といえるほどの正当な事由（正当事由）がない限り、契約の更新を拒絶することはできません。立退料を支払うことは、借地や借家の貸主が、契約の更新を拒否する際の正当事由の一要素（原則としては正当事由が認められる方向での要素）として考慮されます（借地借家法6条、28条）。

■ **建物買取請求権（たてものかいとりせいきゅうけん）**

借地に付属された建物等を時価で買い取るよう請求できる権利です。建物買取請求権には、借地の借主に認められるものと第三者に認められるものがあります。

借地の借主に建物買取請求権が認められるのは、借地権の存続期間が満了し、契約の更新がない場合です（借地借家法13条）。また、第三者とは、借地上の建物等を取得した者のことで、借地の地主が借地権の譲渡または転貸を認めないときに建物買取請求権が認められることになっています（同法14条）。建物買取請求権を行使した場合、土地所有者が代金を支払うまで土地を占有することができます。ただし、土地を明け渡すまでの地代は支払わなければなりません。

■ **建物譲渡特約付借地権（たてものじょうととくやくつきしゃくちけん）**

定期借地権のひとつで、契約締結時に存続期間を30年以上に設定しておき、契約期間終了後、貸主が借主から建物を買い取ることで借地権が消滅する、という特約を定めた借地権のことです。契約書などの書面の作成は義務付けられていませんが、30年以上という長期間経過後に建物の譲渡が実行されるため、一般的には契約書を作成しておくことが望ましいといえます。契約期間終了後に、建物の所有権を貸主が取得して借地権を消滅させるという点が、建物譲渡特約付借地権の特徴です。

■ **他人のためにする保険契約（たにんのためにするほけんけいやく）**

生命保険の場合においては、他人のためにする保険契約とは、保険料を支払う「保険契約者」と、その保険によって保護を受ける「保険金受取人」が別人である保険契約のことです。親が自分に生命保険をかけて、子どもをその受取人にする場合がこれにあたります。また、会社の福利厚生の一環として、会社が保険契

約者、従業員が被保険者、保険金受取人が会社または被保険者の遺族とする団体定期保険などもあります。通常、保険は自己の生命や事故に対する補償のために契約をするものですが、他人の生命に関する保険契約の場合、無制限にこれを許すと、不正な受け取りや保険金目当ての犯罪も考えられるため、被保険者の同意が必要とされています。

一方、損害保険の場合は、保険金を受け取る予定の者が「被保険者」と呼ばれており、保険契約者と被保険者が別人である契約をいいます。

■**他人物贈与（たにんぶつぞうよ）**

他人の財産を目的とする贈与のことです。改正前民法では、贈与は「自己の財産」を無償で相手方に与える契約と定めていましたが、解釈によって他人の財産を贈与することを認めていました。平成29年の民法改正により、「自己の財産」を「ある財産」に改めて、他人の財産を目的とする贈与が有効であることを明示しました（民法549条）。

■**他人物売買（たにんぶつばいばい）**

売主が自ら所有権などの権利を持たない物を目的物として、買主との間で売買契約を結ぶことです。たとえば、Aの所有する土地について、Bが売主、Cが買主となってBC間で締結される売買契約は他人物売買です。

他人物売買は、目的物の権利者がその権利を譲渡するつもりがなくても、当事者間では有効に成立するとされています。他人物売買をした場合、売主はその権利を取得して買主に移転しなければなりません（民法561条）。売主が権利移転の義務を果たせなかった場合、買主は、契約不適合責任に基づき、契約の解除や損害賠償請求などができます。

■**短期消滅時効（たんきしょうめつじこう）**

改正前民法が定めていた、業種などに応じて、短い期間で債権（権利）が時効により消滅する場合のことです。

平成29年の民法改正によって、債権の消滅時効の期間は一本化され、短期消滅時効は削除されました。債権は「権利を行使できる時から10年」または「権利を行使できることを知った時から5年」が経過した時に、時効によって消滅するのを原則とします（民法166条）。

■**短期賃貸借（たんきちんたいしゃく）**

財産の処分権（目的物の譲渡などをする権限）はないが、管理権（目的物を維持・管理する権限）をもつ者が行うことのできる賃貸借のことです。短期賃貸借では、賃貸借の期間の上限が設定されています。具体的には、ⓐ植林用の山林は10年以下、ⓑその他の土地は5年以下、ⓒ建物は3年以下、ⓓ動産は6か月以下となっています。短期賃貸借は更新することが可能ですが、法律で定められている期間内に更新しなければなりません。

■**担保（たんぽ）**

将来発生するかもしれない不利益に備えて、その補いとなるものをつけておくことをいいます。法的には債務不履行に備えるものをいいます。つまり、債権者が債務の弁済を受けられない事態を考え、あらかじめ弁済を確保するために行う方法で、人的担保（保証など）と物的

担保（抵当権や質権など）があります。また、担保についての権利のことを担保権といいます。

■担保権の実行（たんぽけんのじっこう）

債務者が期限を過ぎても債務の弁済をしない場合、債務者の不動産などに設定していた担保権（抵当権など）を実行することです。つまり、担保権をもつ債権者の請求により、裁判所が、担保権を設定していた不動産などを強制的に処分し、債権者に代金を配当することです。

■担保責任（たんぽせきにん）

売買・請負など価値的につりあいのある債務を負う契約（有償契約）において、債務者が給付した物や権利に欠陥があった場合に、債務者が負う責任をいいます。債務者に落ち度（過失）がなくても担保責任は発生します（無過失責任）。

平成29年の民法改正では、原則として担保責任という文言を使わず、契約不適合責任という概念を新たに導入しています。たとえば、売買契約がなされた場合は、民法561条以下の規定により、売主は契約不適合責任を負います。買主は、契約不適合責任に基づき、売主に対して損害賠償請求や契約の解除などをすることができます。また、民法だけでなく、商法にも契約不適合責任についての規定があります（商法526条）。

■担保物権（たんぽぶっけん）

債務者などの財産から優先的に債権を回収できる物権のことを担保物権といいます。担保物権には、当事者の合意によって発生する約定担保物権と、法律によって当然に発生する法定担保物権があります。抵当権や質権は約定担保物権であり、先取特権や留置権は法定担保物権です。

ち

■地役権（ちえきけん）

自分の土地（要役地）をより有効に利用するために、他人の土地（承役地）を使用することができる権利です（民法280条）。他人の土地に湧いている水を引いたり、隣の土地を通行することができます。とくに、土地を通行する権利のことを通行地役権といいます。また、地役権の対象となっている承役地（利用される方の土地）の範囲を表す図面のことを地役権図面といいます。地役権図面は、承役地の一部のみに地役権が設定されるときに必要な情報となり、承役地の全体に地役権が設定される場合は不要です。

■遅延損害金（ちえんそんがいきん）

金銭債務について、債務者の支払いが支払期日よりも遅れた場合に支払わなければならない金銭を指します。契約等において、一定の割合が定められていることが多く、遅延利息と言われることもあります。支払期日の前にも、金銭債務については利息が発生し、その支払いが行われることがあります。しかし、遅延損害金は支払期日を経過しても金銭債務を弁済しない時に初めて発生する金銭ですので、支払期日前の利息とは区別する必要があります。

■遅延賠償（ちえんばいしょう）

債務の履行遅滞により生じる損害を賠償することです。売主が物を引き渡すことが遅れたことで買主が転売できなかっ

た場合には、買主が転売によって得られるはずだった利益が遅延賠償の対象になります。損害賠償の範囲は、通常生ずべき損害および当事者が予見すべきであった損害に限られます（民法416条）。また、金銭債務の不履行に基づく損害額は、法定利率によって定めるのが原則ですが、法定利率より高い利率を定めたときは、その利率（約定利率）によって定めます（同法419条、404条）。

■地上権（ちじょうけん）

物権の一種です。他人の物に対する物権である制限物権のうち、工作物または竹木を所有するために、他人の土地を利用することができる権利です（民法265条）。具体的には、建物を所有するために、他人の土地を使用する場合に地上権が用いられます。地下または空間に区分地上権を設定することもできます。

■遅滞なく（ちたいなく）

物事を行う際の時間的速さを示す言葉であって、合理的な範囲ですぐに行うことをいいます。「今すぐ」という意味を表すものですが、正当な理由があれば遅れることが許される場合に使われる言葉です。「直ちに」と似た意味の言葉ですが、「直ちに」のほうが「遅滞なく」より緊急性の強い言葉です。たとえば、事務管理をはじめた者は、遅滞なく本人に事務管理をはじめたことを通知しなければならないとされています（民法699条）。

■知的財産権（ちてきざいさんけん）

人間の創造的活動によって生み出されたものを、創作した人の財産として保護するために規定されている権利です。具体的には、特許権、実用新案権、育成者権、意匠権、著作権、商標権などのことを指します（知的財産基本法2条2項）。パブリシティ権のように、判例によって認められているような権利も含まれます。権利の侵害に対して損害賠償の請求ができるなど、所有権に似た権利保護の構造ではありますが、知的財産権には存続期間があり、一定期間経過後は権利が解除されて第三者が自由に利用できるようになるという点で、所有権とは異なっています。

■中間利息控除（ちゅうかんりそくこうじょ）

交通事故などの不法行為や債務不履行にあわなかったら、将来得られたであろう収入や利益（逸失利益）について、補償の時点で一括して支払うには、被害者が将来に渡り受領した逸失利益(保険金)から運用などによって別途取得する利息相当額を控除する必要があります。この利息相当額の控除を中間利息控除といいます。実務上、中間利息控除には法定利率が適用されていますが、平成29年の民法改正によって、このことが明文化されました（民法417条の2）。

また、平成29年の民法改正により、法定利率は施行時に年3％へ引き下げられ、その後は市場金利の変動を踏まえ、3年ごとに1％刻みで見直す変動制が採用されています。法定利率が引き下げられると、保険金から差し引かれる中間利息も減りますから、その分、被害者が受け取る保険金の額が増加することになります。

■注文者の責任（ちゅうもんしゃのせきにん）

請負契約における請負人が第三者に与

えた損害につき、原則として注文者が損害賠償責任を負うことはないとされることです（民法716条）。ただし、注文者が請負人に与えた指示の内容に過失があった場合は、例外的に注文者も損害賠償責任を負うとされています。

■直接取引（ちょくせつとりひき）
　仲介人となる不動産業者（宅建業者）を通さずに、売主と買主が直接取引を行うことです。直接取引をする場合、仲介手数料などがかからないため、費用を削減できるというメリットがあります。しかし、高額な商品を取り扱う不動産取引は、その専門知識や経験が欠けていると、後々大きなトラブルが生じる危険性があります。そのため、直接取引を行う場合であっても、契約書の作成や物件の状態把握などについては、専門家に関与してもらうほうが無難といえます。
　なお、不動産の直接取引を1年間のうちに複数回行うと、宅建業の免許を必要とする「宅地建物取引」（宅地建物取引業法2条3号）にあたると判断され、無免許営業を理由に処罰される可能性がありますので、注意が必要です。

■著作物利用許諾契約（ちょさくけんりようきょだくけいやく）
　著作物を他人に利用させ、その対価を得るための契約の一形態です。1人（1社）とだけ契約することもでき、複数人と契約することもできます。また、著作者自身も同時に著作物を利用できます。
　なお、類似の契約として出版権設定契約がありますが、この場合は1人（1社）としか契約できず、相手方の独占権となります。出版権設定契約の有効期間中は、著作者自身も著作物を別に出版することはできません。

■賃借権（ちんしゃくけん）
　賃貸人に賃料を支払う対価として、物を使用・収益できる賃借人の権利のことです（民法601条）。
　賃貸人は賃貸目的物が壊れた場合にはこれを修繕する義務を負います（同法606条）。賃借人は、賃貸人の承諾を得ずに目的物を転貸することはできません（同法612条）。また、賃借人が賃貸目的物について必要費や有益費を支出した場合には、賃貸人に対して費用の償還を求めることができます。なお、不動産賃借権は、登記をすれば、その不動産について物権を取得した者に対しても賃借権を対抗することができます（同法605条）。

■賃借権の更新（ちんしゃくけんのこうしん）
　契約期間が満了した賃貸借契約について、改めて契約を結び直すことをいいます。通常は当事者の意思によって決定されますが、不動産の賃貸借契約は、賃借人にとっては生活の基盤となる重要なものです。したがって、借地借家法により、借地・借家の賃貸人の側が賃貸借の更新を拒絶することには一定の規制がなされ、正当事由がなければ、賃貸人は賃貸借の更新を拒絶できないことになっています（借地借家法6条、28条）。

■賃借権の対抗力（ちんしゃくけんのたいこうりょく）
　賃借権を第三者に主張できる効力をいいます。本来は、物権は債権よりも強いので、不動産の所有権を得た者は、その

不動産を借りている者を追い出すことができるはずです。しかし、不動産賃貸借は生活の基盤を与えるものであり、賃借人を保護する必要性が高いといえます。民法は、不動産の賃貸借を登記したときは、その不動産について物権を取得した者その他の第三者に対して、賃借権を主張することができると規定しています（民法605条）。また、借地借家法は、賃借権の登記がなくても、第三者に対する対抗力が与えられる場合について規定しています。

■賃借権の物権化（ちんしゃくけんのぶっけんか）

原則として、物権は債権より強く、不動産賃借権は債権なので、物権である所有権等には劣ります。しかし、不動産の賃借人を保護する必要から、不動産の賃借権には物権と同じような効力が付与されています。これが賃借権の物権化です。

不動産の賃借権の対抗力は、賃借権の物権化の一例です。対抗力を備えた賃借権は、不動産の所有権を譲り受けた者に対しても主張することができます。

■賃借権の無断譲渡（ちんしゃくけんのむだんじょうと）

賃貸人の了承を得ずに、賃借人が賃借権を第三者に譲渡することをいいます。

賃貸借契約は、賃貸人と賃借人の人的信頼関係によって成り立っていますから、賃借権は、賃貸人の承諾がなければ譲渡できず、無断譲渡があった場合は、賃貸人が契約を解除することができるのが原則です（民法612条）。しかし、これを文字通り適用すると、賃借人にとってはかなり厳しい結果になることもあり、裁判所は賃借人に対して救済策を講じました。それが信頼関係破壊の法理です。判例はこの法理を用いて、無断譲渡・無断転貸が賃貸人に対する背信的行為と認められない場合には、解除権は発生しないとしています。

■賃貸借（ちんたいしゃく）

当事者の一方（賃貸人）がある物を相手方（賃借人）に利用させ、相手方が賃料などの対価を支払う契約をいいます（民法601条）。賃貸借契約は有償の諾成契約です。土地や家など、不動産の賃貸借がおもなものですが、レンタカーなどのように動産の賃貸借もあります。建物の所有を目的とする土地の賃貸借（借地権）、建物の賃貸借（借家権）については、借地借家法が適用されます。

■賃貸住宅標準契約書（ちんたいじゅうたくひょうじゅんけいやくしょ）

国土交通省の住宅局が作成した、賃貸借契約に関する紛争を事前に防止するために、契約内容を明確かつ合理的に示した契約書のひな型を指します。おもに借主の居住の安定と貸主の経営の合理化をめざしています。賃貸住宅標準契約書においては、物件の状況や契約期間、賃料等は一覧できる必要があり、たとえば、賃料を改定する場合には、改定事由を具体的に明示し、当事者間の協議によること等が定められています。

■賃貸住宅紛争防止条例（ちんたいじゅうたくふんそうぼうしじょうれい）

賃貸住宅におけるトラブルが生じないように制定されている東京都の条例のことで、正式には「東京における住宅の賃

貸借に係る紛争の防止に関する条例」といいます。この条例のルールは「東京ルール」とも呼ばれています。

この条例は、住宅の賃貸借における原状回復等に関して、宅建業者（不動産業者）に一定の説明義務を課しています。具体的には、重要事項説明に加え、ⓐ退去時の通常消耗等の復旧は、貸主が行うことが基本であること、ⓑ入居期間中の必要な修繕は、貸主が行うことが基本であること、ⓒ賃貸借契約の中で借主の負担としている具体的な事項、ⓓ修繕及び維持管理等に関する連絡先、の説明が義務付けられています。

なお、この条例の適用対象となるのは、東京都内の居住用賃貸住宅について、宅建業者が媒介・代理を行う場合ですが、他の地域においても、原状回復等のあり方などについて東京ルールが参考にされています。

■賃貸建物の明渡猶予期間（ちんたいたてもののあけわたしゆうよきかん）

抵当に入っている建物が裁判所の競売にかけられ、買受人が買い受けた際、競売される前からこの建物を使用・収益していた対抗力をもたない賃借人は、買受人から明渡請求を受けます。この際に、買受人に引渡しをしなくてもよい期間のことを明渡猶予期間といいます。その期間は買受の時点から6か月間です（民法395条1項1号）。

■賃料（ちんりょう）

賃貸借とは、賃貸人が賃借人に目的物を使用収益させ、これに対して賃借人が使用収益の対価を支払う契約をいいますが、このとき賃貸人に支払われる対価を賃料といいます。一般に土地の賃料は地代、建物の賃料は家賃と呼ばれます。

つ

■追完請求権（ついかんせいきゅうけん）

買主が、契約内容に適合しない目的物の給付を受けた場合に、契約不適合責任を追及して、売主に対して契約内容に適した目的物の給付を請求することができる権利をいいます（民法562条）。

改正前民法の下では、とくに特定物に欠陥（瑕疵）がある場合について、当事者の特約がない限り、追完請求を行うことは認められないと解釈されてきました。しかし、平成29年の民法改正によって、種類・品質・数量・権利において契約内容に適合した目的物が給付されるべきであるとの考え方に基づき、契約不適合責任が明文化されています。引き渡された目的物が契約の内容に適合しないものである場合、買主は、売主に対して、追完請求権を行使して、ⓐ目的物の修補、ⓑ代替物の引渡し、ⓒ不足している分に関する追加の引渡しを請求することができます。

■追奪担保責任（ついだつたんぽせきにん）

売買の目的物について、第三者が取消権を行使したことなどが原因で、買主が目的物の権利を失った（第三者に奪われた）ことにより、契約不適合が生じているとして、売主が買主に対して負う契約不適合責任のひとつです。たとえば、土地がAからBに売られ、さらにBがCに売り渡したとします。その後に、Aが未成年であったことを理由にAB間の契約

が取り消された場合、土地の所有権はCからAに戻り、Bは所有権を失います。この際、CがBに対して追及できるのが追奪担保責任です。

■追認（ついにん）

事後的に確定的なものにする当事者の意思表示で、取り消すことができる行為などを後から認めることです。たとえば、無権代理の追認や訴訟能力の欠缺（訴訟能力が欠けていること）の追認が挙げられます。

無権代理であれば、無権代理人のした行為を本人が追認することにより、無権代理人の行為を有効として、その効果を本人が享受することもできます（民法116条）。訴訟能力が欠けているのであれば、たとえば未成年者の訴訟行為を法定代理人が追認して、行為のときに遡って有効とすることもできます。

■通信販売（つうしんはんばい）

通信販売とは、消費者（顧客）がテレビ、インターネットのホームページなどのメディアを見て、購入の申込みをする販売形態をいいます。通信販売で、適切な取引が行われるようにするためには、広告に取引条件を正確に示すことが必要です。そこで、特定商取引法は、原則として通信販売の広告について一定の事項を表示することを義務付けています（特定商取引法11条）。また、通信販売には特定商取引法により返品制度が導入されています。この制度は通信販売で購入した商品の到着後、8日以内であれば、商品購入者の負担で返品することを認める制度です。ただし、通信販売をする際の広告に、あらかじめ「返品できない」旨を記載していれば、消費者は返品ができません。この点が返品制度と普通のクーリング・オフとの違いです。ただ、「返品不可」の表示があったとしても、事業者の落ち度などによって、商品・役務・特定権利に破損や欠陥がある場合には、民法の債務不履行責任（415条）に基づいて契約を解除した上で、原状回復として返品することが可能です。

■通謀虚偽表示（つうぼうきょぎひょうじ）

相手方と共謀して、真実とは違う意思表示をすることです。民法では「虚偽表示」としています。たとえば、Aが所有している不動産を、Aは売るつもりがないのにBと共謀して、AB間で売買契約が締結されたように装い、不動産の登記をBに移転することです。

虚偽表示は、財産隠しを目的として行われることがよくあります。前述の例では、Aに借金がある場合、Aは債権者からの差押を免れる目的で、不動産の登記をBに移していることになります。虚偽表示による契約は、当事者間では無効です。しかし、虚偽の表示がなされていることを知らない第三者に対抗することはできません（民法94条2項）。前述の例で、登記を見て不動産の所有者がBであると考えたCが、Bとの間で不動産の売買契約を締結した場合、不動産の所有権はCが有することになる可能性があります。

て

■定期行為（ていきこうい）

一定の期日までに履行しないと無意味となるような契約をいいます。たとえば、結婚式のウェディングドレスの注文は、

結婚式の期日を過ぎて出来上がっても意味がないので、定期行為です。

定期行為については、一般の契約と異なり、一定の期限までに履行されなかった場合は、催告をしないで解除することができます（民法542条１項４号）。また、お中元を贈る行為など、契約の性質により必ず定期行為となるものを絶対的定期行為、結婚式のウェディングドレスのレンタルなど当事者の約束によって定期行為となるものを相対的定期行為といいます。

なお、商法上の確定期売買も一定の期日に履行されなければ意味のない契約であるという点で定期行為と類似しています。しかし、確定期売買は、定期行為と異なり、一定の期限までに履行がなされなければ、契約が解除されたとみなされます（解除の意思表示は不要です）。

■**定期借地権（ていきしゃくちけん）**

一定の期間が過ぎた後には契約が更新されない借地権をいいます。一度借地権を設定すると、更新で地主が借地の明渡しを求めることはかなり難しいため、借地借家法は、契約の更新がない借地権を認めています。定期借地権には、一般定期借地権、事業用定期借地権、建物譲渡特約付借地権の３種類があります（借地借家法22～24条）。

■**定期贈与（ていきぞうよ）**

ＡがＢの在学中に、毎月一定額の学資・生活費をＢに与えると契約するように、継続的に一定の財産を与える契約を定期贈与といいます。当事者の一方が死亡すれば、原則として効力を失います。

■**定期建物賃貸借（ていきたてものちんたいしゃく）**

一定期間が過ぎた後には契約が更新されない建物賃貸借をいいます（借地借家法38条）。定期借家権ともいいます。一般の借家権と違って契約の更新がなく、立退料も不要であるなど貸主の権利を強化する効果があります。定期建物賃貸借の契約では、この賃貸借は契約の更新がなく、期間が満了すると賃貸借は終了することを、書面を交付してあらかじめ説明しなければなりません。さらに、公正証書等の書面で契約書を作成しなければなりません。

■**定期賃貸住宅標準契約書（ていきちんたいじゅうたくひょうじゅんけいやくしょ）**

定期借家契約を結ぶ場合の標準的な契約書のことをいいます。国土交通省の住宅局が作成しています。定期借家契約を結ぶ場合には参考にすることができます。

■**定型約款（ていけいやっかん）**

定型取引において、契約内容として、特定の者により準備された条項すべてを指します（民法548条の２第１項）。定型約款の規定が適用される「定形取引」とは、ある特定の者が不特定多数の者を相手とする取引であって、その内容が「画一的」であることが双方にとって合理的なものをいいます。たとえば、保険約款、預金規定、通信サービス約款、運送約款、カード会員規約などは、不特定多数の者が契約を結ぶため、細かい条項まですべてのユーザーが把握しているとは考えにくいといえます。しかし細かい条項まで把握していなければ契約が成立しないの

では、非効率的であり不便なため、定型約款がすべてのユーザーに共通する内容を提示したものとして用いられます。

■停止条件（ていしじょうけん）

条件が成就すれば、契約などの法律行為の効力を発生させるという条件のことです。条件成就まで、法律行為の効力の発生が停止されています。

■抵当権（ていとうけん）

債務者に対する特定の債権の回収を確実にするために、債務者または第三者の不動産に設定する担保物権です（民法369条）。不動産が担保の目的物となった後も、債務者は引き続きその不動産を使用・収益（直接使用する、または活用して収益を上げること）することができます。抵当権が実行されると、抵当権の対象となっている不動産は競売にかけられ、その代金から債権者は優先的に弁済を受けることになります。

■抵当権消滅請求（ていとうけんしょうめつせいきゅう）

抵当不動産の所有権を得た者（第三取得者）が、自分で評価した抵当不動産の金額を抵当権者に提供することで、抵当権者に対して抵当権の消滅を請求することをいいます（民法379条以下）。かつては、第三者から抵当権を消滅させる制度として「滌除」が規定されていましたが、平成15年の民法改正により、抵当権消滅請求に改められました。代価弁済（同法378条）が抵当権者側からの働きかけであるのに対し、抵当権消滅請求は第三取得者側からの働きかけによるという違いがあります。

■撤回（てっかい）

意思表示によって発生した法律上の効果を将来的に消滅させることをいいます。取消しと異なり、法律上の効果が遡って消滅することはありません。たとえば、承諾期間を定めてした契約の申込みは撤回することができません（民法523条1項）。

■手付（てつけ）

契約締結の際に交付される金銭や品物（ほとんどの場合は金銭です）のことです。手付が払われた場合、その手付は原則として解約手付（契約が解除できるという趣旨で交付される手付）とされています。買主が売主に手付を交付したときは、買主はその手付を放棄することで、売主はその倍額を買主に対して現実に提供することで、それぞれ契約の解除をすることができます。ただし、契約解除を行おうとする当事者の相手方が、契約の履行に着手した後は、手付による契約の解除は許されません。手付の種類としては他に違約手付（違約罰として没収できるという趣旨で交付される手付のこと）や証約手付（売買が成立した証拠を意味する手付のこと）があります。

■手付流し／手付倍返し（てつけながし／てつけばいがえし）

売買契約において買主が売主に手付を渡した場合には、相手方が履行に着手（売主であれば売買目的物を買主に渡すこと、買主であれば代金を売主に支払うことなど）する前に、手付による契約の解除ができます（民法557条）。買主が手付を放棄して契約を解除することを手付流し、売主が手付の倍額を買主に渡して契約を解除することを手付倍返しといいます。

■**典型契約（てんけいけいやく）**

民法の定める13種類の契約のことです。名前が与えられているという意味で「有名契約」とも言われています。具体的には、贈与・売買・交換・消費貸借・使用貸借・賃貸借・雇用・請負・委任・寄託・組合・終身定期金・和解の13種類です。なお、民法に定められていない契約（典型契約以外の契約）のことを非典型契約（無名契約）といいます。

■**電子消費者契約法（でんししょうひしゃけいやくほう）**

正式には「電子消費者契約及び電子承諾通知に関する民法の特例に関する法律」といいます。電子消費者契約とは、消費者と事業者の間でコンピュータを通じて結ばれる契約です。事業者が画面に手続方法を表示し、消費者がそれを読んで、コンピュータを用いて申込みや承諾の意思表示をします。インターネットショッピングなどが電子消費者契約にあたります。インターネットの取引では、消費者が誤って画面をクリックしてしまうということが多く発生していたので、消費者を保護するために電子消費者契約法が制定されました。

電子契約消費者法によれば、消費者が送信したときに、ⓐ申込みや承諾をするつもりではなかった場合、またはⓑ申込みや承諾について実際に行った意思表示とは違う内容の意思表示をしたかった場合にも、錯誤による取消しを主張できるとしています（電子消費者契約法3条）。つまり、民法とは異なり、錯誤に重大な過失があった場合にも取消しが可能です。ただし、消費者が申込みなどをする前にその内容を確認する措置を事業者が講じていた場合は、ⓐⓑを理由とする取消しはできません。

■**転貸借（てんたいしゃく）**

賃貸人から不動産を借りている者（貸借人）が、さらにその建物を他の者（転借人）に貸すことです。「転貸」ともいいます。転貸借をするためには、賃貸人の承諾が必要になります。賃貸人の承諾を得て転貸借がされた場合、賃借人（転貸人）だけでなく、賃貸人も転借人（賃借人からさらに借り受けた者）に対して賃料の支払いを請求することができます。賃貸人の承諾を得ないで賃借人が転貸借をした場合（無断転貸）、賃貸人は、賃借人との間の賃貸借契約自体を解除することができます（民法612条2項）。ただし、信頼関係破壊の法理によって、解除権の行使が制限される場合があります。

■**転得者（てんとくしゃ）**

物や権利を譲り受けた者から、さらにこれを譲り受けた者をいいます。詐害行為取消権（民法424条）が問題となる際に用いられることが多い用語です。

AがBに対して債権を有しており、Bは唯一の財産をCに譲渡し、Cはこれをさらにimport Dに譲渡したとします。このとき、AはDに対して詐害行為取消権を行使できる可能性がありますが、事例のDのことを転得者といいます（Cのことは受益者といいます）。

■**電話勧誘販売（でんわかんゆうはんばい）**

電話勧誘販売は、消費者の自宅や職場へ突然電話をかけて商品などを売り込み、それにより消費者が電話・FAX・メー

ルといった通信手段で申し込む販売方法です（特定商取引法２条３項）。たとえば、職場に電話をかけて、20～30代の若い人に資格取得講座などを売るケースや、自宅に電話をかけて、浄水器やハウスクリーニングなどの売り込みをするケースなどがあります。電話勧誘販売には、特定商取引法により、ⓐ氏名などの明示義務、ⓑ勧誘継続・再勧誘の禁止、ⓒ書面の交付義務、ⓓウソを告げたり、わざと事実を告げない行為の禁止、ⓔ威迫行為の禁止といった規制が設けられています。また、電話勧誘販売により締結した契約には、クーリング・オフの制度が設けられているので、一定期間内に契約を解除することができます。

と

■**登記（とうき）**

不動産に関する権利関係や、会社の重要事項など一定の事項を広く公示するために、法務局（登記所）にある帳簿等に記載・記録する制度のことです。不動産登記や商業登記、成年後見登記など様々な種類の登記があります。

■**登記記録（とうききろく）**

不動産の表示に関する登記、権利に関する登記について、一筆の土地、一個の建物ごとに作成される磁気ディスク上の記録のことです。

登記簿というのは、磁気ディスクという「物体」そのものを意味します。これに対して、登記記録とは、登記簿の「中身」あるいは「内容」を指す言葉です。つまり、登記簿という物体に記録されている中身のことを登記記録と呼びます。登記記録は、土地の場合も建物の場合も、表題部、権利部からなり、権利部は所有権に関する事項を記録する甲区と、所有権以外の権利についての事項が記録される乙区に分かれます。

■**動機の錯誤（どうきのさくご）**

意思表示の動機に錯誤（民法95条）があることをいいます。たとえば、将来、近くに新しく駅ができて地価が上がると勘違いして土地を購入した場合には、動機の錯誤があることになります。

平成29年の民法改正では、動機の錯誤について、「表意者が法律行為の基礎とした事情についてのその認識が真実に反する」場合と明記しています（同法95条１項２号）。そして、動機の錯誤に基づき取消しが認められるためには、法律行為の基礎とした事情が表示されていなければなりません（95条２項）。

■**同時履行の抗弁権（どうじりこうのこうべんけん）**

契約を結んだ両当事者が、互いに義務を負う契約（双務契約）において、相手方が債務の履行（債務の履行に代わる損害賠償債務の履行も含みます）を提供するまで、自分の債務の履行を拒むことをいいます（民法533条）。ただし、相手方の債務の弁済期が到来していない場合には、同時履行の抗弁権は行使できません。たとえば、Aを売主、Bを買主とする売買契約が締結された場合に、AはBが代金を支払ってもらえるまでは、目的物の引渡しを拒むことができます。しかし、代金は後払いという取り決めがなされているのであれば、Aは同時履行の抗弁権を使うことはできません。

■到達主義（とうたつしゅぎ）

意思表示の効力が発生する時期を、その意思表示が相手方に到達したときとする考え方をいいます。民法では、意思表示の効力発生時期の原則について、到達主義を採用しています（民法97条）。なお、意思表示は相手方に直接伝わらなくても、相手方と同居する家族が受け取ればそれでよいとされます。

■動的安全（どうてきあんぜん）

本来の権利者の権利を犠牲にしてでも取引関係に入った者を保護するという原則です。取引の安全ともいいます。静的安全と対置される言葉です。

たとえば、BがAから家電製品を購入したとします。社会常識的にAが所有者であると思われていましたが、実際はCが家電製品の所有者であったとします。この場合に、AB間の売買契約の成立を認め、Bを新たな所有者であると定める法律が存在するときは、その法律は動的安全を重視した法律であるということになります。

■謄本／抄本（とうほん／しょうほん）

原本の内容をそのまま写したものを謄本、原本の一部の写しを抄本といいます。つまり、謄本・抄本は、全部の写しか一部の写しかの区別です。

■登録免許税（とうろくめんきょぜい）

登記などの登録をする場合に支払わなければならない税金のことです。一定の事項を登録する際に課されます。不動産の場合の登録免許税は、当該不動産の価格（固定資産課税台帳の価格）に登録免許税の税率の乗じた額により計算されます。たとえば、固定資産課税台帳の価格が1000万円の建物を買った場合には、建物の売買等の所有権移転に関する税率は2％と定められているため、原則として1000万円×2％＝20万円が登録免許税として必要になります。

■独占禁止法（どくせんきんしほう）

正式には「私的独占の禁止及び公正取引の確保に関する法律」といいます。独禁法とも言われています。公正で自由な競争を守り、一般消費者の利益を確保し、国民経済の健全な発達を促進することを目的とする法律です。主として、私的独占、不当な取引制限、不公正な取引方法の3つを規制しています。たとえば、カルテルや談合を行うことは、独占禁止法により禁止されています。

■特定公正証書（とくていこうせいしょうしょ）

債務者等が貸付けの契約に基づく債務を履行しない場合は、直ちに（訴訟を経ることなく）強制執行に服する旨の記載（強制執行認諾文言）がなされた公正証書のことです。貸金業法20条は、貸金業者による特定公正証書の作成を制限しています。

■特定債権（とくていさいけん）

通常は、特定物の給付を目的とした債権のことをいいます。たとえば、「ここにあるりんご1個」を請求する権利のことです。市場にあるものであればどれでもよいというのではなく、物の個性に着目した債権のことをいいます。物が特定されているので、危険負担の問題が生じる可能性があります。また、債務者は特

定物を引き渡すまで善管注意義務を負います。なお、債権者代位訴訟（民法423条）における被保全債権のことを特定債権と呼ぶこともあります。

■特定住宅瑕疵担保責任履行確保法（とくていじゅうたくかしたんぽせきにんりこうかくほほう）

正式には「特定住宅瑕疵担保責任の履行の確保等に関する法律」といいます。新築住宅の建設業者や住宅を売った宅建業者に、保険などによる瑕疵担保責任（民法上は、平成29年の民法改正により契約不適合責任と呼ばれます）の履行のための資力確保を義務付けています。平成29年の民法改正により、民法で「瑕疵」という用語が使用されなくなったことに伴い、「瑕疵」については、「種類又は品質に関して契約の内容に適合しない状態をいう」と規定する、住宅品質確保法2条5項と同じ定義規定を用いることを明らかにしています。

■特定商取引法（とくていしょうとりひきほう）

正式には「特定商取引に関する法律」といいます。特定商取引法は、消費者と事業者の間でとくにトラブルになりやすい取引を特定商取引としてとりあげ、トラブルを防止するためのルールを定めている法律です。特定商取引とは、具体的には、ⓐ訪問販売、ⓑ通信販売、ⓒ電話勧誘販売、ⓓ連鎖販売取引、ⓔ特定継続的役務提供、ⓕ業務提供誘引販売取引、ⓖ訪問購入のことです。また、突然商品を送りつけられた場合（ネガティブオプション）の取扱いについてもルールを定めています。また、クーリング・オフや書面の交付義務といった事項についても規定しています。

なお、平成29年の民法改正により、意思表示の取消しに関する改正が行われたことに伴い、訪問販売に係る売買契約の取消しや、役務提供契約の申込みまたはその承諾の意思表示の取消しは、申込者が誤認したことを知らず、かつ知らないことについて落ち度がない（善意無過失）第三者に対して主張することができないと改められています（特定商取引法9条の3第2項）。

■特定物（とくていぶつ）

その物の個性に着目したもの、および「これ」といって指定された物です。特定物の引渡債務者は引渡しまで、契約その他の債権の発生原因及び取引上の社会通念に照らして定まる善良な管理者の注意をもって保管する義務（善管注意義務）があります。この義務を守っていれば履行期までに破損しても責任は負いません。たとえば、「ここにあるりんご10個」というように指定して売買契約をした場合には、特定物についての売買契約をしたことになります。

■特定物債権（とくていぶつさいけん）

特定物を給付することを目的とする債権を特定物債権といいます。たとえば、単に「りんご100個を引き渡せ」とする債権がある場合、債務者は世界のどこにあるりんごでもいいからとにかく債権者にりんごを100個渡せばよいわけです（このような債権を種類債権または不特定物債権といいます）。

これに対して、「ここにあるりんご100個を引き渡せ」という債権の場合、債務

者は他のりんごではなくその場にあるりんごを債権者に渡さなければなりませんので、特定物債権になります。

■**特定物の引渡義務（とくていぶつのひきわたしぎむ）**

特定物の引渡しについて、「契約その他の債権の発生原因及び取引上の社会通念」に照らし、ⓐ引渡しをすべき時の品質を定めることができる場合は、その定められた品質の特定物を引き渡す義務を負い、ⓑ引渡しをすべき時の品質を定めることができない場合は、「引渡しをすべき時の現状」で特定物を引き渡す義務を負うことです（民法483条）。

改正前民法では、特定物は、引渡しをすべき時の現状で引き渡せばよい（現状引渡し）としていました。しかし、平成29年の民法改正によって、上記のように改められ、通常は契約などで目的物の品質を定めることから、ⓑの現状引渡しで足りる場面は少なくなるといえます。

■**特約上限利率（とくやくじょうげんりりつ）**

債権者と保証人の合意で債権者が主たる債務者から支払いを受けることができる利息の利率の上限のことです。利息制限法8条で規定されています。

■**特約条項（とくやくじょうこう）**

契約を締結する際になされる、通常とは異なる特別な合意のことを特約条項といいます。たとえば、どこの裁判所に訴訟を提起するのかを定めたり（合意管轄）、いかなる場合に期限の利益を喪失するかを定めることです。

契約自由の原則により、契約に特約条項を付すことは認められています。しかし、立場の強い者が立場の弱い者に、自らに有利な特約条項を付すことを強要することが考えられる場合には、法律で特約の内容が制限されます。

■**特許権譲渡契約（とっきょけんじょうとけいやく）**

特許権そのものを売買などによって第三者に移転（譲渡）する契約のことです。特許権譲渡契約に加えて、特許権が移転したことを登録（移転登録）しないと、特許権移転の効力は発生しません。

■**ドラフト（どらふと）**

取引に関する契約書について、一次的な草案や下書きを指します。ドラフトは契約の大枠を把握するのに適しているにもかかわらず、修正が容易であるというメリットがあります。また、必要な関係者に契約の大要を知らせることができ、たとえば契約の承認等を得るために用いられることもあります。ドラフトにおいては、取引の当事者欄や取引金額、契約日等が空欄にされていることもあります。もっとも、一方当事者に有利な内容のドラフトが作成されることも少なくありませんので、ドラフトの内容は慎重に確認する必要があります。

■**取消し（とりけし）**

一応有効な行為を、最初に遡って効力を失わせることをいいます。取り消すことのできる行為は、取り消されるまでは有効です。たとえば、未成年者が行った契約（民法5条2項）、錯誤に基づいて行った契約（同法95条）、相手方の詐欺により行った契約（同法96条）、などを

取り消す場合があります。
　取消しができる者（取消権者）は、取り消すことができる法律行為をした者、その代理人などが含まれます（同法120条）。また、取消しができる期間は、法律で定められているため、その期間内に取り消す必要があります。

■取消権者（とりけしけんじゃ）
　取消しによって保護を与えるのに適当な取消権をもつ者です。詐欺・強迫を受けた者やその代理人、制限行為能力者やその代理人などがこれにあたります。

■取壊し予定の建物の賃貸借（とりこわしよていのたてもののちんたいしゃく）
　法令や契約により、一定期間が経過した後に建物を取り壊されることが明らかな場合になされる建物の賃貸借契約のことです。この場合、建物を取り壊す時に賃貸借契約は終了すると定めることができます（借地借家法39条）。借地借家法では原則として賃借人の保護が図られていますが、建物の取壊しの予定がある場合には、建物取壊し時に賃貸借契約を終了してよいとされています。

■取締規定（とりしまりきてい）
　専ら行政上の理由から、特定の事柄を制限または禁止する内容の法律上の定めをいいます。たとえば、飲食店を経営するための食品衛生法上の営業許可などが挙げられます。もっとも、多くの場合は、契約の一方当事者が取締規定に違反している場合であっても、契約自体の効力には影響せず、契約は無効になりません。

■取立債務（とりたてさいむ）
　債務の履行を求めるために、債権者が債務者のもとに行き、取り立てる必要がある債務のことです。たとえば、手形の所持人は、手形金を支払ってもらうために、手形債務者のいる場所（実際には銀行）に足を運ばなければなりません。そして、その際には、手形を債務者に呈示することが必要になります。なお、債務者が債権者のもとに目的物を持参して履行を行う債務のことを持参債務といいます。

■取引上の地位の不当利用（とりひきじょうのちいのふとうりよう）
　取引上の優越的な地位などを利用することで、取引の相手方に自分の要求を受けさせることなどの行為を、取引上の地位の不当利用といいます。優越的地位の濫用（独占禁止法2条9項5号）などが取引上の地位の不当利用に該当します。たとえば、大手のデパートが、出入りしている取引業者に対して商品のフェアを行うための費用を差し出すように強要することは、デパートとの取引が売上の大部分を占めている取引業者との関係を不当に利用するものといえるため、優越的地位の濫用に該当します。

―――――――――――― な ――――――――――――

■内容証明郵便（ないようしょうめいゆうびん）
　日本郵便株式会社が、郵便の差出人・受取人、文書の内容を証明する特殊な郵便です。内容証明郵便は、一方が相手方に対して意思表示をしたことを証明しますが、相手方に回答する義務を課すものではありません。内容証明郵便は集配事

業所や支社が指定した事業所で取り扱われており、すべての事業所で受け付けているわけではありません。

文面作成にあたっては、1枚あたりの字数や行数の制限があります。縦書きの場合は、1行20字以内、用紙1枚26行以内に収めます。横書きの場合は、ⓐ1行20字以内、用紙1枚26行以内、ⓑ1行26字以内、用紙1枚20行以内、ⓒ1行13字以内、用紙1枚40行以内の3タイプがあります。複数枚にわたるときは契印する必要があります。差出時には、同じ書面を3通と宛先を書いた封筒を用意しなければなりません。

■仲立契約（なかだちけいやく）

当事者間の契約が締結に至るように、仲立（媒介）を行う契約のことをいいます。媒介契約ともいいます。宅建業者（不動産業者）が、当事者から依頼を受け、不動産の売買等を媒介することも、仲立契約の一種です。この場合、売買の依頼者を委託者、宅建業者（仲立人）を受任者とする、準委任契約が成立しているということもできます。

■なす債務（なすさいむ）

債務者による一定の行為を目的とする債務をいいます。物の引渡しを目的とする与える債務と対になっている用語です。なす債務の例としては、歌手が舞台で歌う債務などが挙げられます。なす債務には、債務者の積極的な行為を必要とする作為債務と、一定の行為をしないことを要求する不作為債務があります。

■並びに（ならびに）

「AとB」のように、2つ以上の複数の語句を結びつける接続詞です。「並びに」は、「A及びB、並びに、C及びD」のように、「及び」を使って並列した語句を、さらにまとめる場合に接続詞として使います。

に

■二重売買（にじゅうばいばい）

ある人に売却した物を、さらに他の人にも売ることをいいます。二重譲渡と言われることもあります。たとえば、Aが所有している土地について、AB間で売買契約を締結した後に、AC間でも売買契約を締結してしまうことです。

この場合、AB間の売買契約もAC間の売買契約も有効に成立します。目的物の所有権については、BとCのうち対抗要件を先に備えたほうが取得することになります（民法177、178条）。売買契約の目的物が動産だった場合には、即時取得（同法192条）の成否も問題となることがあります。BとCのうち、売買契約の目的物の所有権を取得できなかった方は、Aに対して債務不履行に基づき損害賠償請求や契約解除をすることになります。

■日常家事代理権（にちじょうかじだいりけん）

夫婦の一方が日常の家事（普段の買い物など）について第三者と法律行為をしたときは、夫婦のもう一方はこの法律行為から生じた債務について連帯して責任を負います（民法761条）。この規定により、夫婦には日常家事について他方を代理する権利が認められます。この権利のことを日常家事代理権と呼びます。たとえば、妻が夕飯の食材を買った場合には、

その食材の代金債務は妻だけでなく夫も負うことになります。

■任意解除条項（にんいかいじょじょうこう）

契約において、一方の当事者が任意に契約を終了させることができるという内容を定めておくことをいいます。民法は解除権の行使に先立ち、原則として相当の期間を定めて履行を催告することを必要としています（541条）。そのため、任意解除条項においても、相当の期間を考慮すると共に、契約解除によって、相手方に生じ得る損害に注意を払う必要があります。

■任意後見契約（にんいこうけんけいやく）

将来、判断能力が不十分になる場合に備えて、自らの財産管理の代理権などを第三者に与える契約をいいます。任意後見契約は公正証書でしなければなりません。その後、本人の判断能力が不十分となった時に、第三者（任意後見人）が本人の財産管理の代理権を取得し、裁判所が選任した任意後見監督人が任意後見人を監督します。

成年後見制度には、法定後見制度と任意後見契約に基づく任意後見制度があります。法定後見制度の場合、家庭裁判所の判断で、成年後見人などを選定するのに対して、任意後見制度の場合、本人は任意後見人となる第三者（任意後見受任者）を自由に選定して契約を結ぶことができます。また、任意後見契約の場合、後見の内容や報酬額についても原則として本人と任意後見受任者との間で自由に定めることができます。

■任意代理（にんいだいり）

代理人が本人の依頼と信任を受けて代理行為をする場合をいいます。任意代理による代理人のことを任意代理人といいます。民事訴訟をする際に弁護士を選定する場合などが任意代理の典型例です。任意代理に対して、法律が代理権を与える場合を法定代理といいます。たとえば、親権者には法律により未成年者を代理する権利が与えられています（民法818条）。

ね

■ネガティブ・オプション（ねがてぃぶ・おぷしょん）

「送り付け商法」とも呼ばれます。ある日突然家に注文した覚えのないものが請求書と一緒に送られてきて、通常、同封の書面に「何日以内に返品が行われなければ、購入したものとみなします」などと記載されています。このように、さも契約が締結されてしまうかのように装い、相手に「商品を受け取った以上はお金を支払わなければならない」と勘違いさせてだます商法が、ネガティブ・オプションの特徴です。

■根抵当権（ねていとうけん）

債権者・債務者間で増減変動する一定の範囲に属する多数の債権を、極度額という一定の金額の範囲内で担保する抵当権です。通常の抵当権とは異なり、根抵当権によって担保されている債権が弁済などにより消滅しても、根抵当権自体は消滅することはありません。ただし、根抵当権の元本が確定すると、元本確定時に担保していた債権のみを担保するようになります。そのため、元本確定後に被

担保債権のすべてが弁済されると、根抵当権も消滅することになります。

■ 根保証（ねほしょう）
　特定の債務だけでなく、一定の範囲で貸し付けられる債務を主たる債務とする保証のことをいいます。融資などを継続的に受けている場合には、融資ごとに何度も保証契約を結ぶのは手間がかかります。そこで、継続的な融資をまとめて、根保証契約を結ぶことが可能となっています。銀行と企業など、継続的に消費貸借契約が締結される場合などに設定されます。根保証は、一度の契約で将来にわたる複数の契約（複数の貸し借り）を保証することから、保証される債権者側には使い勝手のよい契約である一方で、保証人側は過酷な負担を強いられます。そのため、個人が保証人となる根保証契約を「個人根保証契約」として、極度額（保証限度額）を定めない個人根保証契約は無効としています（民法465条の２）。また、個人根保証契約のうち貸金等債務が含まれる根保証の保証期間は、契約で定める場合は５年以内、定めない場合は３年で元本が確定する（その後の債務は保証しない）という制限が設定されています。

の

■ 能働代理（のうどうだいり）
　代理人が第三者に対して意思表示をすることを能働代理または積極代理といいます。第三者からの意思表示を代理人が受け取る受働代理と対置される言葉です。
　受働代理においては、相手方は本人のためにすることを示して意思表示をすることになるのに対して、能働代理では代理人が本人のためにすることを示して意思表示をすることになります。

■ ノウハウ（のうはう）
　重要な企業情報のひとつとして、とくに事業運営上の秘訣等を指します。とくに技術的な内容に関するノウハウについては、特許法や不正競争防止法をはじめ、知的財産権として保護されることも少なくありません。取引において、取引相手の企業等にノウハウを開示しなければならない場合には、ノウハウが漏えいして、外部に知られたら被害が及ぶ可能性があります。そこで、取引条項の中に、契約の履行をする上で知ることになった重要な企業情報を、第三者に開示したり、漏らすことを禁止する契約（秘密保持契約）を結ぶのが一般的です。

は

■ 場合／とき（ばあい／とき）
　何らかの事実を仮定する際に用いられる言葉です。仮定する条件が２つある際に、大きい条件に「場合」を、小さい条件に「とき」を用います。

■ 媒介契約（ばいかいけいやく）
　不動産の売買・貸借などを不動産業者（宅建業者）に依頼する契約のことです。媒介契約には、一般媒介契約、専任媒介契約、専属専任媒介契約の３つの種類があり、複数の業者へ依頼ができるか、定期的な依頼主への報告義務があるか、などの点に違いがあります。なお、宅建業者は、媒介契約を締結したときは、遅滞なく書面を作成して記名押印し、依頼者に交付しなければなりません（宅建業法

34条の2）。

■賠償（ばいしょう）

違法に他人に損害を与えた場合に、その損害に相当する金額を支払うことです。債務不履行や不法行為に基づく損害賠償が代表的な賠償の例だといえます。

■賠償額の予定（ばいしょうがくのよてい）

契約の内容が履行されず（債務不履行という）、債権者が損害賠償を請求しなければならないような事態に陥った場合に備えて、当事者が話し合ってあらかじめ損害賠償の額を決めておくことです。通常、損害賠償を請求する際には、損害が生じたこと、および実際に受けた損害の額を明確にする証拠を債権者が提示することが必要になりますが、賠償額の予定をしておけばその証明は不要になります。改正前民法では、予定された額と実際の損害額に差があったとしても、裁判所は予定された額を増減することはできませんでした。しかし、平成29年の民法改正では、当事者間の定めが公序良俗に反するような場合には賠償額の調整が必要ですので、裁判所による増減の禁止に関する文言は削除されています（420条）。ただし、文言を削除しても賠償額の予定がある場合、裁判所が賠償額の調整を常に行うことができるわけではなく、従来どおり賠償額を調整するには公序良俗違反などの理由が必要であると考えられています。

■背信的悪意者（はいしんてきあくいしゃ）

権利者が不動産の登記をしていなくても、自身が権利者であることを対抗（主張）することができる第三者のことをいいます。本来であれば、不動産の登記をしていないと、登記を備えた第三者に対して、自分が権利者であることを対抗することはできません。しかし、社会常識上、登記を備えたことによる権利の行使が許されないような第三者である場合、権利者は登記がなくても、権利者であることを対抗することができます。たとえば、権利者に不当に高額で売りつける目的で、同じ不動産を買い受けて登記を備えた者が背信的悪意者に該当し、権利者に登記がないことを主張することが認められません。

■売買（ばいばい）

当事者の一方がある財産権を相手方に移転することを約束し、相手方がこれにその代金を支払うことを約束することによって成立する契約のことです（民法555条）。有償・双務・諾成契約です。商品の売買が典型的な売買契約です。

■売買の一方の予約（ばいばいのいっぽうのよやく）

当事者の一方が契約を成立させる意思表示をすることで、売買契約が生じる予約の仕方をいいます（民法556条）。債権を担保する方法として利用されます。たとえば、AがBに1000万円を貸したとして、Bがお金を返せなかったときに、AはBの所有する土地を（ある程度安い金額で）購入することができるとしておきます。このようにすることで、Bがお金を返せないときには、Aは売買契約成立の意思表示のみで、Bの土地を手に入れることができます。

■売買予約完結権（ばいばいよやくかんけつけん）

売主と買主の間で、売買の一方の予約をしておき、一方の意思表示により売買を正式なものにする権利のことです。売買予約完結権を行使することにより、売買の目的物の所有権が、当然に買主に移転します。売買予約完結権は単に予約完結権と呼ばれることもあります。たとえば、Aが所有する不動産に対して、Bが売買予約完結権を取得したとします。BがAに対して予約完結権を行使する旨の意思表示をしたときは、不動産の所有権がBに移転することになります。

■発信主義（はっしんしゅぎ）

発信をした時点で意思表示の効力が生じるとする考え方のことです。改正前民法では、契約の申込みに対する承諾について発信主義をとっていました。発信主義によると、Bに対してAから「テレビを売りたい」という内容の手紙が届いた場合、Bが「買います」という内容の手紙を出した時点で、AB間での売買契約が成立することになります。

発信主義と対置される考え方として到達主義があります。到達主義が意思表示の効力発生時期の原則です。平成29年の民法改正によって、契約の申込みに対する承諾も「到達主義」を採用するに至りました。到達主義によると、手紙が到着した時点で契約が成立することになります。

■販売受託（はんばいじゅたく）

売主から不動産の販売についての委託を受けることをいいます。販売提携と呼ばれることもあります。販売受託によって不動産業者が受け持つ業務は多岐にわたりますが、実際に行う業務は不動産業者と売主の間の個別契約の内容によって異なります。具体的には、販売企画・広告・売買の代理・登記手続・金融や用地の斡旋・設計・施工などが行われることになります。

■販売店契約（はんばいてんけいやく）

商品の供給者から商品を仕入れた業者等が、仕入れた商品を販売する契約をいいます。商品の販売を行う業者等は、仕入価格と販売価格の差額がすべて利益になるというメリットがある反面、仮に商品の販売が思うように進まない場合に、商品在庫を抱えるというリスクを背負うことになります。販売店契約と類似していますが、区別する必要がある契約に代理店契約があります。販売店契約という表題であっても、実質は代理店契約になっている場合もあるため、形式的にだけではなく、契約の実質的内容をよく確認する必要があります。

ひ

■引渡し（ひきわたし）

物（または人）の占有を移転することを指します。たとえば、Aが占有する宝石をBの占有下に移転することです。民法が規定する物の引渡しの方法は、現実の引渡し、簡易の引渡し、指図による引渡し、占有改定という4種類です。

■必要費（ひつようひ）

物の保存のために必要な費用のことです。車の維持費や家畜のエサ代などが必要費になります。物を占有する者が必要費を支出した場合、占有者は所有者等に

対して必要費の返還を請求することができます（民法196条1項）。賃貸借契約においても、賃借人が必要費（地震や台風などの天災によって被害を受けた家屋を修繕する費用や、配水管や配電盤など生活に直結した設備が故障した場合の修繕費用など）を支出した場合には、賃貸人に対して返還を請求することができるとされています（同法608条）。

■非典型契約（ひてんけいけいやく）
　法律にその内容が定められている典型契約以外の契約のことをいいます。無名契約ともいいます。法律に定められていない内容のものであっても、私的自治の原則から契約内容は当事者が自由に決めることができます。公序良俗に反しない内容であれば、無名契約を結ぶことに問題はありません。たとえば、フランチャイズ契約などは、法律にその内容が定められていない契約であり、非典型契約といえます。また、無名契約のうち、典型契約の要素を含むものを、とくに「混合契約」と呼ぶことがあります。

■非典型担保（ひてんけいたんぽ）
　民法が規定する4種類の担保物権（抵当権・質権・先取特権・留置権）以外の新しい型の担保物権です。その代表的なものが、譲渡担保、所有権留保、仮登記担保です。

■被保全債権（ひほぜんさいけん）
　債権者代位権（民法423条）や詐害行為取消権（同法424条）が問題となる場面で、保護の対象となる債権のことをいいます。たとえば債権者代位権の場合を例にとると、AがBに対して債権を有しており、BはCに対して債権を有していたとします。このとき、Aは債権者代位権により、Bの代わりにBのCに対する債権を行使することができます。このときのAのBに対する債権のことを被保全債権といいます。なお、民事保全法に基づいて保全される債権のことを被保全債権ということもあります。

■秘密保持義務（ひみつほじぎむ）
　業務委託契約等において、他社の重要な企業情報を知ることになった業者等が負う、その情報を外部に漏らさない義務を指します。したがって、秘密保持義務を負っている企業等は、取引相手の企業等の秘密情報を厳重に管理する体制を整えなければなりません。もっとも、秘密保持義務を負う者が、どのような範囲・内容の義務を負うのかについて、契約の中で明確に定められる必要があります。

■秘密保持契約（ひみつほじけいやく）
　事業の委託契約等において、企業が秘密情報を相手方に開示した場合に、その相手方が秘密情報を外部に漏らさないことを約束させる契約をいいます。業務委託などで他社に自社の業務を委託する場合には、自社の機密情報が漏えいする可能性があるため、このような秘密保持契約を締結する必要性が高いのです。契約書には、秘密保持契約の対象となる秘密の範囲等を明確に定める必要があると共に、秘密保持の期間についても、あまりに長期間だと受託者等の秘密保持契約を結ぶ相手方の負担が過大になることもあるため、相手方と調整することが必要になります。

　また、従業員との間でも秘密保持契約

を結ぶことがあります。たとえば、退職後に同業の会社に勤めたり、同業の会社を設立することを禁止する契約を結ぶことが必要になる場合があります。

■表見代理（ひょうけんだいり）
　本人と自称代理人との間に、本人に責任を負わせるのが相手方保護の立場から相当と認められる特別の事情がある場合に、本人と自称代理人との間に代理権があったのと同じように扱う制度のことです（民法109条、110条、112条）。本来であれば、代理権のない者が代理人と称して契約などを行っても、その効果は本人に及びません。しかし、自称代理人に問題になっている行為をする権限があると相手方が考えるのも無理がない場合には、本人と相手方との間でその行為の効力が生じる（本人にその行為の効果が帰属する）とされています。

■表見法理（ひょうけんほうり）
　真実らしい虚偽の外観を信頼した第三者を保護するための理論のことです。権利外観理論ともいいます。ⓐ真実らしい虚偽の外観の存在、ⓑ虚偽の外観に対する信頼、ⓒ虚偽の外観を作り出したことについて本人に責任があること、を要件として本人に責任を認めるものです。
　通謀虚偽表示についての規定（民法94条2項）、表見代理についての規定（同法109〜110条、112条）などは表見法理の考え方が表れたものです。

■表示行為（ひょうじこうい）
　意思表示の過程でなされる行為のひとつが表示行為です。意思表示は、動機（あの土地は安いから買いたい）、効果意思（あの土地を買おう）、表示意思（土地を買いますと言おう）、表示行為（不動産業者に対する「土地をください」という発言）という過程を経てなされます。この意思表示の過程での、実際に自分の意思を外部に発表する行為のことを表示行為といいます。間違った表示行為がなされたとすると、錯誤による取消し（民法95条）などが問題となります。

■表示主義（ひょうじしゅぎ）
　内心の意思がどうであれ、表示どおりの効力を認めるという考え方のことです。表示主義によれば、「この物を売る」と発言すれば、実際には物を売るつもりがなかったとしても、発言という表示が重視されて、物を売らなければならなくなります。ただし、民法では表示主義ではなく意思主義を原則としています。

■表示に関する登記（ひょうじにかんするとうき）
　不動産の所在や地番、地目など不動産の物理的状況を明らかにする登記です。不動産の登記記録は表示に関する登記と、権利に関する登記から成り立っています。表示に関する登記では、土地や建物がある場所、その用途、面積などが登記事項となります。

■標準媒介契約約款（ひょうじゅんばいかいけいやくやっかん）
　国土交通省が定めている、標準的な媒介契約の条項のことをいいます。標準一般媒介契約約款、標準専任媒介契約約款、標準専属専任媒介契約約款という3種類があります。宅建業者（不動産業者）は、媒介契約を結ぶ際に、必ずしも標準媒介

契約約款を使用しなければならないわけではありません。しかし、媒介契約制度の的確な運用を図るために、また、トラブル発生を未然に防止するために、標準媒介契約約款を使用することが勧められています。なお、宅建業者が媒介契約書を作成する際には、標準媒介契約約款に基づくものであるか否かを契約書に記載しなければならないことになっています。

■費用償還請求権（ひようしょうかんせいきゅうけん）

借主が賃貸物件に対して必要費や有益費を支出した場合に、これらの費用を貸主から償還することができる権利です。必要費とは、物の保存等に必要な費用のことです。必要費の例としては、雨漏りの修理費用などが挙げられます。有益費とは、物を改良等した際に支出した費用のことです。有益費の例としては、クロスの張り替えなどが挙げられます。費用償還は、必要費の場合は支出後直ちに、有益費の場合は賃貸借契約終了時に、請求することができます。また、必要費の場合はその支出額を、有益費の場合は価値の増加が現存するときに支出額または増加額を請求することになります。

■表題（ひょうだい）

契約書のタイトルにあたる部分を指します。たとえば、「商品売買契約書」や、「継続的取引契約書」などが挙げられます。表題はこう書かなければならないという決まりはありません。ただ、契約内容が一目でわかるよう、一般的でわかりやすい表現にすることが望ましいといえます。

■表明保証（ひょうめいほしょう）

譲渡契約等に際して、一定の期日（最終契約の締結日や目的物の譲渡日等）において、とくに売主が買主に対して表明する形で、一定の事項が正確であり真実であるのを保証することをいいます。たとえば、契約当事者が契約の締結等について正当な権限を持っていることや、締結された契約を無効または取消しにできるような事情が存在しないことなどが、保証される事項として挙げられます。表明保証は株式譲渡契約において用いられることが多く、この場合は譲渡される対象会社の株式は、有効であり、適法に存在することなどが保証されることが、取引においてとくに重要になります。

ふ

■ファイナンス・リース（ふぁいなんす・りーす）

リース会社がメーカーや販売店から商品を買って代金を支払い、その商品をユーザーに使用させてリース料をとるという契約のことです。

本来は、リースは、対象となる商品の所有権はリース会社がもち、商品を使用する者はリース会社から商品を借りることで商品を使用できることから、設備投資の手段として用いられてきました。ファイナンス・リースについては、商品を貸してリース料をとるという形態が、実質的にお金を貸して金利をとるという貸金に似ている点で、ファイナンス（金融）という言葉が用いられました。いわば、リース料が代金債権を担保する機能を果たします。

■不安の抗弁権（ふあんのこうべんけん）
双務契約において、先に相手方に対する債務を履行する義務を負っている者が、相手方から自分への債務が履行されないおそれがあるときに、そのおそれを理由として、相手方が自分への債務を履行するか担保を提供するまで、相手方に対する債務の履行を拒絶する権利をいいます。わが国の民法には明文の規定がありませんが、これを認める地裁の判決があります。

■夫婦財産契約（ふうふざいさんけいやく）
婚姻後の財産の帰属・管理等について行われる夫婦間の約束のことをいいます。夫婦財産契約は、婚姻前に締結しなければならず、その内容を夫婦の承継人（相続人など）や第三者に主張するためには、婚姻の届出前に登記をしておかなければなりません（民法756条）。実際には、夫婦財産契約の制度はほとんど利用されていません。

■不確定期限（ふかくていきげん）
いずれ確実に到来するが、到来する時期が不確定なものです。「私が死んだとき」などが不確定期限の例です。法律行為につけ加える形で用いられます。たとえば、建物を賃貸した際に、「期限は借主が死亡するまで」と定めた場合、借主が死亡した時に、賃貸借契約が終了することになります。
なお、確定期限とは、「○年○月○日まで」などのように、期限が到来する日が確定している期限のことです。

■不確定期限のある債務（ふかくていきげんのあるさいむ）
到来は確実であるが、いつ到来するか不明な事実の発生により弁済期が到来する債務のことを不確定期限のある債務といいます。たとえば、「自分の親が死んだら、自分の土地を明け渡す」という債務は不確定期限のある債務になります。
不確定期限のある債務は、債務者が期限の到来した後に履行の請求を受けた時、または、その期限の到来したことを債務者が知った時、のいずれか早い時から遅滞の責任を負います（民法412条2項）。上記の例では、債務者の親が死んだ後に、土地の明渡しの請求を受けたとき、または、債務者の親が死んだことを債務者自身が知った時から遅滞の責任が生じることになります。

■不可抗力（ふかこうりょく）
生じた損害が、いかなる注意をしていたとしても発生していたという場合に、「不可抗力によって生じた損害である」という表現をします。債務不履行や不法行為により損害が生じたとしても、それが天災などの不可抗力により生じたのであれば、損害賠償責任は生じないのが原則です。ただし、金銭債務の不履行については、例外的に不可抗力を主張することができないとされています（民法419条3項）。金銭債務は履行不能にならないと考えられているためです。

■不可分債権・不可分債務（ふかぶんさいけん・ふかぶんさいむ）
権利の性質上分割できない債権・債務のことをいいます（民法428条、430条）。賃借権を共同相続した場合の賃料支払債

務は不可分債務、共同賃貸した目的物の返還請求権は不可分債権の例です。なお、平成29年の民法改正の下では、性質上可分な債権・債務を当事者の意思表示により不可分債権・債務とすることはできず、この場合は連帯債権・債務としなければなりません。

■不可分性（ふかぶんせい）

担保物権は、原則として債権全部の弁済を受けるまで、目的物全部の上に効力を及ぼすことができるという性質のことをいいます。不可分性は担保物権が共通してもつ性質（通有性）のひとつです。

たとえば、留置権者は、債務の一部について弁済を受けたとしても、引き続き目的物を留置することができます。これは留置権に不可分性があるからです。

■不完全履行（ふかんぜんりこう）

一応履行はされたが、どこか足りない部分があるという場合のことをいいます。不動産の不完全履行は、一般に売主の契約不適合責任の問題として処理されることがよくあります。たとえば、土地の面積や建物の大きさが違う場合や、雨漏りなど欠陥がある建物を引き渡された場合などが挙げられます。

不完全履行の場合も、履行遅滞や履行不能の場合と同じように契約の解除をすることができると考えられています。

■復代理（ふくだいり）

代理人がさらに本人の代理人として選任した「復代理人」によってなされる代理行為のことです（民法106条）。代理人が復代理人を選任する権限のことを復任権といいます。復代理人が行った法律行為は、代理人が行った行為と同様に、本人に効果を及ぼします。代理人が復代理人を選任したとしても、代理人自身の代理権がなくなることはありません。ただし、代理人の代理権が消滅した場合、復代理人の代理権も消滅します。

■副本（ふくほん）

正本と対になる言葉で、同じ内容の文書を2通作った場合、1通を正本といいますが、正本に付随するもう1通の書類が「副本」です。訴訟の場面では、複数の原本（もととなる文書のこと）のうち、送達に用いられるものを副本といいます。たとえば民事訴訟においては、訴状の送達は、原告から提出された副本によって行われます。

■付合契約（ふごうけいやく）

当事者の一方があらかじめ定めた契約内容（約款など）をすべてそのまま受け入れる形で締結される契約のことをいいます。一般の契約では当事者双方が契約内容について話し合い、必要に応じて条項を変更するといったことが行われますが、付合契約の場合、他方の当事者には契約をするかしないかという選択肢しかありません。平成29年の民法改正では、付合契約における個別の条項のスタンダードな部分を定型約款と名づけて、「定型取引において、契約の内容とすることを目的としてその特定の者により準備された条項の総体をいう」と定義しています。

付合契約の例としては、は電気・ガスなどの供給契約や、公共交通機関の運送契約などが挙げられます。

■不公正な取引方法（ふこうせいなとりひきほうほう）

公正な競争を阻害するおそれがあるとして、独占禁止法で禁止されている行為等のことをいいます（独占禁止法19条、同法２条９項）。不公正な取引方法としては、不当な取引拒絶、差別対価、拘束条件付取引などがあります。不公正な取引方法により損害を与えた場合、被害者に対して無過失の損害賠償責任を負うことになります（独占禁止法25条）。

■付従性（ふじゅうせい）

担保物権や保証などに共通する性質のひとつで、債権（あるいは主たる債務）があるからこそ、担保物権（あるいは保証債務）があるという性質をいいます。たとえば、主たる債務者が債務を弁済すれば、保証人の保証債務も消滅しますが、これは保証債務の付従性によるものです。また、担保物権は債権の担保なので、債権があって初めて存在し、債権が弁済などによって消滅すれば担保物権も消滅します。

■不争義務条項（ふそうぎじょうこう）

とくに特許を取得している発明技術について特許実施許諾契約が結ばれる場合に、特許権者等（ライセンサー）が特許実施許諾を受けた者（ライセンシー）に対して、当該技術に関して後から特許権の有効性に関して争わない義務を課する条項をいいます。たとえば、特許実施許諾契約を結んだ後になって、当該技術について先に有効に出願された同一の技術等が存在しており、契約の対象になっている特許権等が後から無効となる場合があり得ます。しかし、特許権の有効性を確実に調査することは困難といえ、調査後でなければ特許許諾契約を結べないというのでは、あまりに非効率的であるために、特許権者等が主導して、許諾契約に不争義務条項を盛り込むことが少なくありません。もっとも、無効な特許の存在をいたずらに擁護するような場合は、不争義務条項は不公正な取引方法と判断されることがあることに注意が必要です。

■負担付贈与（ふたんつきぞうよ）

贈与を受ける者（受贈者）にも、何らかの負担がつけられている贈与のことをいいます（民法553条）。たとえば、「財産を贈与するが老後の面倒をみること」というのは負担付贈与に該当します。

■物権（ぶっけん）

一定の物を直接的・排他的支配できる権利のことです。物権はすべての人に対して主張できます。物に対する全面的な支配権である所有権は、典型的な物権です。これに対して、債権は特定の人に対してのみ主張することができます。

■物権変動（ぶっけんへんどう）

物権の「得・喪・変更」のことをいいます。家を新築すれば所有権を取得（得）し、お金を借りるために家を担保にすれば抵当権を設定（変更）し、火事で焼失すれば所有権が消滅（喪）し、家を建てるために設定した地上権の存続期間を延長（変更）する、というように、物権変動には様々な原因や態様があります。物権変動の中でも最も重要なものは法律行為（とくに売買）による物権変動です。

■物上保証人（ぶつじょうほしょうにん）

他人の債務を担保するために、自分の所有する財産に抵当権などを設定した者のことを物上保証人といいます。たとえば、AがBに対してお金を貸して、担保としてCの土地に抵当権を設定した場合、Cは物上保証人となります。担保権が実行された場合には、物上保証人は債務者に対して求償すること（債務に相当する金額の償還を求めること）ができます（民法351条）。

■物的担保（ぶってきたんぽ）

質権や抵当権などのように、債権を回収するために債務者自身や第三者が持っている特定の財産をあてにできる権利のことをいいます。このような権利を担保物権ともいいます。

■物品運送契約（ぶっぴんうんそうけいやく）

物品を運送することを目的とする契約のことをいいます。荷送人（差出人）は、運送人（運送業者）の請求に応じて、運送状（送り状）を交付する必要があります（商法570条1項）。また、運送人は荷物について生じた損害について損害賠償責任を負います（同法577条）。

■物理的欠陥（ぶつりてきけっかん）

取引をした目的物の物理的な欠陥のことをいいます。不動産の売買をした場合における、白アリ、雨漏り、軟弱な地盤などは物理的な欠陥となります。物理的な欠陥は、契約不適合責任における「引き渡された目的物が品質…に関して契約の内容に適合しないもの」に該当します。

■不動産（ふどうさん）

土地や建物のことを不動産といいます。不動産に対する権利（所有権の取得、抵当権の設定など）を取得した場合には、登記が必要となります。登記をすることにより、不動産に対する権利を第三者に対抗（主張）できるようになります。不動産に付属する物や、付属する権利などは、不動産と共に処分されることになります。たとえば、借地権（建物所有を目的とする土地賃借権）が建物に付属している場合、建物が売買されると借地権も共に買主に移転することになります。

■不動産質（ふどうさんしち）

質権の目的物として不動産を対象にした場合をいいます（民法356条）。不動産に担保物権を設定する場合、抵当権を用いるのが一般的ですが、質入れをすることもできます。この場合、第三者に権利を主張するには登記が必要です。不動産質権者には使用収益権（物を使うことで利益を得る権利）が認められるという特徴があります。

■不動産執行（ふどうさんしっこう）

債務者の不動産を強制的に換価する方法により、その代金を債権者の金銭債権の弁済にあてる強制執行または担保不動産競売の手続きのことです。

たとえば、債権者が債務者に1000万円を貸し、債務者所有の土地に抵当権を設定したが、債務者が債務を支払わないとします。この場合、債権者が当該抵当権を実行して土地を競売し、それにより得た金銭を自己の債権に充足するのが不動産執行（担保不動産競売）です。

■不動産登記（ふどうさんとうき）
　不動産に関する登記のことをいいます。不動産の権利者や、不動産の面積や住所などが記載されています。不動産の取引においては登記が対抗要件であるとされています。そのため、不動産の二重売買がなされた場合には、先に登記を備えたほうが不動産の所有権を取得することになります（民法177条）。

■不動産売買の先取特権（ふどうさんばいばいのさきどりとっけん）
　不動産の売買代金を担保するために、売買の目的不動産に対して生じる担保権のことです。債務者の特定の不動産に対する先取特権の一種です。具体的には、不動産の売主は、売買代金などに関し、売買の対象となった不動産から他の債権者に先立って弁済を受ける権利を有します（民法328条）。なお、不動産売買の先取特権の効力を維持するためには、対象不動産に登記をすることが必要です（同法340条）。

■不当な取引制限（ふとうなとりひきせいげん）
　事業者が、他の事業者と共同して、相互に事業活動を拘束することで、一定の取引分野における競争を実質的に制限することをいいます（独占禁止法2条6項）。いわゆるカルテルや入札談合が不当な取引制限にあたります。
　カルテルは、複数の企業が特定の商品についての価格を共同して決定してしまうことをいいます。カルテルが行われると、企業が商品価格を高いままに維持してしまい、適正な競争が行われなくなってしまうので、不当な取引制限として独占禁止法で禁止されています。
　入札談合は、入札者が落札価格について相談して、特定の者が高い価格で落札できるようにすることです。本来、入札者同士が競争をして、最も安い価格を示した業者に発注することを予定して入札は行われるのですが、入札者同士で相談してしまうと競争がなくなり、入札の目的を実現できなくなります。そのために、不当な取引制限として独占禁止法で禁止されます。

■不当利得（ふとうりとく）
　法律上の原因なく利益を受け、そのために他人に損失を及ぼした場合に、この利益を返還する義務を負うことです（民法703条）。たとえば、1000万円の土地の売買契約において、買主が売主の詐欺を理由に契約を取り消すと、契約が当初から無効となります。この場合、買主は売主に対して、すでに支払った代金について不当利得返還請求をすることができます。悪意の受益者は、すべての利益を返還する義務があるのに対して、善意の受益者は、現存利益のみ返還すればよいとされています。

■不特定物（ふとくていぶつ）
　当事者が物の個性に着目しないで取引した物のことです。種類物ともいいます。たとえば、単に「りんご10個」についての売買契約が締結されたとします。この場合、売主は市場にあるどのりんごでもよいので、原則として中等の品質のりんご10個を買主に引き渡せばよいことになります。

■不返還条項（ふへんかんじょうこう）

おもに特許実施許諾契約において、後になって特許権が無効であることが確定した場合でも、許諾を受けた者（ライセンシー）が特許権者等（ライセンサー）に対して支払った対価を、特許権者等が返還しなくてもよいという内容の条項をいいます。本来であれば、無効である特許に基づく実施許諾契約において支払われた対価は、許諾を受けた者に返還されるべきですので、不当に特許権者等に有利な契約条項ともいえます。もっとも、当該特許が無効に確定する以前の時点で、許諾権者も当該技術を用いて、一定程度の経済的利益を挙げている場合も少なくないため、過度に特許権者等のみが一方的に有利に扱われない限り、不返還条項は有効なものとして認められます。

■不法行為（ふほうこうい）

故意または過失によって他人に損害を与えた場合に、その損害を賠償させる制度です（民法709条）。発生した損害の填補（埋め合わせ）や損害の公平な分担の実現をめざすものです。たとえば、建設業者が新築住宅の注文を受けたものの、手抜き工事を行ったとします。完成した住宅には欠陥があり、注文者は修理を依頼したり、住める状態になるまで他の生活場所を用意したりしなければならないという、損害を被りました。このような場合において、建設業者が手抜き工事をしたことは、不法行為にあたります。

■不要式契約（ふようしきけいやく）

契約の成立に何らの要式も必要としない契約のことをいいます。

不要式契約に対立する概念として要式契約があります。保証契約の成立には書面が要求されている（民法446条2項）ため、要式契約といえます。

契約自由の原則により、不要式契約が原則となっていますが、一定のものについては要式契約であるとされています。

■フランチャイズ契約（ふらんちゃいずけいやく）

本部（フランチャイザー）が、他の事業者である加盟店（フランチャイジー）に対し、特定の地域において、自己の商号・商標やノウハウを使った統一的なイメージを用いて事業活動を行うことを許諾し、加盟店がその対価として特約料（ロイヤルティー）を支払う契約のことをいいます。たとえば、外食産業、コンビニエンスストア・チェーンなどの多くが、この方式を採用しています。

■不利益事実の不告知（ふりえきじじつのふこくち）

事業者が自ら消費者にとって不利益な事実を故意に伝えないことをいいます。不利益事実の告知がなければ、消費者はその事実がないものと思って契約をしてしまう可能性が高くなります。このような状況では、事業者と消費者が対等の立場で契約を締結したとはいえません。そのため、不利益事実の不告知によって契約が結ばれたとしても、消費者はその契約を取り消すことが認められています（消費者契約法4条2項）。

ただし、不利益事実の不告知による消費者取消権は、告知しなかった事実がどんな小さな不利益であっても認められるかというと、そうではありません。消費者取消権が行使できるのは、契約上の重

要事項を故意に伝えていなかった場合です。つまり、事業者が消費者に告知しなかった不利益な事実があったとしても、それが重要事項に該当するものではなかった場合や、事業者がわざわざ告知しなくても消費者が通常の知識や注意力を持っていれば不利益の存在を認知できたであろうことが予測される場合には、消費者取消権は生じないことになります。

■分別の利益（ぶんべつのりえき）

共同保証において、原則として、主たる債務の額を平等の割合で分割した額についてのみ、それぞれの保証人が責任を負うことをいいます（民法456条）。

たとえば、300万円の主たる債務につき3人が保証した場合、3人はそれぞれ100万円のみ保証債務を負うことになります。ただし、債務全額を保証するという保証連帯の特約がある場合には分別の利益はなくなり、3人はそれぞれ300万円の保証債務を負うことになります。

また、連帯保証の場合には、そもそも保証人に分別の利益はないので、各連帯保証人は、それぞれ300万円の連帯保証債務を負うことになります。

へ

■返還請求権（へんかんせいきゅうけん）

物の占有が全面的に排除された（奪われた）場合に、物の引渡し（不動産では明渡し）を求める請求権のことです。

■弁済（べんさい）

債務者その他の者が債務の内容である給付をすることによって、債権が消滅することをいいます（民法473条）。一般的には返済と呼ばれています。履行もほぼ同じ意味ですが、履行が「債務者の行為」という面が強調される場合であるのに対し、弁済は「債権の消滅」という面が強調された言葉です。

■弁済期（べんさいき）

債務の弁済をすべきと定められた時期のことをいいます。履行期ともいいます。たとえば、売買代金債務の支払時期が到来している場合、売買代金債務は弁済期にあるといいます。

■弁済充当（べんさいじゅうとう）

たとえば、Aという債務者が、Bという1人の債権者に対して商品代金50万円と借入金30万円というように、複数の同じ給付目的（金銭による弁済など）の債務を抱えているときに、Aが40万円の支払いをするなど、両債務の合計額の一部を支払った場合、どの債務に対する弁済とするかを決めることです（民法488条）。

弁済の充当は、まずは当事者の合意により行い、当事者の合意がない場合には一方当事者の指定による充当を行います。指定による充当は、まず弁済者、次に受領者が行うことができます。しかし、指定による充当もない場合には法定充当が行われます。法定充当は、ⓐ弁済期にあるもの、ⓑ債務者の利益が多いもの、ⓒ弁済期が先に到来するもの、の順に行います。

■弁済による代位（べんさいによるだいい）

債務を弁済した第三者が、債務者に対し、債権者に代わって債権者の持ってい

た債権者代位権や履行請求権、抵当権といった権利を行使することをいいます。債務者が支払うべきものを別の第三者が支払った場合には、それに見合う権利を第三者に与えることにしています。弁済による代位には、任意代位と法定代位があります。任意代位は、改正前民法では債務者のために弁済をした者が、弁済と同時に債権者の承諾を得る必要がありました。しかし、弁済を受領しながら代位を拒絶することには問題があるとされ、平成29年の民法改正で債権者の承諾は不要としています。つまり、正当な利益がなくても、弁済によって当然に債権者に代位することになりました。

一方、法定代位は、保証人や連帯債務者など、弁済をすることについて正当な利益を持っている人が弁済すると、当然に債権者への代位が認められます。法定代位と任意代位の相違点は、任意代位の場合に限り、債権譲渡の対抗要件を備えなければ、債権者に代位した事実を債務者や第三者に対抗できないということです（民法500条）。

■弁済の時期（べんさいのじき）

債務を負う者が債務を消滅させる弁済行為を行う期日のことです。具体的な弁済の時期は、確定期限のある債務か、不確定期限のある債務か、あるいは期限の定めのない債務かで異なります。確定期限のある債務は、期限が到来した時が弁済の時期になります（民法412条1項）。

一方、不確定期限のある債務は、その期限の到来した後に履行の請求を受けた時、または、その期限の到来したことを知った時のいずれか早い時が弁済の時期になります（同法412条2項）。また、期限の定めのない債務は、債権者が履行の請求をした時が弁済の時期になります（同法412条3項）。

■弁済の提供（べんさいのていきょう）

債務の本旨に従った履行を提供しようとすることをいいます（民法493条）。弁済の提供には現実の提供と口頭の提供があります。現実の提供とは、債務者が現実に給付内容を給付場所へ持参することです。口頭の提供とは、債権者があらかじめ受領を拒んだ場合などに、債務者が債務の弁済に必要な準備を完了して、債権者に取立てにくるよう催告することです。弁済の提供をすれば、履行遅滞による債務不履行責任を負いません（同法492条）。

■弁済の場所（べんさいのばしょ）

民法484条1項において、物の引渡しが行われる場合はその「物がある場所」、金銭の支払が行われる場合は「債権者の住所がある場所」のことです。たとえば売買契約がなされた場合には、原則として売買契約の目的物は、その目的物がある場所で買主に引き渡されることになります。なお、弁済とは、債務を消滅させる行為のことです。

■弁済費用（べんさいひよう）

弁済に必要な費用のことです。物の運送費などが弁済費用になります。弁済費用は原則として債務者が負担します（民法485条）。ただし、債権者の引越しなどの事情により弁済費用が高くなってしまった場合には、費用が増えた分は債権者の負担になります。

■片務契約（へんむけいやく）
　一方だけが債務を負担する契約をいいます。贈与、消費貸借、無償委任、無償寄託は片務契約です。たとえば、贈与契約は一方（贈与者）だけが財産を引き渡す義務を負い、他方（受贈者）は義務を負わないため、片務契約となります。なお、片務契約について、同時履行の抗弁権や危険負担は認められません。

ほ

■法定解除（ほうていかいじょ）
　法律の規定に基づいて行う解除のことです。債務不履行に基づく解除（民法541条）、契約不適合責任に基づく解除（同法564条）、請負における注文者からの解除（同法641条）などがあります。それぞれ法律が定める要件を満たせば、それにより解除が可能になります。

■法定果実（ほうていかじつ）
　物を使用させた対価として受け取る金銭やその他の物のことをいいます（民法88条2項）。地代・家賃や利子などがあります。法定果実は、権利の存続期間に応じて日割で計算されます。

■法定更新（ほうていこうしん）
　借地借家法において「自動的に契約を更新した」とみなす制度のことです。
　法定更新は、賃借人を保護するために定められている規定です。たとえば、借家の場合、期間満了の1年前から6か月前に貸主が更新しない旨を通知すれば更新を拒絶（一定の理由が必要）できますが、更新しない旨の通知をしなかったときは従前の契約と同一の条件で契約を更新したものとみなされます。

■法定充当（ほうていじゅうとう）
　同じ者に対して債務者が複数の債務を負っているとき、どのような順番で債務を消滅させていくか、というのが法定充当の問題です。たとえば、AがBに対して100万円の債務を3つ負っているとき、AがBに対して200万円を支払ったとすると、どのように200万円を弁済に使うか決めなければなりません。そのときに、当事者の合意も弁済者・受領者の指定もないときに、民法488条4項により法定充当がなされます。
　具体的には、弁済期が来ている債務から順番に消滅させていきます。たとえば、BがAに対して100万円の債権を2つ持っており、それぞれ4月1日と5月1日が弁済期であるとします。このとき、4月15日の段階で、何もいわずにAがBに100万円を渡すと、4月1日が弁済期の100万円の債権に充当されることになります。

■法定上限利率（ほうていじょうげんりつ）
　利息制限法1条で規定されている利率のことです。具体的には以下のとおりです。
ⓐ　元本の額が10万円未満の場合は、年2割
ⓑ　元本の額が10万円以上100万円未満の場合は、年1割8分
ⓒ　元本の額が100万円以上の場合は、年1割5分

■法定代理人（ほうていだいりにん）
　未成年者など、単独で取引を行う能力がない者に法律の規定によりつけられる

代理人のことをいいます。未成年の場合は通常、親が法定代理人になります。未成年者などは物事の判断能力が充分ではないため、未成年者などを保護する観点から法定代理人をつけることが必要とされています。

■法定担保物権（ほうていたんぽぶっけん）

留置権（民法295条以下）・先取特権（同法303条以下）のように、法律上当然に生じる担保物権のことをいいます。当事者の意思によって発生する約定担保物権と対置される用語です。

■法定追認（ほうていついにん）

追認ができる時以後に、取り消すことができる行為につき、一定の事実関係がある場合には、追認があったのと同一の効果を生じさせることです。追認があったとされると、それ以後は取消権を行使することができなくなります。法定追認となる事由は、債務の履行、履行の請求、担保の供与などです（民法125条）。

なお、法定追認ができる「追認ができる時以後」とは、詐欺・強迫などの状況（取消しの原因）から脱し、取消権を行使できるのを知った時以後のことを指します（民法124条）。

■法定利率（ほうていりりつ）

法律で定められた利率のことをいいます。改正前民法では、民事債権の法定利率は5％（旧民法404条）、商事債権の法定利率は6％（旧商法514条）と規定されていました。しかし、平成29年の民法改正によって、民事と商事の区別は廃止され、一律に法定利率は年3％に引き下げられ、3年ごとに1％刻みで見直す変動制が採用されています（民法404条）。これに伴い、商事法定利率に関する商法の規定は削除されました。そして、法定利率に基づいて計算された利息のことを法定利息といいます。

■訪問販売（ほうもんはんばい）

訪問販売とは、「営業所、代理店その他の経済産業省令で定める場所以外の場所」で行われる取引（消費者の家での押し売り）と、営業所に同行するよう誘引した者との取引（キャッチセールス）のことを意味します。訪問販売は、消費者が事前に商品やサービスに関する情報を持たないために、誤解やトラブルが発生しやすいという特徴があります。そのため、特定商取引法では、事業者がウソを言ったり、必要な事実を伝えなかったり、威迫行為をすることなどを禁止しています（特定商取引法6条）。また、訪問販売により締結された契約については、クーリング・オフの対象となります。

■法律関係文書（ほうりつかんけいぶんしょ）

挙証者と文書の所持者との間の法律関係について作成された文書です（民事訴訟法220条3号）。たとえば契約関係であれば契約書そのもの、あるいは契約についての申込書、または印鑑証明書などが法律関係文書となります。たとえば、貸金返還請求訴訟では、貸主である原告が、借主である被告との間の消費貸借契約の存在を立証するため、金銭消費貸借契約書を提出する場合もあります。この金銭消費貸借契約書が法律関係文書です。

■法律行為（ほうりつこうい）

人がある法律上の効果（権利義務の発生・変更・消滅などの効果）を発生させたいという意思を表示した場合に、法律がその実現を手助けする行為のことをいいます。契約・単独行為・合同行為が法律行為に該当します。

■法律行為自由の原則（ほうりつこういじゆうのげんそく）

人は、自らの自由な意思決定により、自由に法律行為を行うことができるとする原則のことです。私的自治の原則や契約自由の原則と深く関わっている概念です。ただし、現代社会では立場の強い者が立場の弱い者に対して不公平な契約の締結を強要するような場合があるので、これを防ぐ法律が置かれています。そのため、法律行為自由の原則は一定の修正がなされているといえます。

■法律的欠陥（ほうりつてきけっかん）

法律により取引の目的物の使用方法が制限されていることをいいます。たとえば、建物の建築が制限されていることは土地の法律的欠陥に該当します。契約不適合責任における「契約の内容に適合しないもの」には法律的欠陥も含まれます。

■法律要件／法律効果（ほうりつようけん／ほうりつこうか）

法律上の権利義務関係の発生・変更・消滅といった変動を生じさせることを法律効果と呼び、その原因となる事実の総体を法律要件といいます。たとえば、商品の売買契約を取り交わすとすると、その商品の所有権が買主へ移転することになります。この場合、売買契約の締結が法律要件となり、所有権の移転が法律効果ということになります。

■補充性（ほじゅうせい）

保証人は主たる債務者が債務の履行をしないときに初めて履行をすればよいという保証の性質のことです（民法446条）。具体的には、保証人には催告の抗弁権（同法452条）と検索の抗弁権（同法453条）が認められています。催告の抗弁権は、保証人が債権者に対して、まず主たる債務者に請求することを求める権利です。検索の抗弁権は、主たる債務者に対してまず執行することを求める権利です。ただし、連帯保証では補充性がなく、催告の抗弁権や検索の抗弁権も認められません。

■保証金（ほしょうきん）

賃貸借契約を締結する場面でも、賃借人が賃貸人に納める金銭に保証金があります。原則として、保証金は賃貸借契約が終了した時点で賃借人に返還されます。保証金には、預かり金としての保証金、建設協力金としての保証金など、様々な性格があり、賃貸借契約締結の際には、保証金の内容や返還額について確認しておくことが重要です。

■保証契約（ほしょうけいやく）

債権者と保証人との間で結ぶ、主たる債務者が債務を履行しない場合に、保証人が主たる債務者の代わりに債務を履行することを内容とする契約のことをいいます。保証契約は書面でしなければ効力を生じません（民法446条）。

■保証契約締結時の情報提供義務（ほしょうけいやくていけつじのじょうほうていきょうぎむ）

保証人を保護するために、債務者が保証人に対して財産状況等に関する情報を提供する義務をいいます（民法465条の10）。債務者は、事業のために負担する債務の保証、あるいは事業のために負担する債務を含む根保証を委託する場合、委託を受けて保証人になろうとする個人に対し、自らの返済資力に関する情報を提供しなければなりません。具体的には、ⓐ債務者の財産および収支の状況、ⓑ主たる債務以外に負担している債務の有無、その額、および履行の状況、ⓒ主たる債務の担保として他に提供し、または提供しようとするものがあるときは、その旨およびその内容です。

保証契約締結時の情報提供義務に対する違反（情報の提供を怠る、不実の情報を提供するなど）があった場合、保証人は、保証契約を取り消すことができる場合があります。

■保証債務（ほしょうさいむ）

他人の債務を担保するため、債権者との間で交わされる保証契約により生じる債務のことをいいます。他人の債務を保証した者は、その他人が債務を履行しない場合に、その債務を代わって履行する責任を負います。元の債務を主たる債務といい、保証人の債務を保証債務といいます。保証契約は書面でしなければ効力を生じません（民法446条）。保証債務は、主たる債務と共に移転します。また、主たる債務が消滅した場合には、保証債務も消滅します。保証債務は、主たる債務が履行されない場合に、保証人が主たる債務と同一の給付内容を履行する義務を負うもので、債権者が債権を回収する確実性を上げるためによく利用されます。

■保証人（ほしょうにん）

主たる債務者に代わって債務の履行をするのが保証人です。原則として、債権者は主たる債務者から債権を回収できない場合に、保証人に履行を請求することになります。

■保証料（ほしょうりょう）

保証をすることに対する対価として支払うものです。商品の購入の際にローンを組み、保証会社に保証をしてもらう場合に保証会社に支払うのが保証料です。

■保証連帯（ほしょうれんたい）

複数の保証人がいる場合に、保証人の分別の利益を失わせる特約のことをいいます。たとえば、土地の売買契約において、買主の土地の代金支払債務300万円を3人で保証をする場合、3人それぞれが100万円ずつの保証債務を負担するのが原則です（分別の利益）。しかし、保証連帯がなされると、3人それぞれが300万円全額の保証債務を負うことになります。なお、保証連帯と連帯保証は異なり、連帯保証では催告の抗弁権や検索の抗弁権が失われますが、保証連帯では保証人が催告の抗弁権や検索の抗弁権を主張することができます。

■本契約／仮契約（ほんけいやく／かりけいやく）

一般的に、各種取引において締結される契約のことを本契約といいます。当事者が署名・押印等することによって、契

約の効力が生じて、各当事者は契約に拘束されます。これに対して、不動産契約等において、手付金など代金が一部支払われた状況を指して、仮契約と言われることがあります。もっとも、代金の一部を支払ったのみでも、契約の拘束力に強弱はありませんので、当事者は契約に従って行動することが拘束されることに注意が必要です。

■本旨外要件（ほんしがいようけん）

公正証書の文末に記載される形式的な事項で、当事者（嘱託人）の氏名・住所や、公証人が作成したことを示す事項（署名など）が記載されます。本旨外記載事項ともいいます。公正証書には、契約や遺言などの内容である「本旨」と、形式的な事項である「本旨外要件」が記載されます。

ま

■前払式通信販売（まえばらいしきつうしんはんばい）

前払式通信販売とは、消費者が商品を受け取る前に代金を支払う通信販売のことです（特定商取引法13条以下）。前払式通信販売という形態を悪用して、「消費者からお金をとっておいて商品を送らない」などのトラブルも発生しがちなため、特定商取引法では、前払式通信販売について規定を設けて、事業者に通知義務などを課して消費者保護を図っています。

■又は（または）

「AかB」のように、2つ以上の複数の語句から、一つを選ぶ接続詞です。

「又は」は、「A又はB」のように、並列する語句が2つ以上のときに、語句を選択する意味で使います。語句が3つ以上の時は、「A、B、C又はD」のように、最後の語句の一つ前の語句までを「、」で区切り、最後の語句を接続するときに「又は」を使います。

■マルチ商法（まるちしょうほう）

販売組織に加入すると、組織の商品を扱うことができ「売上げに応じてたくさんの報酬が得られる」「登録すると権利収入が得られる」などと勧誘して、組織を拡大していく商法のことです。法律上は、連鎖販売取引（特定商取引法33条）として規制されています。組織に加入するために、商品の購入や手数料の支払が必要になることが多く、トラブルに発展する傾向が強いといえます。

み

■認印（みとめいん）

実印以外の個人の印章のことをいいます。認印は一人で何個ももつことができます。なお、認印を押すことによる法的効果は、通常、実印を押した場合と変わりません。

■みなし合意（みなしごうい）

定型取引を行う上で、定型約款を契約の内容にする旨をあらかじめ相手方に表示していた場合に、定型約款の個別の条項について合意があったものとみなすことをいいます（548条の2第1項）。みなし合意により定型約款について特別な効力を与えることで、定型取引において画一的な契約関係の処理を可能にすることを目的にしています。とくに相手方が定

型約款を実際に見ていなくても合意があったとみなされる場合があるため、たとえば相手方の権利を制限したり、義務を加重する条項等については、合意をしなかったものとみなされます。

■みなし雇用制度／短期派遣の禁止（みなしこようせいど／たんきはけんのきんし）

労働者派遣法に規定されている、違法な派遣がなされている場合に、原則として派遣先と派遣労働者との間に雇用契約が締結されているとみなす制度のことを「みなし雇用制度」といいます。また、雇用期間が30日以内の短期派遣を原則として禁止することを「短期派遣の禁止」といいます。いずれも、弱い立場にいる派遣労働者を保護するための制度です。

■身元保証（みもとほしょう）

保証の一種で、労働者が会社に損害を与えた場合に、保証人が会社に対してその損害賠償の保証をするという契約のことです。身元保証は、保証人が支払うべき金額が多額になる危険性があります。そのため、保証人の保護を目的として、身元保証法（身元保証に関する法律）が制定されています。

身元保証法によれば、保証契約は原則として5年以内に制限されます（身分証法2条）。また、労働者が勤務地を変更した場合などには、会社が保証人に労働者の状況について通知しなければならないとされています（同法3条）。

■民間建設工事標準請負約款（みんかんけんせつこうじひょうじゅんうけおいやっかん）

民間の工事発注者と建設業者との間で締結される請負契約について、標準的な内容の契約書を示したもので、甲約款と乙約款の2種類があります。建設工事請負契約において、当事者（とくに発注者）の意思表示の不明確さや不完全さを伴っていると、建設工事に関わる紛争が生じやすくなります。また、当事者間の力関係が一方的である場合（発注者のほうが知識・経験的に弱い立場に置かれている場合が多い）、契約条件が一方にだけ有利に定められやすいといえます。そこで、国土交通省は建設工事標準請負契約約款として、公共約款、甲約款、乙約款、下請約款の4種類を公表しています。

■民法（みんぽう）

社会生活の中で生じた利害対立を調整する方法を明らかにした法律です。トラブルが発生した場合に、それをスムーズに解決するための指針になるルールが民法です。平成29年に債権法を中心に大幅な改正が行われました。たとえば、これまで規定がなかった賃貸借契約における敷金について、賃借人の債務を担保するために賃借人が賃貸人に交付する金銭であるという明確な定義が置かれるなどの改正が行われました。

む

■無権代理（むけんだいり）

代理人として行為をした者に、代理権がないことをいいます。無権代理人のした行為の効果は、本人には帰属しません。

ただし、本人が後から無権代理人の行為を承認（追認）すれば、本人に効果が帰属することになります（民法116条）。

■無権代理行為の追認（むけんだいりこういのついにん）

代理権がないのに、本人を代理しているように装って契約をすることを無権代理行為といいます。その無権代理行為を本人が事後に認めることが無権代理行為の追認となります（民法116条）。

たとえば、BがCに対して自分はAの代理人であるといい、BC間でAの土地の売買契約が結ばれたとします。この場合、AがBに代理権を与えていなければ、原則としてBC間の契約の効果がAに及ぶことはありません。しかし、AがBの代理行為を事後的に認めれば、BC間でなされた契約の効力がAに及び、AC間で土地の売買契約が締結されたことになります。

■無効（むこう）

意思表示が当然に効力をもたない場合です。契約などの法律行為の効力が生じないことをいいます。取消しは取り消すまでは有効ですが、無効ははじめから効力が生じません。また、平成29年の民法改正により、無効な行為によって給付を受けた場合、その給付を行った相手方を原状に復帰させる義務が規定されています（民法121条の2第1項）。

■無催告解除（むさいこくかいじょ）

契約の解除は、原則として債務者に対して債務の履行を催告してから行われます（民法541条）。しかし、一定の場合には、催告をせずに契約を解除することが認められています。これを無催告解除と

いいます。

催告なしに契約を解除できる場合（無催告解除）は、ⓐ履行の対象となる商品などを破壊ないし焼失するなどして履行が不可能となった場合（履行不能）、ⓑ特定の日時や期間内に履行しないと契約の目的が達成できない場合（定期行為）、ⓒ債務者が履行を拒絶する意思を明確に表示した場合、ⓓ債務の一部の履行が不能であるとき、または債務者が一部の履行を拒絶する意思を明確に表示したときで、残存する部分だけでは契約の目的が達成できない場合、ⓔ履行の催告をしても契約の目的を達する履行が見込めないのが明らかな場合です（542条1項）。

なお、債務の一部の履行が不能である場合、または債務者が一部の履行を拒絶する意思を明確に表示した場合に、契約の一部を無催告解除することもできます（542条2項）。

■無償契約（むしょうけいやく）

当事者が互いに対価関係をもたない契約のことをいいます。たとえば、贈与契約は当事者の一方が経済的な支出をする契約なので無償契約であるとされています。また、委任契約も報酬を支払う特約がない限り、無償契約であるとされています。委任は、相手方のことを信頼して行われるものであるので、原則として委任の対価を支払う必要はないと考えられているからです。

も

■申込み（もうしこみ）

承諾があれば契約を成立させようという意思表示のことをいいます。物を売る

ことを他人にもちかけることは申込みにあたります。契約は、申込みに対して承諾がなされることで成立します（民法522条1項）。改正前民法では明文規定がありませんでしたが、平成29年の民法改正により明文化されました。

申込みをしてもらうことを目的とする行為に、申込みの誘引があります。申込みの誘引とは申込みを誘うことです。たとえば、「テナント募集中」などの張り紙は申込みの誘引に該当します。申込みの誘引は申込みではないので、相手からの申込みは承諾には該当せず、自由に断ることができます。そのため、店舗開店のために、物件の賃貸借契約の申込みの連絡を受けた場合に、直ちに契約が成立するのではなく、募集した者は、この連絡を申込みとして、承諾するか否かを判断することができます。

■申込証拠金（もうしこみしょうこきん）
後で契約を結ぶための優先順位をとりあえず確保しておくために払っておくお金です。申込証拠金の支払後、契約締結の意思を失ったとしても、買主は支払った金額を放棄することで、契約を結ばないことができます。ただし、申込証拠金は手付ではないため、売主は、買主のために確保した契約締結の優先権を否定したいと思い直したとしても、倍返しをして優先権を否定することはできません。

■申込みの拘束力（もうしこみのこうりょく）
申込みをすることで、申込みをした者に生じる拘束力のことをいいます（民法523条以下）。承諾期間のある定めの申込みは、申込者が撤回をする権利を留保し ていない限り、撤回することができません。承諾期間のない定めの申込みをした場合でも、相当な期間を経過するまでは申込みを撤回することはできません。これが申込みの拘束力となります。

■若しくは（もしくは）
「AかB」のように、2つ以上の複数の語句から、一つを選ぶ接続詞です。
「若しくは」は、「A又はB、若しくは、C又はD」のように、「又は」を使って並列した語句を、さらに選択する場合に接続詞として使います。

■元請／下請（もとうけ／したうけ）
請負契約や業務委託契約等において、直接委託者（注文者など）より業務の処理を委託されることをいいます。委託を受けた受託者（請負業者など）を「元請」をいうこともあります。委託者は、受託者自身が業務を処理することを前提に契約を結ぶのが通常ですので、本来的には受託者（元請）自身が業務を処理すべきといえます。もっとも、受託者が依頼された業務を処理するのではなく、第三者に代わりに行わせる場合も少なくありません。このとき、元請が委託された業務を処理すること、およびその業務を処理する者を「下請」といいます。下請はもともとの委託者との間に契約関係がないのが通常であるため、下請は元請との間で、当該業務の処理に関する契約を結びます。しかし、あくまでも直接委託者から当該業務の委託を受けたのは元請であり、下請が業務を遂行する上で委託者に損害を発生させた場合には、下請と共に元請もまた責任を免れることはできないといえます。

■元請負人／下請負人（もとうけおいにん／したうけおいにん）

元請負人とは、建設工事などの事業を注文者から直接請け負った者のことを指します。下請負人とは、元請負人が注文者から請け負った工事を行うために使用する工事業者などを指します。

や

■約定解除（やくじょうかいじょ）

契約の際に特約で定められた解除権を行使することでなされる解除のことです。法律の要件を満たすことによる法定解除や、当事者の合意による合意解除とは異なります。たとえば、「一定の金銭を支払えばいつでも契約を解除できる」と合意しておくことは約定解除権の設定となり、この権利を行使することが約定解除となります。

■約定担保物権（やくじょうたんぽぶっけん）

質権（民法342条以下）、抵当権（同法369条以下）のように、当事者間の設定行為によって初めて生じる担保物権のことを約定担保物権といいます。約定担保物権に対置される言葉として、契約がなくても法律上発生する担保物権である法定担保物権があります。法定担保物権には先取特権（同法303条）や留置権（同法295条）があります。

■約定利息（やくじょうりそく）

当事者の合意により発生する利息のことをいいます。消費貸借契約は無利息が原則ですが、特約があるときは、貸主は、借主が金銭その他の物を受け取った日以後の利息を請求することができます（民法589条2項）。しかし、貸主は借主より強い立場にいることが多いので、借主は不当に高い約定利息の支払いであっても合意せざるを得ないことがあります。そのため、利息制限法や出資法などで、約定利息の利率について上限が定められています。

■雇止め（やといどめ）

期間の定めがある労働契約（有期労働契約）により雇用していた労働者（契約社員、パート労働者など）について、使用者が期間の満了により一方的に契約を更新しないことをいいます。

有期労働契約は期間の満了により契約関係は終了するのが原則です。しかし、労働者保護の観点から、契約の更新への期待について合理的な理由がある場合などは、雇止めが許されないことがあります（労働契約法19条）。これを「雇止め法理」といいます。

ゆ

■有益費（ゆうえきひ）

物を占有する人が、物の改良のために支出した費用のことです。たとえば、賃借した建物に設置されているトイレに温水洗浄便座を設置するため、借主が負担した費用は有益費にあたります。有益費を支出した者は、物の価値の増加が現存している場合に限り、物の改良に使った費用または物の価値の増加分について、その物の所有者（建物の貸主など）に対して償還請求をすることができます（民法196条2項）。

■有償契約（ゆうしょうけいやく）

　当事者が、お互いに対価的関係（互いに相手に何かを与える関係にあること）をもつ契約のことを有償契約といいます。無償契約と対置される言葉です。たとえば、売買契約は、売主が物を買主に渡し、買主は売主に金銭を支払うので、互いに対価関係をもつ契約といえ、有償契約に該当します。有償契約には売主の契約不適合責任に関する規定などが準用されます（民法559条）。

よ

■用益物権（ようえきぶっけん）

　他人の土地を一定の目的のために使用する物権のことをいいます。民法上は地上権・永小作権・地役権・入会権があります。土地を利用する権利としては他に賃借権があります。賃借権を有している場合には他人の土地を利用することはできますが、賃借権は債権で用益物権は物権であるため、用益物権のほうが強いといえます（ただし、借地借家法などで賃借権は厚く保護されています）。

■傭船契約（ようせんけいやく）

　船舶を用いる海上運送の契約をすることをいいます（商法737条）。船の所有者に対して傭船者が運賃を支払い、傭船者が船を貸し切ることを内容とする契約です。また、船舶を所有している者は、顧客に対して船舶が安全に航海することを保障することになります（同法738条）。

■要素の錯誤（ようそのさくご）

　改正前民法で規定されていた、意思を表示する上で、重要な要素となる部分に錯誤（勘違い）があることをいいます（旧民法95条）。要素の錯誤にあたるかどうかは、勘違いしなければ、普通の人はそんなことは表明しない、といえるかどうかが基準になると考えられてきました。たとえば、土地の売買契約において、買主は将来その土地の値段が上がると思ったから購入したが、実際は値上がりしなかった場合には、要素の錯誤があることにはならないとされてきました。

　平成29年の民法改正では、錯誤については、ⓐ意思表示に対応する意思を欠く錯誤と、ⓑ表意者が法律行為の基礎とした事情についてのその認識が真実に反する錯誤の2つに分類され、錯誤が「法律行為の目的及び取引上の社会通念に照らして」重要なものであるときに、錯誤による取消しができると規定しています（95条1項）。これにより、かつての「要素の錯誤」が具体化されたと考えられています。

■要物契約（ようぶつけいやく）

　当事者の合意に加えて、物の引渡をなすことを成立要件とする契約のことをいいます。当事者の合意だけで成立する諾成契約と対置される言葉です。たとえば、消費貸借は要物契約であるとされています。もっとも、平成29年の民法改正によって、消費貸借を書面でする場合には諾成契約となること（民法587条の2）、使用貸借や寄託が要物契約から諾成契約に改められたこと（民法593、657条）に注意が必要です。

■予約金（よやくきん）

　将来売買契約を行う約束の証として渡される金銭のことをいいます。内金や中

間金と呼ばれるものと同じように、売買代金の一部として扱われます。手付が交付された場合は、相手方が履行に着手する前であれば、手付金を放棄するなどして、当事者は自由に契約を解除できます。しかし、予約金を交付している場合は、債務を履行しなければ当事者は債務不履行に陥ることになります。

ら

■ライセンサー（らいせんさー）

技術・発明等の分野において、発明等を行い、特許権等の知的財産権等を所持する者をいいます。知的財産権は、権利として所持していること自体ではなく、当該発明等を第三者が利用する場合に、ライセンサーに一定の対価を支払うと共に、ライセンサーの許諾を得なければならないとすることで、ライセンサーが発明等に費やした投資を回収する機会を与えるしくみを採っています。許諾については、実施許諾契約等を締結する場合が多く、ライセンサーに有利な条項が置かれることも少なくありません。

■ライセンシー（らいせんしー）

技術・発明等の分野において、当該発明等について権利を持つ者（ライセンサー）から発明等の利用について許諾を得た者をいいます。ライセンシーは、ライセンサーとの間で実施許諾契約を結ぶと同時に、ライセンサーに対して、当該発明等の利用にあたり一定の対価を支払います。一般に契約関係において、ライセンサーに比べて、ライセンシーは弱い立場に置かれることが多いですが、ライセンシーに不当な不利益となる内容の契約は無効になるおそれがあります。もっとも、実施許諾契約に基づきライセンシーは対価を支払うことで、当該発明等に関する事業に参入することが可能になり、メリットも少なくありません。

■ライセンス契約（らいせんすけいやく）

特許等をはじめとする、知的財産権に関して、他人の知的財産権の利用を許諾する内容の契約をいいます。ライセンス契約において、利用許諾をする人をライセンサー、利用許諾を受ける人をライセンシーといいます。ライセンシーは、ライセンス契約に従って、利用権者の知的財産権を侵害しない形態で、知的財産権を使用等する義務を負います。

り

■履行拒絶権（りこうきょぜつけん）

当事者双方に落ち度がない（責めに帰することができない）事由によって、債務を履行することができなくなったときに、債権者が、反対給付の履行を拒むことができることをいいます（536条1項）。改正前民法では、特定物の売買等においては、その物が債務者に落ち度がなく滅失・損傷した場合は、買主は目的物を得られないのに代金支払義務から免れることができませんでした。この不都合を回避するために、平成29年の民法改正により、買主は反対給付である、代金支払請求を売主から受けたとしても、拒否することができるようになりました。

■履行上の牽連関係（りこうじょうのけんれんかんけい）

物の引渡義務と代金支払義務は、同時

に履行されるのが原則です（同時履行の抗弁権）。このことを履行上の牽連関係といいます。

■**履行遅滞（りこうちたい）**

約束の期日が来ても、債務の履行がされないことを履行遅滞といいます。ⓐ確定期限がある場合は、その期限が来たとき、ⓑ不確定期限がある場合は、その期限の到来後に履行の請求を受けたとき、またはその期限の到来を知ったときのいずれか早いとき、ⓒ期限の定めのない場合は、債権者から請求を受けたとき、から履行遅滞になります（民法412条）。履行遅滞による解除は、履行をするように催告して、それでも債務者が履行をしない場合に、初めて解除ができるのを原則としています（同法541条）。

■**履行の強制（りこうのきょうせい）**

債務者が債務を履行しない場合に、裁判所の手を借りてなす債権の実現（執行）を履行の強制といいます。その手続きは民事執行法に定められています。たとえば、貸金返還請求訴訟で勝訴した者は、借主の財産を競売にかけて、その代金から貸金の返還を受けることができます。

■**履行引受（りこうひきうけ）**

債務者と第三者間で、第三者が債務者の債務を弁済すべきことを約束することをいいます。これに対して、債務引受は、第三者が債務者と同等の地位で（併存的債務引受）、または、新たにそれ以前の債務者に代わって、単独で債務者の地位に立つ（免責的債務引受）制度ですので、いわば債務の履行のみを担う履行引受とは異なります。履行引受は、債務者と第三者の間の契約であるため、第三者は債務者に対して義務を負います。

履行引受と保証契約を比較すると、保証契約は債権者と保証人との間で締結されるものであるため、債権者は保証人に対して直接請求することができます。しかし、履行引受は債務者と第三者の間の契約であるため、債権者は第三者に対して直接請求することはできません。

■**履行不能（りこうふのう）**

債務の履行ができなくなったことをいいます。物理的に履行が不可能になった場合の他、「債務の履行が契約その他の債務発生原因及び取引上の社会通念に照らして不能である」場合も履行不能に含まれることが規定されています（民法412条の2）。債務が履行不能となった場合には、債権者は催告をせずに解除をすることができます（542条）。

■**履行利益（りこうりえき）**

元々給付すべき内容の履行があれば、債権者が得られたであろう利益のことをいいます。契約が有効だと信じたために失ってしまった利益である信頼利益に対立する考え方が履行利益です。たとえば、不動産を転売することができたら得られたであろう利益は履行利益にあたります。債務不履行に基づく損害賠償では履行利益の請求が認められます。また、契約不適合責任に基づく損害賠償請求（民法564条）について、賠償の範囲は、一般の債務不履行に基づく損害賠償請求に関するルールに従って判断されることになります。

■利息（りそく）

金銭消費貸借契約などでは、借主は元本と金銭を借りていた期間に対応した額を元本に加えて返還しなければならないのが通常です。この元本に加えられた額が利息になります。利子と呼ばれることもあります。利率には、当事者の合意で定める約定利率と、法定されている法定利率（民法404条など）があります。

■利息債権（りそくさいけん）

とくに消費貸借契約においては、元本債権の他に、一定の割合で利息が発生することがあります。この利息を請求できる権利のことを利息債権といいます。

利息債権は元本債権とは別の権利ですので、訴訟においては別々に請求をすることが必要になります。

■利息制限法（りそくせいげんほう）

利息の利率を規制する（上限を定めている）法律のことをいいます。私的自治の原則からすれば、利息をいくらにするかというのは当事者が自由に決定できるはずです。しかし、貸主の側は、借主の側より立場が強く、そのため不当に高い利率でお金を借りざるを得ない者が生じます。そこで、弱い立場にいる借主を保護するために、利率の上限を定める利息制限法が制定されました。

■利息の天引き（りそくのてんびき）

金銭を借り入れるときに、あらかじめ、利息を控除した額が渡されることをいいます。たとえば、100万円を借りる場合、利息が15万円とすると、貸金業者から受け取る金額は85万円になります。

■リボルビング契約（りぼるびんぐけいやく）

リボルビング契約とは、クレジット等の上限金額と月々の支払額を決めて契約を結び、その範囲内であれば何度商品やサービスを購入してもよいという支払方式です。分割払いと似ていますが、分割払いが商品を購入するたびに支払代金・回数が決められるのに対し、リボルビング払いでは購入商品の額にかかわらず、1回ごとの支払額があらかじめ定められている点に特徴があります。リボルビング契約には、購入額の合計にかかわらず、毎月の支払額が一定であるため、借り過ぎになりやすいという問題があります。

■流質契約（りゅうしちけいやく）

流質契約とは、債務の弁済期が来る前に質物を売却するなどの行為をして、その代金を債権に充当することを認める契約のことです。立場の弱い債務者は、高価な物を質に出すことを要求され、流質契約を締結させられる可能性があります。そのため、流質契約は原則として禁止されています（民法349条）。ただし、商行為による債権を担保する質権や、許可を受けた質屋の質権については、例外的に流質契約が許されています。

■留置権（りゅうちけん）

被担保債権の弁済があるまで目的物を留置しておくことができる担保物権のことをいいます（民法295条）。物を留置することにより、間接的に支払いを強制するものです。たとえば、時計店に時計を修理に出した場合、時計店は修理代金を支払ってもらうまで時計を自分の手元においておくことができます。

れ

■礼金（れいきん）
文字通り「部屋を貸してくれてありがとう」という賃貸人へのお礼のお金です。賃貸借終了時には戻ってきません。

■例示列挙／限定列挙（れいじれっきょ／げんていれっきょ）
各種契約において、複数ある事項について、契約書等で列挙されている事項が、あくまでも例にすぎない場合を例示列挙といいます。契約書等の中で、「○○等」として、例示列挙であることが明確にしておくとよいでしょう。これに対して、契約の中で示されている事項が、その事項に限定されている場合を限定列挙といいます。限定列挙であることが明示されることはもちろん、複数の事項について序列などがある場合には、契約書等の中で法律の条文の用語に準じて、序列を明確にしておく必要があります。

■連鎖販売取引（れんさはんばいとりひき）
連鎖販売取引とは、商品を販売しながら会員を勧誘するとリベートなどが得られるとして、消費者を販売員にして、会員を増やしながら商品を販売していく商売の方法です。マルチ商法とも呼ばれています。たとえば、その組織の会員になると化粧品の販売員として化粧品の販売が可能になる組織があるとします。販売員は商品の仕入代金などの支払が必要ですが、他の人を勧誘して会員にすると、商品仕入代金などの一定額が返還されるしくみがとられています。そのため販売員は勧誘を熱心に行うので、組織は拡大していくことになります。しかし、実際にはこのような販売方法で利益が得られるのは、組織の上層部にいる、ごく限られた人たちのみです。組織が大きくなるのに比例して会員を増やしていくことは難しくなるのが実情です。そのため、このような取引は特定商取引法で規制されています。

■連帯債権（れんたいさいけん）
債権の目的が性質上可分である場合に、法令の規定または当事者の意思表示によって、数人が連帯して債権を有するものをいいます（民法432条）。平成29年の民法改正によって、当事者の意思表示により性質上可分な債権を不可分債権とすることができなくなったため、このような債権を「連帯債権」として規律することになりました。

ある債権が連帯債権である場合、各債権者は、すべての債権者のために全部または一部の履行を請求することができ、債務者は、すべての債権者のために各債権者に履行ができます。そして、連帯債権者の持分は、連帯債権者間の特約がある場合を除き「等しい割合」となります。

■連帯債務（れんたいさいむ）
債務の目的が性質上可分である場合に、法令の規定または当事者の意思表示によって、数人（連帯債務者）が連帯して債務を負担することをいいます（民法436条）。連帯債務となり得る債務は「債務の目的が性質上可分である場合」に限定されているため、性質上不可分な債務はすべて不可分債務となります。債権者はどの債務者に対しても、債務の履行の全部または一部を請求することができま

す。たとえば、A、B、CがDに対して100万円の連帯債務を負っていたとすると、DはA、B、Cの誰に対しても100万円を請求できます。逆に、A、B、Cのうちの誰かが100万円をDに支払えば、3人は債務を免れることになります。

■連帯保証（れんたいほしょう）
　債権者が、債務者の資力や債務者に履行の請求をしたかどうかに関わりなく、保証人に対して保証債務の履行を請求することができるとされる保証の形態のことをいいます。また、この場合の保証人のことを連帯保証人といいます。
　通常の保証は、債権者はまず主たる債務者から債権を回収しなければならないとされるので、この点で連帯保証は通常の保証より債権者に有利です。具体的には、通常の保証の場合、保証人はまず主たる債務者に請求するように主張したり（催告の抗弁権）、最初に主たる債務者の財産に執行するように主張したり（検索の抗弁権）できます。しかし、連帯保証においては、連帯保証人には催告の抗弁権（民法452条）や検索の抗弁権（同法453条）が認められていません。

ろ

■ロイヤリティ（ろいやりてぃ）
　特許・実用新案の実施権を与えられた企業から、定期的に特許権者・実用新案権者に対して支払われる実施料のことをいいます。

■労働供給契約（ろうどうきょうきゅうけいやく）
　他人の労力を利用する契約を総称したものです。労働供給契約には雇用・請負・委任・寄託の4種類があります。
　雇用であれば、使用者の下で働くという形で労働を供給していますし、請負であれば、ある仕事を完成させるために労働を供給していることになります。委任は、他人に法律行為（事実行為の場合は準委任といいます）を依頼することをいいますが、平成29年の民法改正では、履行割合型（受任者が投入した労務に対して報酬を支払う場合）と、成果完成型（委任事務の履行により得られる成果に対して報酬を支払う場合）の2つの類型を規定しています。そして、寄託は他人に物を預ける契約をいいますが、平成29年の民法改正により、実際に物を引き渡す（要物契約）のではなく、物の保管について当事者の意思が合致することによって、契約が成立します（諾成契約）。

■労働契約（ろうどうけいやく）
　労働者が労働力を提供し、使用者がその労働力に対する対価（賃金）を支払うことを約した契約のことです。雇用契約ともいいます。

■労働契約の無期雇用への転換義務づけ（ろうどうけいやくのむきこようへのてんかんぎむづけ）
　有期雇用契約を締結する労働者（契約社員、パートタイム労働者など）が同じ職場で5年を超えて勤務している場合に、その労働者から無期雇用への転換の申込みがあったときは、使用者がその労働者との間で、無期労働契約（契約期間を定めない労働契約）を締結したとみなす制度のことをいいます（労働契約法18条）。弱い立場にいる契約社員などを保

護することを目的とした制度で、申込みに対する使用者の拒否権はありません。

■**労働契約法（ろうどうけいやくほう）**

労働者と使用者が労働契約を定めるにあたって守らなければならないルールについて定めた法律を指します。使用者と比べて立場の弱い労働者を保護し、労使関係が安定することを目的としています。労働契約の締結にあたって、労働者および使用者の対等な立場における合意を要求しています（労働契約法3条）。

また、日本の企業において就業規則で一括して個々の労働者の労働条件が定められている実態を重視し、就業規則に関する規定を多く置いています（同法7条、9条、13条など）。

労働者が一方的に契約関係を打ち切られてしまう解雇については、客観的に合理的な理由がない解雇を無効とすることを明記し（同法16条）、とくに有期契約労働者（契約期間が定められている労働者）については、やむを得ない理由がない限り期間中の解雇が認められないことを明記しています（同法17条）。

さらに、有期契約労働者が、同一の職場で5年を超えて働き、繰り返し契約が更新されている場合は、有期契約労働者の申込みにより無期労働契約（期間の定めのない労働契約）に転換させるしくみも設けられています（同法18条）。

■**ローン提携販売（ろーんていけいはんばい）**

消費者が、カード等を利用して商品を購入する際に、商品等の代金を金融機関から借り入れ、2か月以上の期間にわたり、かつ、3回以上に分割して金融機関に返済することを条件に、販売会社が消費者の債務を保証する販売方式のことをいいます（割賦販売法2条2項）。

ローン提携販売は、割賦販売法において、購入者を保護する規定が設けられています。契約不適合責任（販売会社が販売した商品に欠陥がある場合の販売会社の責任のこと）を免除する特約も原則として禁止されます。また、販売会社に債務不履行（販売会社による商品の引渡しが遅れたり、商品が引き渡されなかった場合のこと）があった場合に、購入者が行使できる解除権を不当に制限する特約をあらかじめ結ぶことも禁止されています。

わ

■**和解（わかい）**

当事者が、話し合いによって互いに譲歩し、紛争を解決する契約のことをいいます（民法695条）。和解は裁判上であっても裁判外であっても自由に行うことができ、また和解契約の内容も当事者が自由に決めることができます。和解も示談も当事者が紛争を解決するためにする契約なので、基本的には同じ意味ですが、互いに譲歩するのが和解の特徴です。

■**割印（わりいん）**

2つの書類が相互に関連していることを示すために、2つの書類にまたがって1つの印を押すことです。契約書の正本と副本を作成するとき、または同じ契約書を2通以上作成して、複数人数でそれぞれ1通ずつ保管しておくような場合は、「割印」を用います。

【監修者紹介】
森　公任（もり　こうにん）
昭和26年新潟県出身。中央大学法学部卒業。1980年弁護士登録（東京弁護士会）。1982年森法律事務所設立。著作（監修書）に、『図解で早わかり　倒産法のしくみ』『相続・遺言をめぐる法律と税金トラブル解決法129』『図解　相続・贈与・財産管理の法律と税金がわかる事典』『不動産契約基本法律用語辞典』『民事訴訟・執行・保全　基本法律用語辞典』など（小社刊）がある。

森元　みのり（もりもと　みのり）
弁護士。2003年東京大学法学部卒業。2006年弁護士登録（東京弁護士会）。同年森法律事務所　入所。著作（監修書）に、『図解で早わかり　倒産法のしくみ』『相続・遺言をめぐる法律と税金トラブル解決法129』『図解　相続・贈与・財産管理の法律と税金がわかる事典』『不動産契約基本法律用語辞典』『民事訴訟・執行・保全　基本法律用語辞典』など（小社刊）がある。

森法律事務所
弁護士16人体制。家事事件、不動産事件等が中心業務。
〒104-0033　東京都中央区新川２－15－３　森第二ビル
電話 03-3553-5916
http：//www.mori-law-office.com

重要事項＆用語　図解
民法改正で変わる！
最新　契約実務　基本法律用語辞典

2018年2月28日　第1刷発行

監修者	森公任　森元みのり
発行者	前田俊秀
発行所	株式会社三修社
	〒150-0001　東京都渋谷区神宮前2-2-22
	TEL　03-3405-4511　FAX　03-3405-4522
	振替　00190-9-72758
	http://www.sanshusha.co.jp
	編集担当　北村英治
印刷所	萩原印刷株式会社
製本所	牧製本印刷株式会社

©2018 K. Mori & M. Morimoto Printed in Japan
ISBN978-4-384-04779-0 C2032

JCOPY 〈出版者著作権管理機構　委託出版物〉
本書の無断複製は著作権法上での例外を除き禁じられています。複製される場合は、そのつど事前に、出版者著作権管理機構（電話 03-3513-6969　FAX 03-3513-6979　e-mail: info@jcopy.or.jp）の許諾を得てください。